Der Konzern im Kompetenzrecht der EuGVVO

Studien zum vergleichenden und internationalen Recht -
Comparative and International Law Studies

Herausgeber: Bernd von Hoffmann (†), Erik Jayme, Heinz-Peter Mansel,
Christine Budzikiewicz, Michael Stürner, Karsten Thorn
und Marc-Philippe Weller

Band 204

PETER LANG

Samy Sakka

Der Konzern im Kompetenzrecht der EuGVVO

Unternehmensgruppe und internationale Zuständigkeit

PETER LANG

Bibliografische Information der Deutschen Nationalbibliothek
Die Deutsche Nationalbibliothek verzeichnet diese Publikation
in der Deutschen Nationalbibliografie; detaillierte bibliografische
Daten sind im Internet über http://dnb.d-nb.de abrufbar.

Zugl.: München, Univ., Diss., 2019

D 19
ISSN 0930-4746
ISBN 978-3-631-78904-9 (Print)
E-ISBN 978-3-631-80255-7 (E-PDF)
E-ISBN 978-3-631-80256-4 (EPUB)
E-ISBN 978-3-631-80257-1 (MOBI)
DOI 10.3726/b16160

Peter Lang – Berlin · Bern · Bruxelles · New York ·
Oxford · Warszawa · Wien

Diese Publikation wurde begutachtet.

www.peterlang.com

Meinen Eltern

Vorwort

Die vorliegende Arbeit wurde im Wintersemester 2018/2019 von der Juristischen Fakultät der Ludwig-Maximilians-Universität München als Dissertation angenommen. Die danach ergangene Rechtsprechung und Literatur konnte noch vereinzelt bis März 2019 berücksichtigt werden.

Mein Dank gebührt an erster Stelle meinem hochverehrten und geschätzten Doktorvater Professor Dr. Dr. h.c. Peter Kindler. Er regte nicht nur das Thema dieser Arbeit an, sondern hat mich durch wertvolle Hinweise und seine stetige Diskussions- und Hilfsbereitschaft in jeder erdenklichen Weise bei der Erstellung dieser Arbeit und im Rahmen meiner juristischen Ausbildung im Allgemeinen umfassend unterstützt. Dafür möchte ich mich an dieser Stelle nochmal sehr herzlich bedanken. Zu danken habe ich ferner Herrn Professor Dr. Abbo Junker für die zügige Erstellung des Zweitgutachtens. Weiterhin möchte ich Professor Dr. Heinz-Peter Mansel, Professor Dr. Dr. h.c. mult. Erik Jayme, Professor Dr. Christine Budzikiewicz, Professor Dr. Michael Stürner, Professor Dr. Karsten Thorn und Professor Dr. Marc-Philippe Weller für die Aufnahme dieser Dissertation in die Reihe der Studien zum vergleichenden und internationalen Recht danken.

Besonderer Dank gebührt Dr. Nora Ziegert, die dank kritischer Anmerkungen und ständiger Unterstützung maßgeblich zum Gelingen dieser Arbeit beigetragen hat. Daneben möchte ich mich bei meinen Lehrstuhlkollegen für die stets sehr angenehme Zusammenarbeit und die schöne Zeit am Institut bedanken.

Mein größter Dank gilt an dieser Stelle meinen Eltern, Susanne und Dr. Mouaffak Sakka. Ich danke ihnen von Herzen für die langjährige bedingungslose Unterstützung vor, während und auch nach meiner Ausbildung. Ihnen beiden widme ich diese Arbeit.

Berlin, im März 2019
Samy Sakka

Inhaltsverzeichnis

Abkürzungsverzeichnis

a.A.	eine Ansicht
a.E.	am Ende
a.F.	alte Fassung
ABl.	Amtsblatt der Europäischen Union
AcP	Archiv für die civilistische Praxis
AEUV	Vertrag über die Arbeitsweise der Europäischen Union idF. der Bekanntmachung vom 9.5.2008, ABl. 2008 C 115 S. 47
AG	Aktiengesellschaft; Die Aktiengesellschaft (Zeitschrift); Amtsgericht
AktG	Aktiengesetz vom 6.9.1965, BGBl. 1965 I S. 1089
Anm.	Anmerkung
ArbRAktuell	Arbeitsrecht Aktuell (Zeitschrift)
BAG	Bundesarbeitsgericht
BB	Betriebs-Berater
BeckOGK	beck-online.Großkommentar
BeckRS	Elektronische Entscheidungsdatenbank in beck-online
Begr.	Begründer
ber.	berichtigt
Beschl.	Beschluss
BGB	Bürgerliches Gesetzbuch idF. der Bekanntmachung vom 2.1.2002, BGBl. 2002 I; S. 42
BGBl.	Bundesgesetzblatt
Bilanzrichtlinie	Richtlinie 2013/34/EU des Europäischen Parlaments und des Rates vom 26.6.2013 über den Jahresabschluss, den konsolidierten Abschluss und damit verbundene Berichte von Unternehmen bestimmter Rechtsformen und zur Änderung der Richtlinie 2006/43/EG des Europäischen Parlaments und des Rates und zur Aufhebung der Richtlinien 78/660/EWG und 83/349/EWG des Rates, ABl. 2013 L 182 S. 19
BR-Drs.	Bundesratsdrucksache
Brüssel I-VO	Verordnung (EG) Nr. 44/2001 des Rates vom 22.12.2000 über die gerichtliche Zuständigkeit und die Anerkennung und Vollstreckung von Entscheidungen in Zivil- und Handelssachen, ABl. 2001 L 12 S. 1
BT-Drs.	Bundestagsdrucksache
BV	Besloten vennootschap met beperkte aansprakelijkheid (niederländische Kapitalgesellschaft mit beschränkter Haftung)

bzw.	beziehungsweise
c.c.	codice civile (italienisches Zivilgesetzbuch)
CCZ	Corporate Compliance Zeitschrift
CISG	Übereinkommen der Vereinten Nationen über Verträge über den internationalen Warenkauf vom 11.4.1980, BGBl. 1989 II S. 586, ber. 1990 II S. 1699
COMI	Center of main interest
d.h.	das heißt
DNotZ	Deutsche Notar-Zeitschrift
Dok.	Dokument
DStR	Deutsches Steuerrecht (Zeitschrift)
DStRE	Deutsches Steuerrecht Entscheidungsdienst
e.A.	andere Ansicht
EBLR	European Business Law Review
ECFR	European Company and Financial Law Review
EGBGB	Einführungsgesetz zum Bürgerlichen Gesetzbuche idF. der Bekanntmachung vom 21.9.1994, BGBl. 1994 I, S. 2494
EGV	Vertrag zur Gründung der Europäischen Gemeinschaft idF. bis 30.11.2009 vom 25.3.1957, zuletzt geändert durch Art. 2 Vertrag von Lissabon vom 13.12.2007, ABl. 2007 C 306 S. 1
Einl.	Einleitung
EL	Ergänzungslieferung
ELR	European law review
endg.	endgültig
Engl.	Englisch
ErfK	Erfurter Kommentar zum Arbeitsrecht
etc.	et cetera
EU	Europäische Union
EUCL	European Company Law
EuEheVO	Verordnung (EG) Nr. 2201/2003 des Rates vom 27.11.2003 über die Zuständigkeit und die Anerkennung und Vollstreckung von Entscheidungen in Ehesachen und in Verfahren betreffend die elterliche Verantwortung und zur Aufhebung der Verordnung (EG) Nr. 1347/2000, ABl. 2003 L 338 S. 1, ber. 2016 L 99 S. 34.
EuErbVO	Verordnung (EU) Nr. 650/2012 des Europäischen Parlaments und des Rates vom 4.7.2012 über die Zuständigkeit, das anzuwendende Recht, die Anerkennung und Vollstreckung von Entscheidungen und die Annahme und Vollstreckung öffentlicher Urkunden in Erbsachen sowie zur Einführung eines Europäischen Nachlasszeugnisses, ABl. 2012 L 201 S. 107, ber. 2012 L 344 S. 3, 2013 L 41 S. 16, 2013 L 60 S. 140, 2014 L 363 S. 186.

EuGH	Gerichtshof der Europäischen Union
EuGVÜ	Übereinkommen über die gerichtliche Zuständigkeit und die Anerkennung und Vollstreckung von Entscheidungen in Zivil- und Handelssachen vom 30.10.2007, ABl. 2009 L 147 S. 5, ber. 2009 L 147 S. 44, 2011 L 115 S. 31 und 2014 L 18 S. 70
EuGVVO	Verordnung (EU) Nr. 1215/2012 des Europäischen Parlaments und des Rates vom 12.12.2012 über die gerichtliche Zuständigkeit und die Anerkennung und Vollstreckung von Entscheidungen in Zivil- und Handelssachen, ABl. 2012 L 351 S. 1
EuGVVO a.F.	Verordnung (EG) Nr. 44/2001 des Rates vom 22.12.2000 über die gerichtliche Zuständigkeit und die Anerkennung und Vollstreckung von Entscheidungen in Zivil- und Handelssachen, (ABl. 2001 L 12 S. 1, ber. 2001 L 307 S. 28 und 2010 L 328 S. 36, aufgehoben mit Wirkung vom 10.1.2015 durch Art. 80 S. 1 EuGVVO
EuInsVO	Verordnung (EU) 2015/848 des Europäischen Parlaments und des Rates vom 20.5.2015 über Insolvenzverfahren, ABl. 2015 L 141 S. 19
EuInsVO a.F.	Verordnung (EG) Nr. 1346/2000 des Rates vom 29. Mai 2000 über Insolvenzverfahren, ABl. 2000 L 160 S. 1, ber. 2014 L 350 S. 15, aufgehoben mit Wirkung vom 26.6.2017 durch Art. 91 UAbs. 1 EuInsVO
EuLF	The European Legal Forum
EuR	Europarecht (Zeitschrift)
EUV	Vertrag über die Europäische Union idF. des Vertrags von Lissabon vom 13.12.2007, ABl. 2007 C 306 S. 1, zuletzt ABl. 2012 L 112 S. 21
EuZA	Europäische Zeitschrift für Arbeitsrecht
EuZW	Europäische Zeitschrift für Wirtschaftsrecht
EVÜ	Übereinkommen über das auf vertragliche Schuldverhältnisse anzuwendende Recht vom 19.6.1980, ABl. 1980 L 226 S. 1, BGBl. 1986 II S. 809
f.	folgende
ff.	fortfolgende
Fn.	Fußnote
FS	Festschrift
GA	Generalanwalt/Generalanwältin
Gesamthrsg.	Gesamtherausgeber
GewStG	Gewerbesteuergesetz vom 15. Oktober 2002, BGBl. 2002 I S. 4167
GmbH	Gesellschaft mit beschränkter Haftung

GmbHG	Gesetz betreffend die Gesellschaften mit beschränkter Haftung vom 20.5.1898, RGBl. 1898 S. 846
GPR	Zeitschrift für das Privatrecht der Europäischen Union
GRUR	Gewerblicher Rechtsschutz und Urheberrecht (Zeitschrift)
GS	Gedächtnisschrift
GVG	Gerichtsverfassungsgesetz vom 9.5.1975, BGBl. 1975 I S. 1077
GWB	Gesetz gegen Wettbewerbsbeschränkungen vom 26.6.2013, BGBl. 2013 I S. 1750, S. 3245
GWR	Gesellschafts- und Wirtschaftsrecht (Zeitschrift)
h.M.	herrschende Meinung
HGB	Handelsgesetzbuch vom 10.5.1897, RGBl. 1897 S. 219
Hrsg.	Herausgeber
HUP	Haager Unterhaltsprotokoll (Protokoll über das auf Unterhaltspflichten anzuwendende Recht v. 23.11.2007, ABl. 2009 Nr. L 331 S. 19)
i.S.	im Sinne
i.S.v.	im Sinne von
i.V.m.	in Verbindung mit
idF.	in der Fassung
InsO	Insolvenzordnung vom 5.10.1994, BGBl. 1994 I S. 2866
IPRax	Praxis des Internationalen Privat- und Verfahrensrechts
IWRZ	Zeitschrift für Internationales Wirtschaftsrecht
JA	Juristische Arbeitsblätter
JuS	Juristische Schulung
JZ	Juristen Zeitung
KStG	Körperschaftsteuergesetz vom 15.10.2002, BGBl. 2002 I S. 4144
KSzW	Kölner Schrift zum Wirtschaftsrecht
KTS	KTS – Zeitschrift für Insolvenzrecht
Lat.	Latein
lit.	litera
LMK	Kommentierte BGH-Rechtsprechung Lindenmaier-Möhring (Beck Online)
Ls.	Leitsatz
LugÜ 1988	Lugano Übereinkommen vom 16.9.1988 über die gerichtliche Zuständigkeit und die Anerkennung und Vollstreckung von Entscheidungen in Zivil- und Handelssachen
LugÜ 2007	Lugano Übereinkommen vom 30.10.2007 über die gerichtliche Zuständigkeit und die Anerkennung und Vollstreckung von Entscheidungen in Zivil- und Handelssachen

m.Anm.	mit Anmerkung
m.w.N.	mit weiteren Nachweisen
MitbestG	Gesetz über die Mitbestimmung der Arbeitnehmer vom 4.5.1976, BGBl. 1976 I S. 1153
MittBayNot	Mitteilungen des Bayerischen Notarvereins
MünchKommBGB	Münchener Kommentar zum Bürgerlichen Gesetzbuch
MünchKommGmbHG	Münchener Kommentar zum Gesetz betreffend die Gesellschaften mit beschränkter Haftung
MünchKommZPO	Münchener Kommentar zur Zivilprozessordnung
NJW	Neue Juristische Wochenschrift
NVwZ	Neue Zeitschrift für Verwaltungsrecht
NZI	Neue Zeitschrift für Insolvenz- und Sanierungsrecht
NZKart	Neue Zeitschrift für Kartellrecht
OLG	Oberlandesgericht
PharmR	Pharma Recht (Zeitschrift)
RdA	Recht der Arbeit (Zeitschrift)
Rev. crit. dr. internat. privé	Revue critique de droit international privé
RGBl.	Reichsgesetzblatt
Rn.	Randnummer
Rom II-VO	Verordnung (EG) Nr. 864/2007 des Europäischen Parlaments und des Rates vom 11.7.2007 über das auf außervertragliche Schuldverhältnisse anzuwendende Recht (Rom II), ABl. 2007 L 199 S. 40, ber. 2012 L 310 S. 52
Rom I-VO	Verordnung (EG) Nr. 593/2008 des Europäischen Parlaments und des Rates vom 17.6.2008 über das auf vertragliche Schuldverhältnisse anzuwendende Recht (Rom I), ABl. 2008 L 177 S. 6, ber. 2009 L 309 S. 87
Rs.	Rechtssache
Rspr.	Rechtsprechung
S.	Seite
s.o.	siehe oben
s.u.	siehe unten; siehe unter
SCE	Europäische Genossenschaft
SE	Europäische Gesellschaft
sec.	section
Slg.	Sammlung
st.Rspr.	ständige Rechtsprechung
str.	strittig
syst. Darst.	systematische Darstellung
u.a.	unter anderem; und andere
UAbs.	Unterabsatz
UN	Vereinte Nationen

unalex	Unalex-Entscheidungssammlung; abrufbar unter https://www.unalex.eu/Judgment/ (zuletzt aufgerufen am 15.10.2018)
v.	vom
Verbrauchsgüterkaufrichtlinie	Richtlinie 1999/44/EG des Europäischen Parlaments und des Rates vom 25.5.1999 zu bestimmten Aspekten des Verbrauchsgüterkaufs und der Garantien für Verbrauchsgüter, ABl. 1999 L 171 S. 12, geändert durch Art. 33 ÄndRL 2011/83/EU vom 25.10.2011, ABl. 2011 L 304 S. 64
Vorb.	Vorbemerkung
VwGO	Verwaltungsgerichtsordnung vom 19.3.1991, BGBl. 1991 I S. 686
WISTA	Wirtschaft und Statistik (Zeitschrift)
z.B.	zum Beispiel
ZEuP	Zeitschrift für Europäisches Privatrecht
ZGR	Zeitschrift für Unternehmens- und Gesellschaftsrecht
ZHR	Zeitschrift für das gesamte Handels- und Wirtschaftsrecht
Ziff.	Ziffer
ZPO	Zivilprozessordnung vom 5.12.2005, BGBl. 2005 I S. 3202, ber. 2006 I S. 431 und 2007 I S. 1781
ZVglRWiss.	Zeitschrift für Vergleichende Rechtswissenschaft

A. Einleitung

Fast täglich ist in der Wirtschaftspresse von Konzernen zu lesen. Ob im „*VW*-Abgasskandal", nach Bekanntwerden des „Zucker-Kartells"[1] oder bei Wettbewerbsverstößen durch den Suchmaschinenanbieter *Google*,[2] stets stellt sich die Frage, wer für durch konzernangehörige Gesellschaften verursachte Schäden haftet. Als 2009 der Autobauer *Opel* in die Krise geriet, wurden schnell Forderungen der Gewerkschaft *IG Metall* laut, dass im Falle einer Insolvenz die damalige Muttergesellschaft *General Motors* im Wege der Durchgriffshaftung für alle Schäden deutscher Arbeitnehmer von *Opel* aufkommen sollte.[3] Dabei stellt sich natürlich die Frage, vor welchem Gericht entsprechende Ansprüche geltend zu machen sind. Für eine geschädigte Tochtergesellschaft, ihre Gläubiger oder Arbeitnehmer bedeutet es einen hohen (nicht nur) finanziellen Aufwand, wenn sie im Ausland klagen müssten. Da der Kläger gleichzeitig einem großen Konzernunternehmen gegenübersteht, welches in der Regel über mehr Ressourcen verfügt als ein Einzelner, etwa über eine eigene Rechtsabteilung, wird die Rechtsdurchsetzung durch einen ausländischen Gerichtsstand weiter erschwert oder gar unmöglich.

Betrachtet man die deutsche Unternehmenswirklichkeit, so zeigt sich, dass der gesetzliche Normalfall einer Einzelgesellschaft gerade im Bereich von Kapitalgesellschaften zur Ausnahme geworden ist. Etwa drei Viertel aller Aktiengesellschaften und etwa die Hälfte aller GmbHs sind in einen Konzern eingebunden.[4] Zwar wurden 2015 nur 1,2 % der deutschen Unternehmen von einer ausländischen Muttergesellschaft kontrolliert, während der Anteil an Unternehmen unter inländischer Kontrolle bei 7,1 % lag,[5] allerdings machten sie bezogen auf alle inländischen Unternehmen jeweils 20 % an Umsatz, Bruttowertschöpfung und Bruttoinvestitionen aus.[6] In etwa 60 % der Fälle hatte die herrschende

---

1 https://www.sueddeutsche.de/wirtschaft/strafe-von-wettbewerbsbehoerde-zucker-kartell-teilte-deutschland-unter-sich-auf-1.1892496, zuletzt aufgerufen am 15.10.2018.

2 http://www.faz.net/aktuell/wirtschaft/unternehmen/wettbewerbsverstoesse-google-klagt-gegen-milliardenstrafe-15193494.html, zuletzt aufgerufen am 15.10.2018.

3 https://www.welt.de/wirtschaft/article5099411/IG-Metall-eroeffnet-Fehde-mit-GM-Managern.html, zuletzt aufgerufen am 15.10.2018.

4 *Wiesnack/Klein*, 5 (7).

5 *Nahm*, WISTA 2017, 26 (32).

6 *Nahm*, WISTA 2017, 26 (28).

Muttergesellschaft ihren Sitz in einem anderen EU-Mitgliedstaat.[7] Während die Zahl an auslandskontrollierten Unternehmen zwischen 2009 und 2015 nur um 16,5 % gestiegen ist, erhöhte sich der Umsatz dieser Gesellschaften um 35 %.[8] Daraus lässt sich schließen, dass immer mehr große Unternehmensgruppen am Markt agieren und ihre wirtschaftliche Bedeutung stetig zunimmt.

Die zunehmende Relevanz von Unternehmensgruppen zeigt sich auch an einer Vielzahl aktueller EuGH-Entscheidungen mit Konzernbezug. So hatte sich der Europäische Gerichtshof u.a. in den Verfahren *OTP Bank*,[9] *ÖFAB*,[10] *Holterman Ferho Exploitatie*[11] und *Impacto Azul*[12] mit verbundenen Unternehmen zu befassen. Die Zunahme einer internationalen Verflechtung von Unternehmen hat auch der Unionsgesetzgeber erkannt und für Teilbereiche des Konzernrechts gesetzliche Regelungen geschaffen.[13] Allerdings fehlt es bis heute an besonderen Regelungen zur gerichtlichen Zuständigkeit bei Klagen mit Konzernbezug. Zur Bestimmung des Gerichtsstandes ist daher in der Regel die EuGVVO heranzuziehen.

Die vorliegende Arbeit soll aufzeigen, welche Gerichtsstände der EuGVVO im Rahmen von Streitigkeiten mit Konzernbezug eröffnet sind und wie es gelingen kann, die Schutzzwecke des materiellen Konzernrechts – insbesondere die Abwehr von Gefahren für beherrschte Unternehmen, Gläubiger und Minderheitsaktionäre bzw. -gesellschafter konzernangehöriger Gesellschaften[14] – auch im Kompetenzrecht besser zu verwirklichen. Durch den Fokus auf die

---

7 *Nahm*, WISTA 2017, 26 (30).

8 *Nahm*, WISTA 2017, 26 (30).

9 EuGH Urt. v. 17.10.2013, Rs. C-519/12 (OTP Bank), ECLI:EU:C:2013:674 = IPRax 2014, 528 m.Anm. *Kindler*, IPRax 2014, 486 ff.

10 EuGH Urt. v. 18.7.2013, Rs. C-147/12 (ÖFAB), ECLI:EU:C:2013:490 = EuZW 2013, 703.

11 EuGH Urt. v. 10.9.2015, Rs. C-47/14 (Holterman Ferho Exploitatie BV u.a./Friedrich Leopold Freiherr Spies von Büllesheim), ECLI:EU:C:2015:574 = NZA 2016, 183 m.Anm. *Kindler*, IPRax 2016, 115 ff.

12 EuGH Urt. v. 20.6.2013, Rs. C-186/12 (Impacto Azul), ECLI:EU:C:2013:412 = EuZW 2013, 664.

13 Vgl. z.B. Kapitel V der EuInsVO zu Insolvenzverfahren über das Vermögen von Mitgliedern einer Unternehmensgruppe; dazu ausführlich *Kindler/Sakka*, EuZW 2015, 460 (464 ff.).

14 Zur sogenannten „Konzerngefahr“ , die sich aus Interessenkollisionen des herrschenden Unternehmens mit denen des abhängigen Unternehmens ergibt vgl. Baumbach/Hueck (2017)/*Beurskens*, GmbH-Konzernrecht Rn. 3; Bürgers/Körber/*Fett*, § 15 AktG Rn. 7.

Kompetenznormen der EuGVVO werden insolvenzrechtliche Konzernstreitigkeiten und Zuständigkeitsvorschriften der EuInsVO nur am Rande untersucht. Da die Darstellung aus dem Blickwinkel eines deutschen Rechtsanwenders entstanden ist, befasst sie sich schwerpunktmäßig mit Gesellschaftsformen und Haftungsvorschriften des deutschen Rechts, berücksichtigt allerdings immer wieder auch die Rechtsordnungen anderer Mitgliedstaaten.

B. Gang der Untersuchung

Konzerne, das heißt gesellschaftsrechtliche Beherrschungstatbestände sind im Unionsrecht nur teilweise geregelt. Für eine dezidierte Untersuchung von Konzernen und Streitigkeiten mit Konzernbezug im Zuständigkeitsregime der EuGVVO ist somit zunächst als Ausgangspunkt der Begriff „Konzern" zu definieren. Daher widmet sich Kapitel C ausführlich dem Konzernbegriff im Unions- und deutschen Sachrecht sowie den Rechtsfolgen einer Konzernierung. Da sich die gerichtliche Zuständigkeit oftmals nach dem einer Klage zugrunde liegenden Anspruch richtet, folgen in Kapitel D Ausführungen zum Konzernkollisionsrecht und zur Bestimmung des Gesellschaftsstatuts.

Darauf aufbauend widmet sich Kapitel E dem Kompetenzrecht. Abschnitt E.I. legt die methodischen Grundlagen zur Analyse der einzelnen Gerichtsstände der EuGVVO durch Ausführungen zur Auslegung von sekundärem Unionsrecht.[15] Dabei wird neben der Erörterung der Auslegungsmethoden nach *von Savigny* ausführlich untersucht, ob eine rechtsaktübergreifende Auslegung im Unionsrecht möglich ist. Die Schlussfolgerungen werden dann bei der daran anschließenden umfassenden Darstellung des Kompetenzrechts der EuGVVO und der Qualifikation von konzernrechtlichen Haftungstatbeständen (E.II.) eine Rolle spielen. Abschließend werden die gefundenen Ergebnisse und Lösungsvorschläge in einem Schlusskapitel zusammengefasst (F.).

---

15 Verordnungen, Richtlinien, Beschlüsse, Empfehlungen und Stellungnahmen, vgl. Art. 288 AEUV.

C. Grundlagen des Konzernrechts

I. Der Begriff des Konzerns

Trotz der großen Bedeutung grenzüberschreitender Konzerne im globalisierten Wirtschaftsleben ist die Frage, wie ein Konzern zu definieren ist, welche Merkmale er umfasst und wie die beteiligten Gesellschaften zueinander stehen, vom EU-Gesetzgeber nicht umfassend beantwortet.[16] Regelungen zu Konzerngesellschaften und Unternehmensgruppen finden sich bisher nur in Teilbereichen des Unionsrechts.[17] In der deutschen Rechtsordnung ist das Konzernrecht – mit Ausnahme von Kollisionsregeln[18] – hingegen ausführlich kodifiziert.[19] Weitere (Teil-)Konzernrechtskodifikationen finden sich in den Mitgliedstaaten Portugal, Ungarn, Slowenien, Italien[20] und Tschechien.[21] Da die Rechtssprache und gesetzliche Regelungen konzernnahen Begriffen unterschiedliche Bedeutungen beimessen, muss zunächst dargestellt werden, wie der Begriff des Konzerns im Rahmen dieser Abhandlung genau zu verstehen ist. Im Folgenden werden zuerst konzernnahe Begriffe im Unionsrecht anhand verschiedener Rechtsquellen skizziert (s.u. 1.), bevor die nach deutschem Rechtsverständnis als Konzern eingestuften Gesellschaftsstrukturen rechtsvergleichend und als Grundlage für das europäische Recht untersucht werden (s.u. 2.). Daran schließen sich Ausführungen zur Rechtsfolge einer Konzernierung an (s.u. II.).

---

16 *Wiebusch*, S. 34 f.; MünchHdbGesR/*Drinhausen*, § 44 Rn. 7 m.w.N.; *von Hersberg*, S. 31.

17 Etwa im europäischen Insolvenzrecht, vgl. Art. 2 Nr. 13 EuInsVO; vgl. auch *Kindler*, ZHR 179 (2015), 330 (332 ff.); *Renner*, ZGR 2014, 452 (456); *Hopt*, ZHR 171 (2007), 199 (204 f.); MünchHdbGesR/*Drinhausen*, § 44 Rn. 4; den Bestand konzernrechtlicher Bestimmungen im Unionsrecht für spärlich hält *Mülbert*, ZHR 179 (2015), 645 (651).

18 Vgl. MünchHdbGesR/*Drinhausen*, § 44 Rn. 3.

19 So *Renner*, ZGR, 2014, 452 (460); *Teichmann*, ZGR 2014, 45 (49).

20 Zum italienischen Gesellschaftsrecht vgl. *Kindler*, Einf. it. Recht, § 18 Rn. 9 ff. sowie speziell zum it. Konzernrecht *Kindler*, It. Handels- und Wirtschaftsrecht, § 4 Rn. 248 ff.; *Stein*, FS Hommelhoff, 1149 ff.; zur Konzernhaftung vgl. *Strnad*, RIW 2004, 255 ff.

21 So MünchKommAktG/*Altmeppen*, Einl. Drittes Buch, verbundene Unternehmen Rn. 33; *Emmerich/Habersack*, § 1 Rn. 42.

1. Konzernnahe Begriffe im Unionsrecht

a) Bestandsaufnahme

Der Unionsgesetzgeber hat insbesondere durch Richtlinien und in jüngerer Zeit ebenfalls durch Verordnungen Teilaspekte des Konzernrechts einer gesetzlichen Regelung zugeführt. Eine Legaldefinition für den Begriff „Konzern" findet sich bisher zwar in keinem europäischen Rechtsakt, allerdings werden u.a. die konzernnahen Begriffe „Unternehmensgruppe", „Tochterunternehmen" und „Mutterunternehmen" in Richtlinien sowie Verordnungen verwendet. Schon zu Zeiten der Europäischen Wirtschaftsgemeinschaft berührten die zweite (Kapitalrichtlinie),[22] siebte (Konzernbilanzrichtlinie)[23] und zwölfte (Einpersonengesellschaftsrichtlinie)[24] gesellschaftsrechtliche Richtlinie das Konzernrecht.[25]

---

22 Zweite Richtlinie 77/91/EWG des Rates vom 13.12.1976 zur Koordinierung der Schutzbestimmungen, die in den Mitgliedstaaten den Gesellschaften im Sinne des Art. 58 Abs. 2 des Vertrages im Interesse der Gesellschafter sowie Dritter für die Gründung der Aktiengesellschaft sowie für die Erhaltung und Änderung ihres Kapitals vorgeschrieben sind, um diese Bestimmungen gleichwertig zu gestalten, ABl. 1977 L 26 S. 1; neu gefasst durch Richtlinie 2012/30/EU des Europäischen Parlaments und des Rates vom 25.10.2012 zur Koordinierung der Schutzbestimmungen, die in den Mitgliedstaaten den Gesellschaften im Sinne des Art. 54 Abs. 2 AEUV im Interesse der Gesellschafter sowie Dritter für die Gründung der Aktiengesellschaft sowie für die Erhaltung und Änderung ihres Kapitals vorgeschrieben sind, um diese Bestimmungen gleichwertig zu gestalten, ABl. 2012 L 315 S. 74.

23 Siebte Richtlinie 83/349/EWG des Rates vom 13.6.1983 auf Grund von Artikel 54 Absatz 3 Buchstabe g des Vertrags über den konsolidierten Abschluss; ABl. 1983 L 193 S. 1; aufgehoben und ersetzt durch Richtlinie 2013/34/EU des Europäischen Parlaments und des Rates vom 26.6.2013 über den Jahresabschluss, den konsolidierten Abschluss und damit verbundene Berichte von Unternehmen bestimmter Rechtsformen und zur Änderung der Richtlinie 2006/43/EG des Europäischen Parlaments und des Rates und zur Aufhebung der Richtlinien 78/660/EWG und 83/349/EWG des Rates, ABl. 2013 L 182 S. 19.

24 Zwölfte Richtlinie 89/667/EWG des Rates vom 21.12.1989 auf dem Gebiet des Gesellschaftsrechts betreffend Gesellschaften mit beschränkter Haftung mit einem einzigen Gesellschafter, ABl. 1989 L 395 S. 40; neugefasst durch Richtlinie 2009/102/EG des Europäischen Parlaments und des Rates vom 16.9.2009 auf dem Gebiet des Gesellschaftsrechts betreffend Gesellschaften mit beschränkter Haftung mit einem einzigen Gesellschafter, ABl. 2009 L 258 S. 20.

25 Vgl. Baumbach/Hueck (2010)/*Zöllner*, SchlAnhKonzernR Rn. 4.

Der Entwurf einer Konzernrechtsrichtlinie (neunte Richtlinie)[26] aus dem Jahre 1984 ist dagegen gescheitert. In jüngerer Zeit sind die Bilanzrichtlinie[27] sowie die EuInsVO als Rechtsakte zu nennen, die sich mit Konzernen befassen. Die Verordnungen für die einheitlichen Rechtsformen SE[28] und SCE[29] weisen dagegen mit Ausnahme von Konzernbildungsregeln[30] keinen Konzernbezug auf.[31] Beachtlich ist, dass der Verordnungsvorschlag zu einer Europäischen Aktiengesellschaft (SE) von 1970 noch einen eigenen Titel zum Konzernrecht enthielt,[32] dieser im Laufe des Rechtssetzungsverfahrens dann allerdings aus der Verordnung ausgeklammert worden ist.[33]

Aufgrund der zunehmenden Zahl international tätiger Konzerngesellschaften wird vom EU-Gesetzgeber gefordert, die Behandlung von grenzüberschreitenden Unternehmensgruppen umfassender als bisher in den Fokus zu rücken.[34] Die Vielfalt mitgliedstaatlicher Regelungen erschwere die Führung grenzüberschreitender Unternehmensgruppen.[35] Grundlage weiterer

---

26 Vorschlag für eine neunte Richtlinie auf der Grundlage von Art. 54 Abs. 3 Buchstabe g) des EWG-Vertrages über die Verbindungen zwischen Unternehmen insbesondere über Konzerne von 1984, DOK Nr. III/1639/84, abgedruckt in ZGR 1985, 446 ff.

27 Richtlinie 2013/34/EU des Europäischen Parlaments und des Rates vom 26.6.2013 über den Jahresabschluss, den konsolidierten Abschluss und damit verbundene Berichte von Unternehmen bestimmter Rechtsformen und zur Änderung der Richtlinie 2006/43/EG des Europäischen Parlaments und des Rates und zur Aufhebung der Richtlinien 78/660/EWG und 83/349/EWG des Rates, ABl. 2013 L 182 S. 19.

28 Verordnung (EG) Nr. 2157/2001 des Rates vom 8.10.2001 über das Statut der Europäischen Gesellschaft (SE), ABl. 2001 L 294 S. 1.

29 Verordnung (EG) Nr. 1435/2003 des Rates vom 22.7.2003 über das Statut der Europäischen Genossenschaft (SCE), ABl. 2003 L 207 S. 1.

30 *Hopt*, ZHR 171 (2007), 199 (205); zur SE als Konzernunternehmen vgl. *Emmerich/Habersack*, § 1, Rn 48.

31 So Baumbach/Hueck (2017)/*Beurskens*, Anhang Die GmbH im Unternehmensverbund Rn. 11; Gebauer/Teichmann/*Teichmann*, § 6 Rn. 357; *Hopt*, ZHR 171 (2007), 199 (205); wobei Erwägungsgrund Nr. 3 der SCE-Verordnung auf Unternehmensgruppen Bezug nimmt.

32 Titel VII, Art. 223 ff. Vorschlag einer Verordnung (EWG) des Rates über das Statut für europäische Aktiengesellschaften, ABl. 1970 C 124 S. 1 (43 ff.).

33 Vgl. *Fleischer*, ZGR 2017, 1 (6 f.).

34 *Conac*, ECFR 2016, 301 (302 ff.); *Schneider*, ZVglRWisS. 102 (2003), 387 (388); *Teichmann*, EUCL 13 (2016), 150 (153); vgl. auch *Mock*, 20th International Congress of Comparative Law, 307 (308 f.).

35 So Gebauer/Teichmann/*Teichmann*, § 6 Rn. 112; *Chiappetta/Tombari*, ECFR 2012, 261 (268 f.).

Rechtsetzungsvorhaben könnten dabei die durch das „*Forum Europaeum on Company Groups*“ vorgelegten Eckpunkte für einen Rechtsrahmen zur erleichterten Führung von grenzüberschreitenden Unternehmensgruppen in Europa[36] sowie das von Rechtsexperten entwickelte einheitliche Modellgesetz für Kapitalgesellschaften (EMCA)[37] darstellen.[38] Die EU-Kommission hat zwar in einem Aktionsplan angekündigt, sich mit der Frage einer europaweiten Anerkennung des Konzerninteresses zu befassen[39] und die Richtlinie (EU) 2017/1132 über bestimmte Aspekte des Gesellschaftsrechts[40] verabschiedet,[41] dennoch bleibt ein vollharmonisiertes europäisches kodifiziertes Konzernrecht auf absehbare Zeit eher unwahrscheinlich.[42] Im Folgenden werden verschiedene Rechtsakte auf einen Konzernbezug sowie Definitionen konzernnaher Begriffe hin untersucht.

b) Konzernnahe Begriffe im Entwurf der neunten gesellschaftsrechtlichen Richtlinie (Konzernrichtlinie)

Der Entwurf einer Konzernrichtlinie aus dem Jahre 1984[43] beruht auf einem zweiteiligen Vorentwurf[44] aus den Jahren 1974 und 1975. Der dem deutschen Recht konzeptionell sehr nahe stehende[45] Vorentwurf wurde den Mitgliedstaaten

---

36 *Forum Europaeum on Company Groups*, ZGR 2015, 507 ff.; die Erfolgsaussichten des Vorschlags schätzt *Beurskens* in Baumbach/Hueck (2017), Anhang Die GmbH im Unternehmensverbund Rn. 11, allerdings als gering ein.

37 European Model Company Act; dazu *Conac*, ECFR 2016, 301, zum Definitionsvorschlag des Konzernbegriffs vgl. insbesondere S. 306 ff.

38 Vgl. *Kindler*, ZHR 179 (2015), 330 (333); einen guten Überblick über weitere Regelungsvorschläge zum Konzernrecht verschafft *Mülbert*, ZHR 179 (2015), 645 (652 ff.).

39 KOM(2012) 740, S. 17, 4.6; vgl. auch Gebauer/Teichmann/*Teichmann*, § 6 Rn. 103; *Bayer/Schmidt*, BB 2016, 1923 (1928); dazu ausführlich *Hommelhoff*, KSzW 2014, 63 (64 f.).

40 Richtlinie (EU) 2017/1132 des Europäischen Parlaments und des Rates vom 14.6.2017 über bestimmte Aspekte des Gesellschaftsrechts, ABl. 2017 L 169 S. 46; zum Entwurf vgl. COM(2015) 616; dazu *Bayer/Schmidt*, BB 2016, 1923 (1924 f.) sowie *Verse/Wiersch*, EuzW 2016, 330 (337).

41 Insbesondere sollen die Publizitäts-, Fusions- und Spaltungsrichtlinie zusammengefasst werden; vgl. genauer Begründung der EU-Kommission, COM(2015) 616 final 2015/0283(COD).

42 So Baumbach/Hueck (2017)/*Beurskens*, Anhang Die GmbH im Unternehmensverbund Rn. 11.

43 DOK Nr. III/1639/84, abgedruckt in ZGR 1985, 446 ff.

44 1. Teil DOK Nr. XI/328 74-D; 2. Teil XI/593 75-D; abgedruckt bei *Lutter*, 2. Auflage, S. 187 ff.

45 So *Immenga*, RabelsZ 48 (1984), 48 (51).

als Diskussionsgrundlage zur Verfügung gestellt und auf der Grundlage eingegangener Stellungnahmen zu einem Richtlinienentwurf weiterentwickelt.[46] Im Verfahren stellte sich das Problem, dass nur in wenigen Mitgliedstaaten ein umfassendes Konzernrecht bestand.[47] Dies stand einer schnellen Akzeptanz entgegen und erschwerte einen Konsens innerhalb der Gemeinschaft.[48] Zu einem förmlichen Richtlinienvorschlag seitens der Kommission ist es indes nicht gekommen, die Konzernrechtsrichtlinie ist vorerst gescheitert.[49]

Im Vorentwurf wurde für Konzerne eine organische Verfassung vorgesehen, die das Eingreifen von Schutzvorschriften zugunsten der Gläubiger und außenstehender Aktionäre an den Tatbestand einer einheitlichen Leitung anknüpft,[50] wobei unerheblich sein sollte, ob ein Konzern auf einem Vertrag oder sonstigen Umständen beruht.[51] Der Entwurf von 1984 distanziert sich teilweise vom Vorentwurf und differenziert zwischen den dem deutschen Gesellschaftsrecht ebenfalls bekannten[52] Unterordnungs- (Art. 33 ff. des Entwurfs) und Gleichordnungskonzernen (Art. 40 ff. des Entwurfs).[53] Somit kam es nach dem Richtlinienentwurf von 1984 für die Einordnung von Gesellschaften als Konzern auf die *Beherrschung* bzw. auf die *einheitliche Leitung* an.

c) Konzernnahe Begriffe in der siebten gesellschaftsrechtlichen Richtlinie (Konzernbilanzrichtlinie)

In der mittlerweile aufgehobenen und durch die Bilanzrichtlinie ersetzten[54] siebten gesellschaftlichen Richtlinie zu Konzernbilanzen[55] hat der Rat bereits

---

46 Vgl. *Lutter*, ZGR 1995, 444.

47 *Lutter*, ZGR 1995, 444; *Immenga*, RabelsZ 48 (1984), 48 (50).

48 So *Immenga*, RabelsZ 48 (1984), 48 (50); *Schneider*, ZVglRWiss. 102 (2003), 387.

49 MünchKommBGB/*Kindler*, IntGesR Rn. 60; MünchKommAktG/*Altmeppen*, Einl. Drittes Buch: Verbundene Unternehmen Rn. 34 f.; Baumbach/Hueck (2010)/*Zöllner*, SchlAnhKonzernR Rn. 4; *Neye*, ZGR 1995, 191; Spahlinger/Wegen/*Wendt*, Rn. 1068; *Teichmann*, ZGR 2014, 45; *Lutter/Bayer/Schmidt*, Rn. 12.4; dies bedauernd *Hommelhoff*, FS Fleck, 125 (126 f.).

50 *Emmerich/Habersack*, § 1 Rn. 44; vgl. noch die Altauflage zu *Lutter/Bayer/Schmidt* von 1996: *Lutter*, 4. Auflage, S. 239.

51 *Lutter/Bayer/Schmidt*, Rn. 12.2.

52 Vgl. zum Unterordnungskonzern unten C.I.2.a)cc) sowie zum Gleichordnungskonzern unten C.I.2.a)dd).

53 *Lutter/Bayer/Schmidt*, Rn. 12.3.

54 Die Thematik der Konzernbilanz wurde 2013 in die neue Bilanzrichtlinie, vgl. Fn. 27, überführt; zum Konzernbegriff dort s.u. C.I.1.f).

55 Zur siebten Richtlinie vgl. Fn. 23.

1983 eine Legaldefinition der Begriffe Mutter- und Tochterunternehmen vorgenommen. Nach Art. 1 der siebten Richtlinie handelt es sich bei einem Mutterunternehmen um ein Unternehmen, dass (Alt. 1) die Mehrheit der Stimmrechte eines anderen Unternehmens (Tochterunternehmen) besitzt, (Alt. 2) das Recht hat, die Mehrheit der Mitglieder der Verwaltungs- oder Leitungsorgane des Tochterunternehmens zu bestellen bzw. abzuberufen und gleichzeitig Aktionär oder Gesellschafter des Unternehmens ist, (Alt. 3) das Recht hat, auf das Tochterunternehmen, dessen Aktionär oder Gesellschafter es ist, einen beherrschenden Einfluss aufgrund eines Vertrages oder einer Satzungsbestimmung auszuüben oder (Alt. 4) aufgrund einer Vereinbarung mit anderen Aktionären oder Gesellschaftern des Tochterunternehmens über die Mehrheit der Stimmrechte verfügt.[56]

d) Konzernnahe Begriffe in der geänderten zweiten gesellschaftsrechtlichen Richtlinie (Kapitalrichtlinie)

Nach dem 1984 gescheiterten Versuch, das Recht der verbundenen Unternehmen mittels einer Konzernrechtsrichtlinie zu harmonisieren,[57] hat der Normgeber mit der Änderung der zweiten gesellschaftlichen Richtlinie[58] 1991 einen erneuten – wenn auch deutlich bescheideneren – Versuch unternommen.[59] In der ursprünglichen zweiten Richtlinie war der Erwerb von eigenen Aktien durch Tochtergesellschaften nicht umfasst. Im Rahmen der Änderung sollte diese Lücke durch einen neuen Art. 24 a beseitigt werden.[60] In Art. 24 a Abs. 2 des Vorschlags der Kommission[61] war eine Legaldefinition des Begriffs „Tochtergesellschaft" vorgesehen. Eine Tochtergesellschaft sollte demnach jede Gesellschaft sein, in der die Muttergesellschaft (Alt. 1) über die Mehrheit der Stimmrechte verfügt, (Alt. 2) das Recht hat, die Mehrheit der Mitglieder des Leistungsorgans zu bestellen oder abzuberufen und gleichzeitig Aktionär der Tochtergesellschaft

---

56 Zu dieser Definition kritisch *Neye*, ZGR 1995, 191 (197), da sie der Systematik des deutschen Konzernrechts nicht entspreche.

57 S.o. C.I.1.b).

58 Zur zweiten Richtlinie vgl. Fn. 22.

59 Richtlinie 92/101/EWG des Rates vom 23.11.1992 zur Änderung der Richtlinie 77/91/EWG über die Gründung der Aktiengesellschaft sowie die Erhaltung und Änderung ihres Kapitals, ABl. 1992 L 347 S. 64.

60 So *Neye*, ZGR 1995, 191 (193).

61 Vorschlag für eine Richtlinie des Rates zur Änderung der Richtlinie 77/91/EWG über die Gründung der Aktiengesellschaft sowie die Erhaltung und Änderung ihres Kapitals, ABl. 1991 C 8 S. 5.

ist oder (Alt. 3) aufgrund einer Vereinbarung das Recht hat, die Mehrheit der Stimmrechte zu kontrollieren. Sowohl das Europäische Parlament[62] als auch einzelne Mitgliedstaaten[63] hielten die Definition des Begriffs der Tochtergesellschaft allerdings für problematisch, da diese einer späteren Harmonisierung des materiellen Konzernrechts vorgreife. Bis zur Harmonisierung des Konzernrechts wurde es für sinnvoll erachtet, bei der Definition des Begriffs „Tochtergesellschaft" auf das mitgliedstaatliche Aktienrecht zu verweisen.[64] Daher entschied sich der EU-Gesetzgeber gegen die Aufnahme der Definition in die Änderungsrichtlinie.[65] Nach mehreren Neufassungen[66] wurden die Bestimmungen der Kapitalrichtlinie mit Wirkung vom 20.7.2017 in der Richtlinie (EU) 2017/1132[67] zu bestimmten Aspekten des Gesellschaftsrechts kodifiziert.[68] Der Begriff „Tochtergesellschaft" ist auch in der neuen Richtlinie weiterhin nicht legaldefiniert.

e) Konzernnahe Begriffe in der zwölften gesellschaftsrechtlichen Richtlinie (Einpersonengesellschaftsrichtlinie)

Die zwölfte gesellschaftsrechtliche Richtlinie[69] zielt darauf ab, Einpersonengesellschaften den Zugang zur Rechtsform der GmbH zu eröffnen[70] und weist in Art. 2 Abs. 2 Einpersonengesellschaftsrichtlinie Konzernbezug auf, indem dort hinsichtlich einer Bereichsausnahme[71] ausdrücklich der Begriff des Konzernrechts verwendet wird. Allerdings findet sich in der Richtlinie keine Legaldefinition des Konzernbegriffs.

---

62 Vgl. die Stellungnahme des Ausschusses für Wirtschaft, Währung und Industriepolitik, Bericht des Ausschusses für Recht und Bürgerrecht des europäischen Parlaments vom 24.6.1991, Dok. A3 - 0181/91, S. 10.

63 Vgl. BT-Drs. 12/1463, S. 3; BR-Drs. 32/91, Beschl.

64 Stellungnahme des Ausschusses für Wirtschaft, Währung und Industriepolitik, Bericht des Ausschusses für Recht und Bürgerrecht des europäischen Parlaments vom 24.6.1991, Dok. A3 - 0181/91, S. 10.

65 Vgl. *Neye*, ZGR 1995, 191 (194).

66 Dazu ausführlich *Lutter/Bayer/Schmidt*, Rn. 19.5 ff.

67 S.o. Fn. 40.

68 *Lutter/Bayer/Schmidt*, Rn. 19.12.

69 Zur zwölften gesellschaftsrechtlichen Richtlinie vgl. Fn. 24.

70 Vgl. Erwägungsgrund Nr. 4 Einpersonengesellschaftsrichtlinie; KOM(88) 101 endg., S. 1.

71 Zur str. Reichweite dieser Bereichsausnahme vgl. *Kindler*, ZHR 1993, 1 ff.; *Lutter/Bayer/Schmidt*, Rn. 27.23.

f) Konzernnahe Begriffe in der Bilanzrichtlinie

Die Bilanzrichtlinie[72] aus dem Jahre 2013, welche die vierte (Jahresabschluss) und siebte (Konzernbilanz) gesellschaftsrechtliche Richtlinie aufgehoben und ersetzt hat, definiert im Unterschied zur siebten gesellschaftsrechtliche Richtlinie zunächst allgemein Mutterunternehmen als Unternehmen, die ein oder mehrere Tochterunternehmen kontrollieren (Art. 2 Nr. 9 Bilanzrichtlinie), Tochterunternehmen als von einem Mutterunternehmen kontrollierte Unternehmen (Art. 2 Nr. 10 Bilanzrichtlinie) sowie eine Gruppe als ein Mutter- und alle Tochterunternehmen (Art. 2 Nr. 11 Bilanzrichtlinie). Entscheidend für den Verbund als Konzern ist hiernach folglich der Begriff der *Kontrolle*.

Die Kontrolltatbestände werden sodann – in einer dem Art. 1 der Vorgängerrichtlinie zur Konzernbilanz vergleichbaren Weise[73] – in Art. 22 Bilanzrichtlinie dargestellt. Die Kontrolle kann sich einerseits gemäß Art. 22 Abs. 1 Bilanzrichtlinie aus formeller Kontrolle ergeben, sofern das Mutterunternehmen die Mehrheit der Stimmrechte der Aktionäre oder Gesellschafter der Tochtergesellschaft hält (Art. 22 Abs. 1 lit. a Bilanzrichtlinie) oder sofern die Mutter das Recht hat, die Mehrheit der Mitglieder des Verwaltungs-, Leitungs- oder Aufsichtsorgans der Tochter zu bestellen oder abzuberufen und gleichzeitig Aktionär oder Gesellschafter der Tochter ist (Art. 22 Abs. 1 lit. b Bilanzrichtlinie). Weiter kommt eine Kontrolle durch einen beherrschenden Vertrag oder Satzungsbestimmungen (Art. 22 Abs. 2 lit. c Bilanzrichtlinie) oder wenn entweder die Mehrheit der Mitglieder des Verwaltungs-, Leitungs- oder Aufsichtsorgans des Tochterunternehmens allein durch die Ausübung der Stimmrechte des Mutterunternehmens bestellt worden ist oder das Mutterunternehmen auf Grund einer Vereinbarung mit anderen Aktionären oder Gesellschaftern allein über die Mehrheit der Stimmrechte verfügt (Art. 22 Abs. 1 lit. d Bilanzrichtlinie), in Betracht.

Andererseits kann sich eine materielle Kontrolle ergeben, wenn das Mutterunternehmen über das Tochterunternehmen einen beherrschenden Einfluss ausübt bzw. ausüben kann oder beide Unternehmen unter einheitlicher Leitung stehen (Art. 22 Abs. 2 Bilanzrichtlinie).

g) Konzernnahe Begriffe in der Europäischen Insolvenzverordnung

Das Europäische Insolvenzrecht wurde im Jahr 2000 durch die EuInsVO a.F. einer rechtlichen Regelung zugeführt. Die Abwicklung einer insolventen

---

72 Zur Bilanzrichtlinie vgl. Fn. 27.

73 S.o. C.I.1.c).

internationalen Unternehmensgruppe fand jedoch keinen Eingang in die Verordnung,[74] sodass eine Legaldefinition des Begriffs „Konzern" nicht erforderlich war.[75] Dennoch spielten konzernnahe Begriffe auch bei der Anwendung der EuInsVO a.F. eine Rolle, dies insbesondere im Rahmen der Bestimmung des Interessensmittelpunktes (COMI) einer konzernangehörigen Tochtergesellschaft nach Art. 3 Abs. 1 EuInsVO a.F.[76] Insoweit wurde auch der insolvenzrechtliche Konzernbegriff diskutiert. Für die Einordnung eines Unternehmens als Muttergesellschaft wurde u.a. die Inhaberschaft der Anteilsmehrheit an einer Tochtergesellschaft[77] oder ihre Beherrschung in anderer Weise[78] für maßgeblich erachtet.

Die 2015 verabschiedete und neu gefasste EuInsVO[79] ersetzt die EuInsVO a.F. und führt erstmals weitreichende Kooperations- und Unterrichtungspflichten für die Insolvenz im grenzüberschreitenden Konzern ein (Art. 56–77 EuInsVO). Sie gilt grundsätzlich[80] seit dem 26.6.2017 in allen Mitgliedstaaten mit Ausnahme Dänemarks. Den Anknüpfungspunkt hinsichtlich Konzerninsolvenzen bildet insoweit die in Art. 2 Nr. 13 EuInsVO neu definierte „Unternehmensgruppe",[81] welche ein Mutterunternehmen und alle seine Tochterunternehmen bezeichnet. Gemäß Art. 2 Nr. 14 EuInsVO ist unter einem „Mutterunternehmen" ein Unternehmen zu verstehen, das ein oder mehrere Tochterunternehmen unmittelbar oder mittelbar kontrolliert.[82] Ferner gelten aufgrund einer widerleglichen Vermutung[83] Unternehmen, die einen konsolidierten Abschluss

74 Vgl. *Virgós/Schmit* Rn. 76.

75 Zur Entwicklung der Konzerninsolvenz vgl. MünchKommBGB/*Kindler*, Art. 3 EuInsVO Rn. 30 ff.; *Carstens*, S. 110 ff.

76 MünchKommBGB/*Kindler*, Art. 3 EuInsVO Rn. 30; zur Neufassung vgl. *Villata*, 83 (85 ff.).

77 *Deyda*, S. 23.

78 Vgl. dies offen lassend *Vallender/Deyda*, NZI 2009, 825 (832).

79 Dazu ausführlich *Kindler/Sakka*, EuZW 2015, 460 ff.; vgl. auch *Parzinger*, NZI 2016, 63 ff.; vgl. zum Entwurf der EU-Kommission COM(2012) 744 final außerdem *Kindler*, KTS 2014, 25 ff. sowie *Reuß*, EuZW 2013, 165.

80 Zu den Ausnahmen vgl. Art. 92 Abs. 2 EuInsVO.

81 Den Begriff der Unternehmensgruppe verwendeten sowohl EU-Parlament als auch EU-Kommission bereits vor dessen Einführung in die EuInsVO n.F.; vgl. *Wiebusch*, S. 38; zu dem Begriff kritisch vgl. *Schmidt*, KTS 2010, 1 (5 f.), der die Terminologie für unscharf erachtet.

82 Zum sogenannten Unterordnungskonzern nach § 18 Abs. 1 AktG s.u. C.I.2.a)cc).

83 Vgl. Braun/*Tashiro*, Art. 2 EuInsVO Rn. 83; *Eble*, NZI 2016, 115 (117); a.A. Mankowski/Müller/Schmidt/*Schmidt*, Art. 2 EuInsVO Rn. 79.

gemäß der Bilanzrichtlinie erstellen, als Mutterunternehmen. Damit unterfallen gleichrangige, rechtlich selbständige Unternehmen, die lediglich unter einer einheitlichen Leitung stehen, aber nicht von einer Gesellschaft beherrscht werden,[84] nicht der Definition einer Unternehmensgruppe i.S. der EuInsVO.[85]

Der Begriff „Tochterunternehmen" ist zwar nicht ausdrücklich bestimmt, folgt allerdings der Definition zur Muttergesellschaft.[86] Eine Tochtergesellschaft im Sinne der Verordnung ist demnach eine von einer Muttergesellschaft gemäß Art. 2 Nr. 14 EuInsVO mittelbar oder unmittelbar beherrschte Gesellschaft. Insoweit stellt auch die EuInsVO im Unternehmensverbund auf die Kontrolle einer Tochter- durch eine Muttergesellschaft ab, ohne allerdings einzelne Kontrolltatbestände zu nennen. Durch den Verweis von Art. 2 Nr. 14 EuInsVO auf die Bilanzrichtlinie kann jedenfalls auch auf die in Art. 22 Abs. 1 und 2 Bilanzrichtlinie genannten Beherrschungssituationen[87] zurückgegriffen werden. Durch diese Anknüpfung an das Bilanzrecht bedient sich der Verordnungsgeber eines bestehenden unionsrechtlichen Konzeptes von Kontrolltatbeständen,[88] was im Hinblick auf das Ziel einer einheitlichen Auslegung gleichlautender unionsrechtlicher Begriffe[89] zu begrüßen ist.[90]

h) Konzernnahe Begriffe in der Rechtsprechung des EuGH

Im Folgenden wird untersucht, wie der EuGH den Begriff des Konzerns als verbundene Unternehmen in seiner Rechtsprechung definiert. Mangels vollharmonisierten europäischen Konzernrechts fehlt es an auslegungsfähigen Rechtsakten, die dem Gerichtshof die Möglichkeit eröffnen würden, umfassend zu Rechtsfragen mit Konzernbezug Stellung zu nehmen und in diesem Gebiet grundlegend Rechtsfortbildung zu betreiben.[91] Dennoch werfen Konzerne im gesamten Unionsrecht Normanwendungsprobleme auf, insbesondere hinsichtlich ihrer

---

84 Sogenannter Gleichordnungskonzern, vgl. *Creifelds*, S. 690; zum Gleichordnungskonzern nach § 18 Abs. 2 AktG s.u. C.I.2.a)dd).

85 Kritisch *Reuß*, EuZW 2013, 165 (168), der auch bei Gleichordnungskonzernen Koordinierungsbedarf in der Insolvenz sieht; so auch Flöther/*Thole*, § 2 Rn. 54, der allerdings die zu lösenden Abhängigkeiten im Unterordnungskonzern für größer hält als im Gleichordnungskonzern.

86 *Moss/Fletcher/Isaacs*, Rn. 8.751.

87 Dazu bereits oben C.I.1.f).

88 So Mankowski/Müller/Schmidt/*Schmidt*, Art. 2 EuInsVO Rn. 74 m.w.N.

89 Vgl. dazu unten E.I.2.

90 So auch *Kindler/Sakka*, EuZW 2015, 460 (465); kritisch *Mock*, GPR 2013, 156 (164).

91 *Fleischer*, ZGR 2017, 1 (12).

Behandlung als Mehrheit von Rechtssubjekten oder als wirtschaftliche Einheit im Gesellschafts- und Wettbewerbsrecht,[92] sodass der EuGH in seiner Rechtsprechung vereinzelt auch auf konzernrechtliche Probleme eingehen kann. So bildet nach Ansicht des Europäischen Gerichtshofs ein Mutterunternehmen mit einer Tochtergesellschaft eine wirtschaftliche Einheit, sofern die Tochtergesellschaft ihr Vorgehen am Markt nicht autonom bestimmen kann, sondern Anweisungen der kontrollierenden Muttergesellschaft unterworfen ist.[93] Hinsichtlich des Kontrolltatbestandes, der mehrere Gesellschaften zu einer wirtschaftlichen Einheit verknüpft, stellt der Gerichtshof auf die tatsächliche[94] wirtschaftliche, organisatorische oder rechtliche Abhängigkeit der Tochtergesellschaft von der Muttergesellschaft ab.[95] Eine wirtschaftliche Einheit wird beispielsweise widerleglich vermutet, sofern die Muttergesellschaft 100 Prozent des Kapitals der Tochtergesellschaft hält.[96] Der EuGH definiert einen Konzern mithin grundsätzlich als zu einer wirtschaftlichen Einheit verbundene Unternehmen, die sich durch die Beherrschung bzw. Kontrolle einer übergeordneten über eine untergeordnete Gesellschaft auszeichnet. Dieses aus dem Wettbewerbsrecht stammende

---

92 So *Sørensen*, EBLR 27 (2016), 393 (394); *Fleischer*, ZGR 2017, 1 (12); vgl. zur Bedeutung der wirtschaftlichen Einheit in Zusammenhang mit Art. 101 AEUV von der Groeben/Schwarze/Hatje/*Klotz*, Art. 101 AEUV Rn. 359; vgl. zur Zusammenschlusskontrolle nach deutschem Wettbewerbsrecht und zum einheitlichen Unternehmen im kartellrechtlichen Sinne §§ 35, 36 Abs. 2 GWB sowie dazu ausführlich Immenga/Mestmäcker/*Thomas*, § 36 GWB Rn. 781 ff.

93 EuGH Urt. v. 24.10.1996, Rs. C-73/95 (Viho/Kommission), ECLI:EU:C:1996:405 = Slg. 1996, I-5457 Rn. 16.

94 *Sørensen*, EBLR 27 (2016), 393 (397) unterstreicht, dass es darauf ankommt, dass die Muttergesellschaft nicht nur die Möglichkeit hat, die Tochtergesellschaft zu kontrollieren, sondern dass diese Kontrolle auch tatsächlich ausgeübt werden muss.

95 Vgl. EuGH Urt. v. 10.9.2009, Rs. C-97/08 (Akzo Nobel), ECLI:EU:C:2009:536 = Slg. 2009, I-8237 Rn. 58; EuGH Urt. v. 28.6.2005, Rs. C-189/02 (Dansk Rørindustri), ECLI:EU:C:2005:408 = Slg. 2005, I-5425 Rn. 117; EuGH Urt. v. 11.7.2013, Rs. C-440/11 P (Kommission/Stichting Administratiekantoor Portielje), ECLI:EU:C:2013:514 = NZKart 2013, 367 Rn. 38 f.; EuGH Urt. v. 11.7.2013, Rs. C-440/11 (Stichting), ECLI:EU:C:2013:514 = BeckEuRS 2013, 731989 Rn. 66 f.

96 EuGH Urt. v. 10.9.2009, Rs. C-97/08 (Akzo Nobel), ECLI:EU:C:2009:536 = Slg. 2009, I-8237 Rn. 60; dazu *Kapp*, CCZ 2009, 236; *Roth*, IPRax 2016, 318; EuGH Urt. v. 16.11.2000, Rs. C-286/98 P (Stora), ECLI:EU:C:2000:630 = Slg. 2000, I-9925 Rn. 29; EuGH Urt. v. 11.7.2013, Rs. C-440/11 (Stichting), ECLI:EU:C:2013:514 = BeckEuRS 2013, 731989 Rn. 71; vgl. auch *Fleischer*, ZGR 2017, 1 (13).

Begriffsverständnis einer wirtschaftlichen Einheit von Konzerngesellschaften überträgt der EuGH damit auch auf weitere Rechtsgebiete.[97]

i) Stellungnahme: Normzweckbezogene Ausgestaltung des Konzernbegriffs

Zusammenfassend lässt sich festhalten, dass sich gemeinsame Kerninhalte zwar ausmachen lassen, allerdings der Konzernbegriff dennoch im Unionsrecht nicht in jeder Nuance einheitlich zu definieren ist. Ein Konzern, der im Unionsrecht – sofern überhaupt ausdrücklich erwähnt – als Unternehmensgruppe bezeichnet wird, besteht unstreitig aus mehreren juristischen Personen, der sogenannten Muttergesellschaft und mindestens einer Tochtergesellschaft. Sie genießen zwar jeweils eigenständige Rechtsfähigkeit, sind aber miteinander verflochten.[98] Diese Verflechtung ergibt sich typischerweise daraus, dass die Muttergesellschaft auf die Tochtergesellschaft Einfluss nehmen kann. Dieser Einfluss resultiert regelmäßig aus einer Kontroll- oder Beherrschungssituation, da die Muttergesellschaft beispielsweise die Mehrheit der Anteile an der Tochtergesellschaft hält und damit über eine Stimmrechtsmehrheit verfügt oder die Verwaltungs- und Leitungsorgane der Tochtergesellschaft ernennen sowie abberufen kann. Mangels einer rechtsgebietsübergreifenden Legaldefinition durch den Unionsgesetzgebers ist bei der Auslegung[99] des Begriffs „Unternehmensgruppe“ oder „Konzern“ allerdings stets der Telos des entsprechenden Rechtsaktes zu berücksichtigen, was zu verschiedenen Gruppen- und Kontrollbegriffen führen kann.[100]

2. Der Konzernbegriff im deutschen Recht

Der deutsche Gesetzgeber hat bereits im Jahre 1965 die wichtigsten konzernrechtlichen Begriffe in den §§ 15–19 AktG definiert. Da der Schwerpunkt des

---

97 Vgl. *Sørensen*, EBLR 27 (2016), 393 (412 f.); vgl. etwa im Steuerrecht EuGH Urt. v. 20.2.1997, Rs. C-260/95 (Commissioners of Customs and Excise/DFDS), ECLI:EU:C:1997:77 = DStRE 1997, 342 Rn. 23 f.; vgl. auch Gebauer/Teichmann/*Teichmann*, § 6 Rn. 192; vgl. auch EuGH Urt. v. 2.12.1999, Rs. C-234/98 (Allen/Amalgamated Construction), ECLI:EU:C:1999:594 = EuZW 2000, 442 Rn. 18 f., in dem der Gerichtshof entschied, dass bei der Übertragung von Mitarbeitern innerhalb eines Konzerns von einer Tochtergesellschaft in eine andere sehr wohl zwei verschiedene Arbeitgeber vorliegen, obwohl beide Tochtergesellschaften zu 100 % im Eigentum derselben Muttergesellschaft stehen, und daher Arbeitnehmerschutzvorschriften der Richtlinie 77/187/EWG greifen.

98 So auch Gebauer/Teichmann/*Teichmann*, § 6 Rn. 192.

99 Zur Auslegung von Unionsrecht s.u. E.I.

100 Ebenso *Fleischer*, ZGR 2017, 1 (30).

deutschen Konzernrechts im AktG zu verorten[101] und die §§ 15 ff. AktG rechtsformneutral gefasst sind,[102] beanspruchen die dortigen Legaldefinitionen Gültigkeit für das gesamte Gesellschaftsrecht.[103] In handelsrechtlicher Sicht ist der für die Rechnungslegung relevante Begriff des Konzerns gemäß § 290 HGB zu nennen.

Für das deutsche Insolvenzrecht sieht der mit Wirkung zum 21.4.2018 neu eingeführte § 3e InsO erstmals eine Legaldefinition des Begriffs der Unternehmensgruppe vor. Im Folgenden werden konzernnahe Begriffe im Gesellschafts- (s.u. a)), Handels- (s.u. b)) sowie Insolvenzrecht (s.u. c)) näher untersucht.

a) Der Konzern im deutschen Gesellschaftsrecht

§ 18 AktG definiert den Konzern als die Zusammenfassung mehrerer rechtlich selbständiger Unternehmen unter einheitlicher Leitung.[104] Durch die rechtsformneutrale Anknüpfung an den Begriff des Unternehmens[105] ist die Rechtsform der beteiligten Gesellschaften irrelevant.[106] Die Norm unterscheidet dabei zwischen dem Unterordnungs- (§ 18 Abs. 1 AktG) sowie dem Gleichordnungskonzern (§ 18 Abs. 2 AktG).[107] Beide Arten können durch eine vertragliche Grundlage (Vertrags-/Eingliederungskonzern) oder aufgrund tatsächlicher Verhältnisse (faktischer Konzern) entstehen.[108] Nachfolgend werden zunächst der Vertragskonzern (s.u. aa)) und der faktische Konzern (s.u. bb)) sowie sodann der Unterordnungs- (s.u. cc)) und der Gleichordnungskonzern (s.u. dd)) dargestellt und voneinander abgegrenzt.

---

101 Dort §§ 15–22 AktG sowie §§ 291–328 AktG; so Emmerich/Habersack/*Emmerich*, § 2 Rn. 1; *Koch*, § 38 Rn. 5.

102 Hüffer/Koch/*Koch*, § 15 AktG Rn. 6.

103 *Koch*, § 38 Rn. 5; Hüffer/Koch/*Koch*, § 15 AktG Rn. 6; ErfK/*Oetker*, § 15 AktG Rn. 1.

104 Baumbach/Hueck (2017)/*Beurskens*, GmbH-Konzernrecht Rn. 27; Emmerich/Habersack/*Emmerich*, § 18 AktG Rn. 1; MünchKommAktG/*Bayer*, § 18 AktG Rn. 1.

105 Vgl. Wortlaut § 18 AktG; zu dem in den §§ 15 ff. AktG vorausgesetzten, aber nicht definierten Unternehmensbegriff vgl. *Koch*, § 38 Rn. 9 ff.

106 Hennsler/Strohn/*Maier-Reimer/Kessler*, § 18 AktG Rn. 1.

107 Zwar wird der Unterordnungskonzern teilweise als Hauptfall des Konzernunternehmens bezeichnet, vgl. Hölters/*Hirschmann*, § 18 AktG Rn. 1 und *Rotstegge*, S. 40, aber auch der Gleichordnungskonzern spielt in der Praxis eine nicht zu unterschätzende Rolle, vgl. MünchKommAktG/*Bayer*, § 18 AktG Rn. 49 m.w.N.

108 Vgl. Hennsler/Strohn/*Maier-Reimer/Kessler*, § 18 AktG Rn. 1; Hölters/*Hirschmann*, § 18 AktG Rn. 5 ff.

aa) Vertragskonzern

Ein Vertragskonzern zeichnet sich dadurch aus, dass ein Unternehmen einem anderen aufgrund eines Beherrschungsvertrages Weisungen erteilen kann, die die Leitung der abhängigen Gesellschaft zu befolgen hat.[109] Regelmäßig wird der Beherrschungsvertrag dabei mit einem Gewinnabführungsvertrag verknüpft.[110] Im deutschen materiellen Aktienrecht sind der Beherrschungs- und Gewinnabführungsvertrag in § 291 Abs. 1 Satz 1 AktG legaldefiniert. Im deutschen GmbH-Konzernrecht fehlt es zwar an einer gesetzlichen Grundlage, dies steht der Gründung eines GmbH-Vertragskonzerns jedoch nicht entgegen.[111] Allerdings stellt sich im GmbH-Recht weniger das Bedürfnis einer Konzernierung mittels Beherrschungsvertrag, da bereits gemäß § 37 Abs. 1 GmbHG weitreichende Weisungen an die Gesellschafter und damit eine Einflussnahme des herrschenden Unternehmens über die Gesellschafterversammlung möglich ist.[112]

bb) Faktischer Konzern

Der faktische Konzern stellt im deutschen Gesellschaftsrecht ein tatsächliches Phänomen ohne gesetzliche Grundlage dar.[113] In ihm sind mehrere Unternehmen unter einheitlicher Leitung zusammen gefasst, ohne dass eine rechtlich anerkannte Konzernleitungsmacht – etwa in Form eines Beherrschungs- und Gewinnabführungsvertrages – besteht.[114] Es ist zwischen dem einfachen und dem qualifiziert faktischen Konzern zu differenzieren. Der einfache faktische Konzern unterscheidet sich vom qualifiziert faktischen Konzern in der Weise, dass im qualifiziert faktischen Konzern die abhängige Gesellschaft wie eine unselbstständige Betriebsabteilung des herrschenden Unternehmens geführt wird,[115] während im einfachen faktischen Konzern das abhängige Unternehmen nur einer tatsächlichen Konzernleitung durch die Obergesellschaft unterliegt, aber im Übrigen noch selbstständig agiert.[116] In der Regel ergibt sich die faktische Konzernierung bzw. Abhängigkeit aus einer Mehrheitsbeteiligung.[117]

---

109 Zum deutschen Recht vgl. MünchHdbGesR/*Krieger*, § 71 Rn. 1.

110 MünchHdbGesR/*Krieger*, § 71 Rn. 1.

111 MünchKommGmbHG/*Liebscher*, Anh. § 13 GmbHG Rn. 627.

112 Baumbach/Hueck (2017)/*Zöllner/Noack*, § 37 GmbHG Rn. 41; MünchKommGmbHG/*Liebscher*, Anh. § 13 GmbHG Rn. 627.

113 MünchKommAktG/*Bayer*, § 18 AktG Rn. 8.

114 MünchKommAktG/*Bayer*, § 18 AktG Rn. 9.

115 Siehe auch unten E.II.3.b)bb)(1)(b) und (c).

116 MünchKommAktG/*Bayer*, § 18 AktG Rn. 9 f.

117 MünchKommAktG/*Bayer*, § 18 AktG Rn. 9.

Die Figur des qualifiziert faktischen Konzerns wird insbesondere im Rahmen der Verlustübernahmepflicht des herrschenden Unternehmens für die Verbindlichkeiten der abhängigen Gesellschaft diskutiert und in Teilen der Literatur als überholt angesehen, da der BGH die Rechtsfigur des qualifiziert faktischen GmbH-Konzerns aufgegeben habe.[118]

cc) Unterordnungskonzern

Ein Unterordnungskonzern gemäß § 18 Abs. 1 AktG zeichnet sich durch drei Merkmale aus: Es handelt sich um eine Verbindung von mindestens zwei rechtlich selbstständigen, abhängigen Unternehmen (s.u. (1)), die unter einheitlicher Leitung des herrschenden Unternehmens stehen (s.u. (2)) und durch ihre Verbindung zusammengefasst sind (s.u. (3)).[119] Außerdem hat der Gesetzgeber die Konzerndefinition um zwei Konzernvermutungen ergänzt (s.u. (4)).

(1) Rechtlich selbstständige, abhängige Unternehmen

Art. 18 Abs. 1 Satz 1 AktG spricht von der Zusammenfassung eines herrschenden und mindestens eines abhängigen Unternehmens. Gemäß § 17 Abs. 1 AktG ist das abhängige Unternehmen dadurch gekennzeichnet, dass es als rechtlich selbstständiges Unternehmen dem beherrschenden Einfluss eines anderen (herrschenden) Unternehmens unmittelbar oder mittelbar ausgesetzt ist. Rechtlich selbstständig sind die verbundenen Unternehmen i.S.v. § 15 AktG, sofern sie verschiedenen Rechtsträgern zugeordnet werden können.[120] Unselbstständige Betriebe wie Zweigniederlassungen bilden daher keinen Konzern.[121]

Hinsichtlich des Merkmals der Abhängigkeit des beherrschten Unternehmens ist zu beachten, dass der Begriff weit ausgelegt wird.[122] Es ist ferner positiv festzustellen, dass ein Unternehmen auf ein anderes einen beherrschenden Einfluss ausüben kann.[123] Aus dem Wortlaut von § 17 Abs. 1 AktG[124] ergibt sich, dass nur die Möglichkeit einer Herrschaft ausreicht, diese muss nicht tatsächlich

---

118 Vgl. MünchKommAktG/*Bayer*, § 18 AktG Rn. 11, 13; MünchKommAktG/*Bayer*, § 57 AktG Rn. 147; Michalski/Heidinger/Leible/Schmidt/*Lieder*, § 13 GmbHG Rn. 421; Baumbach/Hueck (2017)/*Fastricht*, § 13 GmbHG Rn. 48.

119 Emmerich/Habersack/*Emmerich*, § 18 AktG Rn. 8; ErfK/*Oetker*, § 18 AktG Rn. 2; vgl. auch *Bode*, S. 58.

120 Hölters/*Hirschmann*, § 18 AktG Rn. 9.

121 Vgl. Spindler/Stilz/*Schall*, § 15 AktG Rn. 56; Hölters/*Hirschmann*, § 18 AktG Rn. 9.

122 *Emmerich/Habersack*, § 4 Rn. 16 ff.; MünchKommAktG/*Bayer*, § 17 AktG Rn. 3.

123 Flöther/*Thole*, § 2 Rn. 13.

124 „…beherrschenden Einfluss ausüben *kann*" (Hervorhebung durch den Verfasser).

ausgeübt werden.[125] § 17 Abs. 2 AktG stellt insoweit die widerlegbare[126] Vermutungsregel auf, dass ein in Mehrheitsbesitz stehendes Unternehmen von dem an ihm in Mehrheit beteiligten Unternehmen abhängig ist. Darüber hinaus kann die Beherrschung auch durch andere Umstände indiziert sein, etwa durch das Recht des herrschenden Unternehmens, die personelle Besetzung der Verwaltungsorgane des abhängigen Unternehmens maßgeblich zu beeinflussen, da die Organmitglieder so die Interessen des herrschenden Unternehmens in der Regel berücksichtigen werden, schon im Interesse der Wiederbestellung.[127]

(2) Einheitliche Leitung

Ein Unterordnungskonzern setzt ferner die einheitliche Leitung der Konzernunternehmen über eine gewisse Dauer[128] voraus. Von einer Legaldefinition des Begriffs der einheitlichen Leitung hat der Gesetzgeber im Zuge der Novellierung des AktG 1965 aufgrund der vielfältigen Formen der Konzernleitung in der Praxis zwar abgesehen,[129] die Literatur hat sich dagegen auf den sogenannten engen und weiten Konzernbegriff verständigt.[130]

Nach dem engen Konzernbegriff ist der Konzern als eine wirtschaftliche Einheit zu verstehen. Ein Konzern liegt demnach vor, wenn das herrschende Unternehmen für die zentralen unternehmerischen Bereiche eine einheitliche Planung aufstellt und diese bei den Konzernmitgliedern ohne Rücksicht auf deren Selbstständigkeit durchsetzt.[131] Begründet wird diese Auffassung damit, dass nur bei

---

125 Flöther/*Thole*, § 2 Rn. 14; Spindler/Stilz/*Schall*, § 17 AktG Rn. 8.

126 Hölters/*Hirschmann*, § 17 AktG Rn. 15.

127 ErfK/*Oetker*, § 17 AktG Rn. 3; Emmerich/Habersack/*Emmerich*, § 17 AktG Rn. 6 f.

128 Eine gewisse Beständigkeit ist ausreichend; die nur Fallweise Koordination der Unternehmenspolitik genügt nicht, vgl. MünchKommAktG/*Bayer*, § 18 AktG Rn. 37; Henssler/Strohn/*Maier-Reimer/Kessler*, § 18 AktG Rn. 3.

129 Vgl. Begründung des Regierungsentwurfes zum AktG vom 3.2.1962, BT-Drs. IV/171, S. 101.

130 Vgl. etwa *Emmerich/Habersack*, § 4 Rn. 12; *von Hersberg*, S. 43 f.; Hölters/*Hirschmann*, § 18 AktG Rn. 12 f.; MünchKommAktG/*Bayer*, § 18 AktG Rn. 28; zum Konzernbegriff im Sinne der Rechnungslegungsvorschriften des § 290 HGB vgl. ausführlich Staub/*Kindler*, § 290 HGB Rn. 5 f.

131 So *Emmerich/Habersack*, § 4 Rn. 13; Hölters/*Hirschmann*, § 18 AktG Rn. 12; MünchKommAktG/*Bayer*, § 18 AktG Rn. 29; Henssler/Strohn/*Maier-Reimer/Kessler*, § 18 AktG Rn. 3.

einem solchen Konzernverständnis eine einheitliche Rechnungslegung gemäß § 290 Abs. 1 HGB Sinn mache.[132]

Vertreter des weiten Konzernbegriffs lassen es dagegen genügen, dass wenigstens in einem zentralen Bereich der unternehmerischen Tätigkeit (etwa Einkauf, Personalwesen, Verkauf, Organisation) die einheitliche Leitung ausgeübt wird, solange die Auswirkungen dieser Koordinierung auf das Gesamtunternehmen ausstrahlen.[133]

Eine eindeutige Festlegung hinsichtlich eines Konzernbegriffs durch die Rechtsprechung ist bislang nicht erfolgt.[134] Jedenfalls bei einer einheitlichen Finanzplanung für die verbundenen Unternehmen wurde ein Konzern angenommen, ohne allerdings zu einem der beiden Konzernbegriffe konkret Stellung zu beziehen.[135] Aufgrund der Konzernvermutung des § 18 Abs. 1 Satz 2 und 3 AktG[136] hat diese Streitfrage indes keine große Bedeutung, sodass sie die Rechtsprechung bisher nur im Zusammenhang mit der Konzernmitbestimmung beschäftigt hat.[137] Die Gerichte haben dabei im Interesse der Arbeitnehmer stets den weiten Konzernbegriff zugrunde gelegt.[138]

Im Rahmen von (Überordnungs-)Konzernstrukturen besteht die Gefahr, dass die Gesellschafter der Muttergesellschaft eigene wirtschaftliche Interessen verfolgen und beispielsweise den Gewinn der herrschenden Gesellschaft so abschöpfen, dass dies zum Nachteil der Gesellschafter der abhängigen Gesellschaft gereicht.[139] Das Konzernrecht dient mithin (auch) dem Minderheitenschutz.[140]

---

132 Hölters/*Hirschmann*, § 18 AktG Rn. 14; MünchKommAktG/*Bayer*, § 18 AktG Rn. 29; *Emmerich/Habersack*, § 4 Rn. 13.

133 MünchKommAktG/*Bayer*, § 18 AktG Rn. 30; *Emmerich/Habersack*, § 4 Rn. 14; Hölters/*Hirschmann*, § 18 AktG Rn. 13.

134 Hölters/*Hirschmann*, § 18 AktG Rn. 14; vgl. auch *Emmerich/Habersack*, § 4 Rn. 15 und Hölters/*Hirschmann*, § 18 AktG Rn. 15, die beide der Ansicht sind, dass die Rechtsprechung zu dem weiten Konzernbegriff tendiert.

135 BGH Urt. v. 22.2.1989 – II ZR 167/88, NJW 1989, 1800 (1802); *Emmerich/Habersack*, § 4 Rn. 15.

136 Dazu unten C.I.2.a)cc)(4).

137 MünchKommAktG/*Bayer*, § 18 AktG Rn. 32.

138 Vgl. MünchKommAktG/*Bayer*, § 18 AktG Rn. 32 m.w.N.

139 Vgl. Hölters/*Hirschmann*, § 15 AktG Rn. 3.

140 Hölters/*Hirschmann*, § 15 AktG Rn. 3 mit Verweis auf BGH Urt. v. 16.9.1985 – II ZR 275/84, NJW 1986, 188 (189); Spindler/Stilz/*Veil*, Vorb. § 291 AktG ff. Rn. 5.

Dies rechtfertigt einen möglichst weiten Anwendungsbereich des Konzernbegriffs, sodass der weiten Definition zu folgen ist.[141]

Somit liegt eine einheitliche Leitung i.S.d. § 18 Abs. 1 AktG vor, wenn über eine gewisse Dauer zumindest ein zentraler Bereich der unternehmerischen Tätigkeit mit Auswirkungen auf das Gesamtunternehmen einer einheitlichen Leitung unterstellt ist.

(3) Zusammenfassung der Konzernunternehmen

§ 18 Abs. 1 Satz 1 AktG verlangt ferner die Zusammenfassung der Konzernunternehmen. Diese Voraussetzung stammt noch aus dem alten § 15 Abs. 1 AktG von 1937.[142] Darunter ist die Zusammenfassung der einzelnen Unternehmen des Konzerns zu einer neuen wirtschaftlichen Einheit zu verstehen.[143] Nach wohl h.M. kommt dieser Tatbestandsvoraussetzung indes keine eigenständige Bedeutung zu, da es eine Zusammenfassung ohne einheitliche Leitung[144] nicht geben könne.[145] Dem wird entgegengehalten, dass nur das Merkmal der Zusammenfassung es ermögliche, einen auf Dauer angelegten Konzernverbund von einem nur der bloßen Koordinierung des Wettbewerbsverhaltens der beteiligten Unternehmen im Einzelfall dienenden Kartell zu unterscheiden.[146] Diese Ansicht vermag indes nicht zu überzeugen, da das Merkmal der einheitlichen Leitung auch für die Abgrenzung von Kartellen zu Konzernen herangezogen werden kann.[147] Damit ist der h.M. zu folgen und diese Voraussetzung entbehrlich.

---

141 Im Ergebnis ebenso MünchKommAktG/*Bayer*, § 18 AktG Rn. 33; Hölters/*Hirschmann*, § 18 AktG Rn. 15; *Emmerich/Habersack*, § 4 Rn. 15; Spindler/Stilz/*Schall*, § 18 AktG Rn. 14.

142 Dort ging es um die „Zusammenfassung zu wirtschaftlichen Zwecken“, vgl. § 15 Abs. 1 AktG von 1937; Aktiengesetz v. 30.1.1937, RGBl. 1937, S. 107; so Hüffer/Koch/*Koch*, § 18 AktG Rn. 7; MünchKommAktG/*Bayer*, § 18 AktG Rn. 27.

143 *Emmerich/Habersack*, § 4 Rn. 19.

144 S.o. C.I.2.a)cc)(2).

145 So Henssler/Strohn/*Maier-Reimer/Kessler*, § 18 AktG Rn. 3; Hüffer/Koch/*Koch*, § 18 AktG Rn. 7; MünchKommAktG/*Bayer*, § 18 AktG Rn. 27; Spindler/Stilz/*Schall*, § 18 AktG Rn. 8 m.w.N.; a.A. *Emmerich/Habersack*, § 4 Rn. 19a.

146 So *Emmerich/Habersack*, § 4 Rn. 19a; diese Unterscheidung zwischen Konzern und Kartell ist allerdings nur im Gleichordnungskonzern relevant, vgl. Henssler/Strohn/*Maier-Reimer/Kessler*, § 18 AktG Rn. 3.

147 Hölters/*Hirschmann*, § 18 AktG Rn. 10.

(4) Konzernvermutung

In § 18 Abs. 1 Satz 2 und 3 AktG hat der Gesetzgeber zwei Konzernvermutungen normiert. Gemäß § 18 Abs. 1 Satz 2 AktG unterfallen Unternehmen, zwischen denen ein Beherrschungsvertrag gemäß § 291 AktG besteht oder von denen das eine in das andere gemäß § 319 AktG eingegliedert ist, dem Konzernbegriff des § 18 Abs. 1 Satz 1 AktG.[148] Diese Vermutung ist nicht widerlegbar.[149] Darüber hinaus wird – allerdings widerleglich – gemäß § 18 Abs. 1 Satz 3 AktG vermutet, dass ein abhängiges Unternehmen gemäß § 17 Abs. 1 AktG mit dem herrschenden Unternehmen einen Konzern bildet.[150]

Die Vermutung gemäß § 18 Abs. 1 Satz 3 AktG kann widerlegt werden, indem bewiesen wird, dass über die in Frage stehenden Unternehmen tatsächlich keine gemeinsame Leitung ausgeübt wird. Es kommt hinsichtlich der Anforderungen an diesen Nachweis somit darauf an, ob der weite oder enge Konzernbegriff zugrunde gelegt wird.[151] Bei Anwendung des hier vertretenen weiten Konzernbegriffs[152] wird wohl der Gegenbeweis insbesondere gelingen, sofern die finanzielle Selbstständigkeit der abhängigen Gesellschaft nachgewiesen werden kann.[153] Diesen zu führen dürfte in der Praxis allerdings einige Probleme bereiten.[154]

dd) Gleichordnungskonzern

Der Gleichordnungskonzern gemäß § 18 Abs. 2 AktG zeichnet sich durch zwei selbstständige Unternehmen aus, die unter einer einheitlichen Leitung zusammengefasst sind, ohne voneinander i.S.d. § 17 Abs. 1 AktG abhängig zu sein. Somit unterscheidet sich der Gleichordnungs- vom Unterordnungskonzern durch fehlende Abhängigkeit. Damit kann auf die Ausführungen zum Unterordnungskonzern (Zusammenfassung, einheitliche Leitung)[155] verwiesen werden.[156]

---

148 Hölters/*Hirschmann*, § 18 AktG Rn. 19; MünchKommAktG/*Bayer*, § 18 AktG Rn. 44.

149 Emmerich/Habersack/*Emmerich*, § 18 AktG Rn. 20; Flöther/*Thole*, § 2 Rn. 15.

150 Vgl. Hölters/*Hirschmann*, § 18 AktG Rn. 20; MünchKommAktG/*Bayer*, § 18 AktG Rn. 46 f.; *Emmerich/Habersack*, § 4 Rn. 26, 28.

151 So MünchKommAktG/*Bayer*, § 18 AktG Rn. 48; zum engen und weiten Konzernbegriff siehe oben C.I.2.a)cc)(2).

152 Vgl. C.I.2.a)cc)(2).

153 So *Emmerich/Habersack*, § 4 Rn. 29.

154 MünchKommAktG/*Bayer*, § 18 AktG Rn. 48.

155 Dazu oben C.I.2.a)cc).

156 So Hölters/*Hirschmann*, § 18 AktG Rn. 23 f.; MünchKommAktG/*Bayer*, § 18 AktG Rn. 50 f.; *Emmerich/Habersack*, § 4 Rn. 30 f.

Insbesondere ist ebenfalls der weite Konzernbegriff zugrunde zu legen.[157] Nicht ausreichend ist es daher, wenn sich die einheitliche Leitung nur auf einzelne Aspekte der Unternehmenspolitik bezieht und nicht auf die gesamte Geschäftspolitik ausstrahlt.[158]

b) Der Konzern im deutschen Handelsrecht

Der handelsrechtliche Konzernbegriff findet sich in § 290 HGB und ist für die Verpflichtung zur Aufstellung eines Konzernabschlusses maßgeblich. Diese knüpft an ein Mutter-Tochter-Verhältnis an, welches sich dadurch auszeichnet, dass die Muttergesellschaft auf die Tochtergesellschaft einen beherrschenden Einfluss ausüben kann (§ 290 Abs. 1 Satz 1 HGB). § 290 Abs. 2 HGB sieht unwiderlegliche Vermutungen hinsichtlich des beherrschenden Einflusses vor, wobei dieser Katalog nicht abschließend ist.[159] Danach besteht ein beherrschender Einfluss eines Mutterunternehmens gemäß Abs. 2 stets dann, wenn ihm bei der Tochtergesellschaft die Mehrheit der Stimmrechte der Gesellschafter zukommt (Nr. 1), ihm das Recht zusteht, die Mehrheit der Mitglieder des die Finanz- und Geschäftspolitik bestimmenden Verwaltungs-, Leitungs- oder Aufsichtsorgans zu bestellen oder abzuberufen, wenn es gleichzeitig Gesellschafter ist (Nr. 2), ihm das Recht zusteht, die Finanz- und Geschäftspolitik auf Grund eines Beherrschungsvertrages oder einer Satzungsbestimmung des anderen Unternehmens zu bestimmen (Nr. 3), oder es bei einer Zweckgesellschaft bei wirtschaftlicher Betrachtungsweise die Mehrheit der Risiken und Chancen trägt (Nr. 4).

Der Konzernbegriff des deutschen Handelsrechts unterscheidet sich insofern von dem des Aktienrechts, als dass § 290 HGB nicht rechtsformneutral gefasst

---

157 So Hölters/*Hirschmann*, § 18 AktG Rn. 24; MünchKommAktG/*Bayer*, § 18 AktG Rn. 50; a.A. Spindler/Stilz/*Schall*, § 18 AktG Rn. 15; Emmerich/Habersack/*Emmerich*, § 18 AktG Rn. 27; Henssler/Strohn/*Maier-Reimer/Kessler*, § 18 AktG Rn. 9, die den engen Konzernbegriff für angemessen halten, da die Sicherung der Mitbestimmung der Arbeitnehmer, welche im Unterordnungskonzern durch ein weites Verständnis des Konzernbegriffs erfolge, im Gleichordnungskonzern nicht erforderlich sei; die Gegenansicht verkennt jedoch, dass der Minderheitenschutz, dem durch eine weite Auslegung des Konzernbegriffs Rechnung getragen wird, nicht nur Arbeitnehmer sondern auch andere Personengruppen betreffen kann, vgl. Spindler/Stilz/*Veil*, Vorb. § 291 AktG ff. Rn. 5.

158 So Hölters/*Hirschmann*, § 18 AktG Rn. 24; MünchKommAktG/*Bayer*, § 18 AktG Rn. 51.

159 Staub/*Kindler*, § 290 HGB Rn. 32; Koller/Kindler/Roth/Morck/*Morck*, § 290 HGB Rn. 3; Baumbach/Hopt/*Merkt*, § 290 HGB Rn. 9; vgl. auch Flöther/*Thole*, § 2 Rn. 17 ff.

ist, sondern es sich bei der Muttergesellschaft stets um eine Kapitalgesellschaft handeln muss[160] und auf das Erfordernis der Zusammenfassung unter einer einheitlichen Leitung verzichtet wird.[161] Ferner besteht im Gleichordnungskonzern gemäß § 18 Abs. 2 AktG[162] mangels Beherrschung durch ein anderes Unternehmen keine Konzernrechnungslegungspflicht gemäß § 290 Abs. 1 HGB.[163]

c) Der Konzern im deutschen Insolvenzrecht

Der mit Wirkung vom 21.4.2018 in Kraft getretene § 3e InsO sieht erstmals eine Definition für den Begriff der Unternehmensgruppe vor und schafft mit § 3a f. InsO einen Gruppen-Gerichtsstand. Durch die Einführung konzernspezifischer Bestimmungen im Europäischen Insolvenzrecht mit der Neufassung der EuInsVO hielt der deutsche Gesetzgeber die Regelung von Konzerninsolvenzen auch im deutschen Recht für erforderlich.[164] Eine Unternehmensgruppe liegt nach § 3e InsO dann vor, wenn rechtlich selbstständige Unternehmen unmittelbar oder mittelbar durch die Möglichkeit der Ausübung eines beherrschenden Einflusses (Nr. 1) oder eine Zusammenfassung unter einheitlicher Leitung (Nr. 2) miteinander verbunden sind. Die Vorschrift ist angelehnt an § 290 Abs. 1 HGB,[165] erfasst allerdings auch Gleichordnungskonzerne, vgl. § 3e Nr. 2 InsO,[166] und ist rechtsformneutral formuliert.[167] Hinsichtlich der Ausübung des beherrschenden Einflusses gemäß § 3e Nr. 1 InsO kann aufgrund der vom Gesetzgeber intendierten Parallelität zu § 290 Abs. 1 HGB an die typisierten Tatbestände des § 290 Abs. 2 HGB angeknüpft werden.[168]

---

160 Vgl. Ebenroth/Boujong/Joost/Strohn/*Böcking/Gros/Schurbohm-Ebneth*, § 290 HGB Rn. 3, 10.

161 Zu den Unterschieden ausführlich Flöther/*Thole*, § 2 Rn. 19.

162 S.o. C.I.2.a)dd).

163 So auch Ebenroth/Boujong/Joost/Strohn/*Böcking/Gros/Schurbohm-Ebneth*, § 290 HGB Rn. 39.

164 Vgl. Begründung des InsO-Entwurfs in BT-Drs. 18/407, S. 15.

165 Flöther/*Thole*, § 2 Rn. 29; Begründung des InsO-Entwurfs in BT-Drs. 18/407, S. 23.

166 Sie ist damit weiter gefasst als Art. 2 Nr. 14 EuInsVO, s.o. C.I.1.g); zu beachten ist, dass die InsO anders als die EuInsVO über bloße Kooperationspflichten hinaus geht und in §§ 3a, b InsO einen eigenen Gruppengerichtsstand schafft, vgl. Flöther/*Thole*, § 2 Rn. 53.

167 Die Muttergesellschaft muss daher nicht als Kapitalgesellschaft verfasst sein, vgl. Begründung des InsO-Entwurfs in BT-Drs. 18/407, S. 24.

168 Vgl. Begründung des InsO-Entwurfs in BT-Drs. 18/407, S. 23 f.; Flöther/*Thole*, § 2 Rn. 43; vgl. zu den Tatbeständen ausführlich Staub/*Kindler*, § 290 HGB Rn. 31 ff.

d) *Zwischenergebnis: Differenzierung zwischen Unterordnungs- und Gleichordnungskonzern im deutschen Recht*

Im deutschen Recht finden sich verschiedene Konzernbegriffe. Im Gesellschaftsrecht sowie nach den neuen Vorschriften der Insolvenzordnung umfasst der Begriff „Konzern" bzw. „Unternehmensgruppe" rechtsformneutral sowohl Unterordnungskonzerne im Mutter-Tochter-Verhältnis als auch Gleichordnungskonzerne, welche sich durch eine einheitliche Leitung der Gesellschaften ohne Beherrschungstatbestand auszeichnen. Die Regelungen im deutschen Handelsrecht erfassen dagegen nur Unterordnungskonzerne mit einer Kapitalgesellschaft als Muttergesellschaft.

3. Stellungnahme: Unterordnungskonzern als Unternehmensgruppe im europäischen internationalen Zivilverfahrensrecht

Wie die Untersuchung konzernnaher Begriffe im europäischen und deutschen Recht gezeigt hat, ist keine allgemeingültige Definition des Konzernbegriffs möglich. Als Gemeinsamkeit lässt sich jedoch festhalten, dass die Verbindung verschiedener Gesellschaften, welche durch ein Über-Unterordnungsverhältnis geprägt ist, indem eine Obergesellschaft über mindestens eine Untergesellschaft einen beherrschenden Einfluss ausübt, als (Unterordnungs-)Konzern bzw. Unternehmensgruppe bezeichnet werden kann. Die an die Beherrschung zu stellenden Voraussetzungen sind allerdings differenziert zu betrachten. Darüber hinaus wird in der deutschen Rechtsordnung die Zusammenfassung mehrerer Unternehmen unter einheitlicher Leitung ohne Beherrschung durch eine Obergesellschaft als (Gleichordnungs-)Konzern verstanden. In dieser Arbeit wird aufgrund der vorherrschend europarechtlichen Normen im internationalen Zivilverfahren der europäische Begriff der Unternehmensgruppe, mithin der Unterordnungskonzern, zugrunde gelegt.

II. Rechtsfolgen der Konzernierung

Die Folgen einer Konzernierung sind vielfältig und werden zum besseren Verständnis der Ausführungen zum Kompetenzrecht bei Konzernstreitigkeiten nachfolgend kurz aufgezeigt. Die Eingliederung in einen Konzern entfaltet u.a. steuerrechtliche,[169] gesellschaftsrechtliche,[170] arbeitsrechtliche[171] und

---

169 Vgl. etwa § 14 KStG, § 2 Abs. 2 GewStG.

170 S.o. C.I.2.a).

171 Z.B. § 5 MitbestG; zu den Auswirkungen auf das Kollektivarbeitsrecht vgl. ausführlich *Windbichler*, Arbeitsrecht im Konzern, S. 435 ff., 589 ff.

haftungsrechtliche[172] Konsequenzen. In den Wirtschaftswissenschaften wird ein Konzern als einheitliches Unternehmen gesehen, für das eine alle konzernangehörigen Unternehmen einschließende Gesamtplanung und -strategie verfolgt wird.[173]

Das sogenannte Trennungsprinzip im deutschen materiellen Recht besagt allerdings, dass grundsätzlich Gesellschafter einer Gesellschaft und die Gesellschaft selbst getrennt voneinander zu behandeln sind.[174] Die Gesellschaft ist damit als rechtlich verselbstständigte juristische Person ein eigenständiges Vermögens- und Haftungssubjekt.[175] Aus dieser rechtlichen Verselbstständigung der juristischen Person ist zu folgen, dass auch im Konzern jedes Konzernmitglied eigenständig ist.[176] Das Trennungsprinzip ist allerdings nur als Leitgedanke zu verstehen[177] und erfährt in der Praxis einige Durchbrechungen, insbesondere im Bereich der Durchgriffs- und Konzernhaftung.[178]

Auch der Unionsgesetzgeber erkennt diesen Grundsatz des Kapitalgesellschaftsrechts mit Einschränkungen an:[179] Art. 7 Abs. 2 der Richtlinie (EU) 2017/1132[180] bestimmt, dass Personen, die vor Gründung einer Gesellschaft schon in ihrem Namen handeln, unbeschränkt als Gesamtschuldner haften. Ferner ging Erwägungsgrund Nr. 3 der mittlerweile durch vorgenannte Richtlinie ersetzten Publizitätsrichtlinie 68/151/EWG[181] davon aus, dass zum Schutz

---

172 Z.B. nach § 826 BGB, vgl. MünchKommBGB/*Wagner*, § 826 BGB Rn. 165 f.; vgl. auch *Palandt*, § 826 Rn. 35.

173 *Emmerich/Habersack*, § 4 Rn. 7.

174 Michalski/Heidinger/Leible/Schmidt/*Lieder*, § 13 GmbHG Rn. 331; Baumbach/Hueck (2017)/*Fastricht*, § 13 GmbHG Rn. 5; dazu grundsätzlich *Thomale*, AcP 218 (2018), 685 (686) mit Verweis auf *Thomale*, Kapital als Verantwortung (in Vorbereitung).

175 *Mülhens*, S. 23.

176 So auch *Emmerich/Habersack*, § 4 Rn. 7; MünchKommZPO/*Gottwald*, Art. 7 EuGVVO Rn. 81; vgl. zur getrennten Behandlung einer GmbH & Co. KG im Insolvenzfall MünchKommGmbHG/*Müller*, § 64 GmbHG Rn. 235.

177 Baumbach/Hueck (2017)/*Fastricht*, § 13 GmbHG Rn. 6.

178 Dazu MünchKommBGB/*Wagner*, § 826 Rn. 165 f.; ausführlich unten E.II.3.b)cc) und E.II.3.c)cc).

179 Schlussanträge GA *Trstenjak* v. 2.6.2010, Rs. C-81/09 (Idryma Typou), ECLI:EU:C:2010:304 Rn. 39, 53.

180 Dazu oben C.I.1.

181 Erste Richtlinie 68/151/EWG zur Koordinierung der Schutzbestimmungen, die in den Mitgliedstaaten den Gesellschaften im Sinne des Artikels 58 Abs. 2 des Vertrages im Interesse der Gesellschafter sowie Dritter vorgeschrieben sind, um diese Bestimmungen gleichwertig zu gestalten v. 9.3.1986, ABl. 1986 L 65 S. 8.

Dritter bei bestimmten Gesellschaften lediglich das Gesellschaftsvermögen zur Verfügung stehe. Allerdings hat der Gerichtshof in der Entscheidung *Idryma Typou* klargestellt, dass das Unionsrecht einem Haftungsdurchgriff auf Gesellschafter nicht grundsätzlich entgegensteht, sondern er rechtlich zulässig sein kann.[182] Damit ist eine Durchbrechung des mitgliedstaatlichen Trennungsprinzips aus unionsrechtlicher Sicht nicht ausgeschlossen.[183]

Ob neben dem Haftungsdurchgriff auch ein prozessualer Durchgriff möglich ist, ist im Folgenden Thema dieser Arbeit und wird anhand der Gerichtsstände der EuGVVO näher untersucht.[184]

182 EuGH Urt. v. 21.10.2010, Rs. C-81/09 (Idryma Typou), ECLI:EU:C:2010:622 = NZG 2011, 183 Rn. 40 f.

183 *Kindler*, FS Säcker, 393 (394).

184 S.u. E.II.

D. Vorspann: Der Konzern im internationalen Privatrecht

Im Konzern mit Konzerngesellschaften in verschiedenen Staaten stellt sich die Frage, welches Recht auf Sachverhalte mit Konzernbezug anzuwenden ist. Für diese Arbeit hat dies insbesondere Bedeutung, da z.B. der Vertrags- und Deliktsgerichtsstand der EuGVVO[185] in Abhängigkeit von dem einer Klage zugrunde liegenden Anspruch eröffnet sind, der sich nach dem anwendbaren Sachrecht richtet. Naheliegend wäre es, in einer Unternehmensgruppe die Rechtsbeziehungen zwischen der Konzernmutter und all ihren Tochtergesellschaften einem einheitlichen „Konzernstatut" zu unterstellen.[186] Ob dies möglich ist, wird nachfolgend näher untersucht.

I. Das Gesellschaftsstatut

Auf der Ebene einer einzelnen Gesellschaft hat sich das kollisionsrechtliche Modell des sogenannten „Gesellschaftsstatuts" durchgesetzt. Dieses bestimmt, unter welchen Voraussetzungen die juristische Person „entsteht, lebt und vergeht".[187] Es ist damit maßgeblich für das Innen- und Außenverhältnis einer Gesellschaft.[188] Das Gesellschaftsstatut regelt u.a. die Gründung, Organisation, Vertretung, Haftung und Auflösung einer juristischen Person.[189]

Zur Bestimmung des Gesellschaftsstatuts haben sich im Wesentlichen[190] zwei Ansätze entwickelt: die Sitz- und die Gründungstheorie.[191] Während die Sitztheorie auf den effektiven Verwaltungssitz zur Bestimmung des Statuts einer Gesellschaft abstellt[192] und sich im deutschen internationalen Privatrecht

---

185 S.u. E.II.3.b) und E.II.3.c).

186 Vgl. *Bayer*, S. 46.

187 BGH Urt. v. 11.7.1957 – II ZR 318/55, NJW 1957, 1433 (1434).

188 *Bayer*, S. 46.

189 Vgl. MünchKommGmbHG/*Weller*, Einl. Rn. 389; *Bayer*, S. 46.

190 Zur ebenfalls vertretenen völkerrechtlichen Kontrolltheorie vgl. ausführlich MünchKommBGB/*Kindler*, IntGesR Rn. 352 ff.

191 MünchKommAktG/*Heider*, § 5 AktG Rn. 19; MünchKommBGB/*Kindler*, IntGesR Rn. 351; Hausmann/Odersky/*Wall*, § 18 Rn. 5.

192 MünchKommBGB/*Kindler*, IntGesR Rn. 420; der satzungsmäßige Sitz ist hingegen Bedeutungslos, vgl. Hausmann/Odersky/*Wall*, § 18 Rn. 6.

etabliert hat,[193] ist für Vertreter der Gründungstheorie das Recht des Ortes maßgeblich, an dem die Gesellschaft gegründet wurde.[194] Für die Sitztheorie spricht, dass die Gesellschaft eine besondere Sachnähe zur Rechtsordnung an ihrem tatsächlichen Sitz hat und der Sitzstaat so eine wirksame Kontrolle über auf seinem Territorium beheimatete Gesellschaften ausüben kann.[195] Dagegen werden als Argumente für die Gründungstheorie angeführt, dass der Ort der Errichtung einer Gesellschaft leicht und zweifelsfrei anhand der Gründungsdokumente und der Registrierung feststellbar ist sowie dass durch eine Änderung des Verwaltungssitzes i.S.d. Sitztheorie rechtsmissbräuchlich ein Statutenwechsel herbeigeführt werden könnte.[196] Daher folgt der EuGH der Gründungstheorie,[197] welche sich im europäischen internationalen Privatrecht durchgesetzt hat.[198] Für nach dem Recht eines EU-Mitgliedstaates gegründete Gesellschaften ist somit die Gründungstheorie anzuwenden.[199] Nur im Verhältnis zu Drittstaaten kann die Sitztheorie noch eine Rolle spielen.[200]

Im Jahr 2016 hat die *Groupe européen de droit international privé* einen Entwurf von Kollisionsnormen zur Bestimmung des auf Gesellschaften anwendbaren Rechts vorgelegt.[201] Art. 3 des Entwurfs sieht ebenfalls die Anwendung der Gründungstheorie vor. Es bleibt abzuwarten, ob die EU diesen Vorstoß als Grundlage für die Schaffung einheitlicher Anknüpfungsnormen nutzen wird.

II. Konzernkollisionsrecht

Problematisch ist, welchem Statut die Rechtsbeziehungen innerhalb eines Konzerns unterliegen. Der Konzern besteht aus mehreren rechtlich selbstständigen

---

193 So MünchKommBGB/*Kindler*, IntGesR Rn. 420.

194 Von der Groeben/Schwarze/Hatje/*Tiedje*, Art. 54 AEUV Rn. 38.

195 MünchKommGmbHG/*Weller*, Einl. Rn. 320 m.w.N.

196 Vgl. mit umfassenden Nachweisen MünchKommBGB/*Kindler*, IntGesR Rn. 361.

197 EuGH Urt. v. 5.11.2002, Rs. C-208/00 (Überseering), ECLI:EU:C:2002:632 = EuR 2003, 291; EuGH Urt. v. 30.9.2003, Rs. C-167/01 (Inspire Art), ECLI:EU:C:2003:512 = NZI 2003, 676; vgl. in Bezug auf EU Auslandsgesellschaften auch BGH Urt. v. 14.3.2005 – II ZR 5/03, NJW 2005, 1648; BGH Urt. v. 12.7.2011 – II ZR 28/10, NJW 2011, 3372 m.Anm. *Müller*.

198 MünchKommBGB/*von Hein*, Art. 3 EGBGB Rn. 98; Paulus/*Peiffer/Peiffer*, Art. 63 EuGVVO Rn. 3.

199 Gebauer/Teichmann/*Teichmann*, § 6 Rn. 10, 68.

200 MünchKommBGB/*von Hein*, Art. 4 EGBGB Rn. 149; Gebauer/Teichmann/*Teichmann*, § 6 Rn. 10.

201 Abgedruckt in ZEuP 2017, 500 ff.

konzernangehörigen Gesellschaften und hat keine eigene Rechtspersönlichkeit.[202] Das auf die Rechtsbeziehungen anwendbare Sachrecht kann daher keinem einheitlichen Konzernstatut entnommen werden.[203] Vielmehr ist für die Beziehung zwischen der Muttergesellschaft und dem jeweiligen abhängigen Unternehmen ein eigenes Statut zu ermitteln. Dabei ist zunächst für jedes konzernangehörige Unternehmen unabhängig von dessen Stellung im Konzern die auf die gesellschaftsrechtlichen Verhältnisse anzuwendende Rechtsordnung (Gesellschaftsstatut)[204] zu bestimmen. Kommt man für beide Gesellschaften zum selben Statut, so gilt unproblematisch das entsprechende Recht.

Im Folgenden wird näher untersucht, welches Sachrecht das Verhältnis zwischen konzernangehörigen Gesellschaften regelt, wenn die Gesellschaftsstatute von abhängigem und herrschendem Unternehmen im internationalen Konzern verschieden sind. Im Unterordnungskonzern beruht das Konzernverhältnis im Regelfall auf einer Beteiligung der Obergesellschaft an dem beherrschten Unternehmen.[205] Daher besteht in Deutschland (und z.B. ebenso in Italien)[206] – wenn auch mit verschiedenen methodischen Begründungsansätzen[207] – weitgehend Einigkeit darüber, dass das Statut der abhängigen Gesellschaft maßgeblich ist.[208] Dies dient insbesondere dem Schutz der abhängigen Gesellschaft sowie ihrer Gläubiger und Minderheitsaktionäre.[209] Damit unterliegt ein herrschendes im Ausland ansässiges Unternehmen beispielsweise den Schranken und Haftungsvorschriften der §§ 311 ff. AktG, sofern für das abhängige Unternehmen deutsches Gesellschaftsstatut gilt.[210] Ebenso unterfällt ein Gewinnabführungs- und Beherrschungsvertrag dem Statut der abhängigen Gesellschaft.[211] Dies gilt auch

---

202 Dazu oben C.II., ebenso *Bayer*, S. 46 f.

203 *Bayer* S, 47.

204 S.o. D.I.

205 MünchKommBGB/*Kindler*, IntGesR Rn. 681; *Emmerich/Habersack*, § 4 Rn. 16 f.

206 *Teichmann*, ZGR 2014, 45 (61, 71 f.); *Stein*, FS Hommelhoff, 1149 (1153 f.).

207 Dazu sehr ausführlich MünchKommBGB/*Kindler*, IntGesR Rn. 688 ff.

208 BGH Urt. v. 13.12.2004 – II ZR 256/02, NZG 2005, 214 (215); MünchKommBGB/*Kindler*, IntGesR Rn. 681; *Kindler*, Einf. IPR Wirtschaftsverkehr, S. 178; Emmerich/Habersack/*Habersack*, § 311 AktG Rn. 21; Hüffer/Koch/*Koch*, § 311 AktG Rn. 9; *Maul*, AG 1998, 404 (405 f.); *Teichmann*, ZGR 2014, 45 (71, 74); *Bayer*, S. 66 ff.

209 *Bayer*, S. 73.

210 Emmerich/Habersack/*Habersack*, § 311 AktG Rn. 21.

211 MünchKommBGB/*Kindler*, IntGesR Rn. 699.

für faktische Konzernverhältnisse, da das Statut des beherrschten Unternehmens die mitgliedschaftlichen Verhältnisse und Beziehungen regelt.[212]

Der EuGH hat in der Rs. *Impacto Azul*[213] entschieden, dass die Kollisionsregel, dass das Gesellschaftsstatut des abhängigen Unternehmens die Rechtsbeziehungen zwischen Mutter- und Tochtergesellschaft bestimmt, unionsrechtlich nicht zu beanstanden ist. In dem Verfahren machte die Klägerin Schadensersatz wegen eines nicht erfüllten Vertrages gegen ihren Vertragspartner, eine portugiesische Gesellschaft, und die Muttergesellschaft der Gruppe mit Sitz in Frankreich geltend. Das portugiesische Gesellschaftsrecht sah eine Haftung der Muttergesellschaft für Verbindlichkeiten der Tochtergesellschaft zwar grundsätzlich vor, allerdings waren im Ausland ansässige Muttergesellschaften ausgenommen. Der EuGH hatte zu entscheiden, ob die Nichtanwendbarkeit portugiesischen Konzernrechts auf ausländische Muttergesellschaften gegen die Niederlassungsfreiheit gemäß Art. 49, 54 AEUV verstößt. Im Urteil hatte der Gerichtshof keine Einwände dagegen, dass für die Bestimmung des anwendbaren Rechts zwischen den verbundenen Unternehmen das Gesellschaftsstatut der abhängigen Gesellschaft maßgeblich ist. Er führte aus, dass im „Hinblick auf die fehlende Harmonisierung der Regelungen betreffend Unternehmensgruppen auf Unionsebene (...) die Mitgliedstaaten grundsätzlich weiterhin für die Bestimmung des auf eine Verbindlichkeit eines verbundenen Unternehmens anwendbaren Rechts zuständig sind."[214]

Die Kollisionsregel gilt allerdings nur in gewissen Grenzen. Selbstständig anzuknüpfen sind nach Auffassung von *Kindler* Rechtsinstitute, die dem Schutz der herrschenden Gesellschaft, ihrer außenstehenden Gesellschafter und Gläubiger dienen.[215] So kann innerhalb eines Konzernverbundes das Statut der Obergesellschaft für die Rechtsbeziehungen mehrerer Tochtergesellschaften untereinander Anwendung finden.[216] Hinsichtlich der deliktischen

---

212 BGH Urt. v. 13.12.2004 – II ZR 256/02, NZG 2005, 214 (215); ausführlich MünchKommBGB/*Kindler*, IntGesR Rn. 713 ff. m.w.N.; Emmerich/Habersack/*Habersack*, § 311 AktG Rn. 21.

213 EuGH Urt. v. 20.6.2013, Rs. C-186/12 (Impacto Azul), ECLI:EU:C:2013:412 = EuZW 2013, 664; dazu *Teichmann*, ZGR 2014, 45 (48 f.); kritisch *Lehmann*, LMK 2013, 352735.

214 EuGH Urt. v. 20.6.2013, Rs. C-186/12 (Impacto Azul), ECLI:EU:C:2013:412 = EuZW 2013, 664 Rn. 35; vgl. auch MünchKommBGB/*Kindler*, IntGesR Rn. 681; *Teichmann*, ZGR 2014, 45 (74).

215 MünchKommBGB/*Kindler*, IntGesR Rn. 681; *Wiedemann*, FS Kegel, 187 (204 f.).

216 OLG Düsseldorf – I-18 U 120/11, IPRax 2017 Heft 2, S. X = BeckRS 2016, 130802.

Haftung der Muttergesellschaft im Konzern und der Durchgriffshaftung besteht in der Literatur Uneinigkeit, ob eine gesellschaftsrechtliche Qualifikation und damit eine Anknüpfung an das Gesellschaftsstatut möglich ist oder nicht.[217]

---

217 MünchKommBGB/*Kindler*, IntGesR Rn. 681; zum Streitstand ausführlich Michalski/Heidinger/Leible/Schmidt/*Leible*, syst. Darst. Rn. 162 ff.

E. Kompetenzrecht

Bevor sich diese Arbeit ausführlich mit den für Konzernsachverhalte in Frage kommenden Gerichtsständen der EuGVVO auseinandersetzt (s.u. II.), erfolgt zunächst eine grundlegende Untersuchung der Möglichkeit einer rechtsaktübergreifenden Auslegung im Unionsrecht (s.u. I.). Die Methoden zur Auslegung von Rechtsnormen bilden dann die Grundlage zur Definition von unbestimmten Rechtsbegriffen in der EuGVVO und zur Subsumtion von Rechtsfragen und Haftungskonstellationen mit Konzernbezug unter die Voraussetzungen der einzelnen Gerichtsstände. Abschließend werden die Ergebnisse zusammengefasst (s.u. III.).

I. Methodische Grundlage: Rechtsaktübergreifende Auslegung

Um die einheitliche Auslegung des Unionsrechts zu gewährleisten,[218] kann jedes mitgliedstaatliche Gericht[219] den EuGH gemäß Art. 267 Abs. 1 AEUV mit einem Auslegungsersuchen im Wege des Vorabentscheidungsverfahren anrufen. Der Gerichtshof entscheidet gemäß Art. 267 Abs. 1 lit. b AEUV über die Auslegungen von Handlungen der Organe. Dem EuGH kommt ein Auslegungsmonopol hinsichtlich des primären[220] und sekundären[221] Unionsrechts zu. Seine Auslegungskompetenz umfasst auch völkerrechtliche Verträge,[222] die von Unionsorganen abgeschlossen oder für die Union bindend sind,[223] da sie einen integrierenden Bestandteil der Unionsrechtsordnung[224] bilden.

---

218 Calliess/Ruffert/*Wegener*, Art. 267 AEUV Rn. 1; Streinz/*Ehricke*, Art. 267 AEUV Rn. 5 f.; EuGH Urt. v. 16.1.1974, Rs. 166/73 (Rheinmühlen/Einfuhr- und Vorratsstelle Getreide), ECLI:EU:C:1974:3 = Slg. 1974, 33 Rn. 2; *Kropholler*, Internationales Einheitsrecht, S. 258.

219 Calliess/Ruffert/*Wegener*, Art. 267 AEUV Rn. 19.

220 Art. 267 Abs. 1 lit. a AEUV.

221 Art. 267 Abs. 1 lit. b AEUV; Calliess/Ruffert/*Wegener*, Art. 267 AEUV Rn. 10; Streinz/*Ehricke*, Art. 267 AEUV Rn. 19.

222 Vgl. allerdings zur noch nicht abschließend geklärten Frage der Zuständigkeit des EuGH für die Auslegung gemischter Abkommen, in denen neben Mitgliedstaaten auch die Union selbst Vertragspartei ist, Calliess/Ruffert/*Wegener*, Art. 267 AEUV Rn. 11.

223 Von der Groeben/Schwarze/Hatje/*Gaitanides*, Art. 267 AEUV Rn. 22; Calliess/Ruffert/*Wegener*, Art. 267 AEUV Rn. 11; Streinz/*Ehricke*, Art. 267 AEUV Rn. 21.

224 Ständige Rspr. des EuGH, vgl. EuGH Urt. v. 11.9.2007, Rs. C-431/05 (Merck), ECLI:EU:C:2007:496 = GRUR 2008, 55; EuGH Urt. v. 10.1.2006, Rs. C-344/04 (IATA

Die durch die Rechtsprechung des EuGH entwickelten Methoden der Auslegung von sekundärem Unionsrecht werden im Folgenden allgemein dargestellt (s.u. 1.), bevor die Möglichkeiten einer rechtsgebiets- und rechtsaktübergreifenden Auslegung untersucht werden (s.u. 2.).

1. Allgemeine Auslegung von sekundärem Unionsrecht

Das sekundäre Unionsrecht enthält regelmäßig keine allgemeinen Vorgaben zur Auslegung der Normen und Rechtsbegriffe.[225] Der EuGH spricht sich in ständiger Rechtsprechung grundsätzlich für eine in allen Mitgliedstaaten einheitliche autonome Auslegung aus dem Unionsrecht heraus und ohne Bezugnahme auf mitgliedstaatliches Recht aus.[226] Zwar ist es nicht realistisch, dass die mit der Interpretation von Unionsrecht befassten mitgliedstaatlichen Richter ihr von der nationalen juristischen Ausbildung vorgeprägtes Rechtsverständnis vollständig unterdrücken, jedoch sollten sie jedes Auslegungsergebnis dahingehend überprüfen, ob es auch unter autonomen Gesichtspunkten Bestand haben kann.[227] Die autonome Auslegung schließt die Auslegungsmethoden nach *von Savigny*,[228] namentlich Grammatik, Systematik, Historie sowie Telos einer Norm bzw. eines Rechtsbegriffs, nicht aus, lässt aber nur solche Argumente zu, die den dem

---

und ELFA), ECLI:EU:C:2006:10 = EuZW 2006, 112 (115); EuGH Urt. v. 30.9.1987, Rs. 12/86 (Demirel), ECLI:EU:C:1987:400 = NJW 1988, 1442 (1443); EuGH Urt. v. 30.4.1974, Rs. 181/73 (Haegeman/Belgien), ECLI:EU:C:1974:41= Slg. 1974, 449.

225 So MünchKommBGB/*von Hein*, Art. 3 EGBGB Rn. 155; anders aber Erwägungsgrund Nr. 11 Rom II-VO sowie Art. 20 HUP; in Bezug auf völkerrechtliche Übereinkommen vgl. auch Art. 18 EVÜ, Art. 7 ff. CISG.

226 EuGH Urt. v. 27.6.2013, Rs. C-320/12 (Malaysia Dairy Industries Pte. Ltd./ Ankenævnet for Patenter og Varemærker), ECLI:EU:C:2013:435 = EuZW 2013, 748 (749) Rn. 25; EuGH Urt. v. 18.10.2011, Rs. C-34/10 (Brüstle/Greenpeace), ECLI:EU:C:2011:669 = GRUR 2011, 1104 (1105) Rn. 25; EuGH Urt. v. 27.4.1999, Rs. C-99/96 (Mietz/Intership Yachting Sneek BV), ECLI:EU:C:1999:202 = EuZW 1999, 727 (728) Rn. 26; *Martiny*, RabelsZ 45 (1981), 427 (436); Simons/Hausmann/*Hausmann*, Einl. Rn. 46; *Rauscher*, Internationales Privatrecht, Rn. 1575; zu Ausnahmen von der autonomen Auslegung vgl. Gebauer/Teichmann/*Gebauer/Teichmann*, § 1 Rn. 71 ff. sowie in Bezug auf die Auslegung des Anknüpfungsmerkmals „gewöhnlicher Aufenthalt" in der EuErbVO *Kindler*, IPRax 2010, 44 (46); vgl. auch BGH Beschl. v. 2.3.2017 - IX ZB 70/16, IWRZ 2017, 172 Rn. 9 m.Anm. *Fritz*.

227 So Gebauer/Teichmann/*Gebauer/Teichmann*, § 1 Rn. 68, die diese nationale Prägung für wünschenswert erachten; für eine nur sehr eingeschränkte Berücksichtigung mitgliedstaatlichen Rechts vgl. *Lutter*, JZ 1992, 593 (602).

228 *Von Savigny*, S. 213 f.

Unionsrecht zugrunde liegenden Wertungen nicht entgegenstehen.[229] Im Folgenden werden die verschiedenen Auslegungsmethoden kurz dargestellt.

a) Grammatikalische Auslegung

Die grammatikalische Auslegung ist Ausgangspunkt jeder Auslegung und nimmt den Wortlaut des Normtextes in den Fokus.[230] Dabei stellt sich für das Unionsrecht das Problem der Sprachenvielfalt. Gemäß Art. 1 i.V.m. Art. 4 der Verordnung Nr. 1 zur Regelung der Sprachenfrage[231] werden Verordnungen und andere Schriftstücke von allgemeiner Geltung in 23 Amtssprachen der Union abgefasst. Unterscheiden sich die verschiedenen Sprachfassungen, die allesamt verbindlich sind,[232] voneinander, ist diese Divergenz anhand anderer Auslegungsmethoden – insbesondere der teleologischen[233] – zu lösen.[234] Ziel muss dabei stets eine einheitliche Auslegung sein.[235] Somit besteht für eine Interpretation des Wortlautes anhand einer nationalen mitgliedstaatlichen Rechtsordnung nur in engen Grenzen Raum.[236]

So hat der Gerichtshof zum Beispiel zur Klärung, ob der Begriff „Flußkanalisierungs- und Stromkorrekturarbeiten" in Anhang II Nr. 10 lit. e der Richtlinie 85/337/EWG auch Arbeiten an einem Deich erfasst, die englische Sprachfassung herangezogen und dies im Ergebnis bejaht.[237]

---

229 Gebauer/Teichmann/*Gebauer/Teichmann*, § 1 Rn. 70; vgl. auch *Schack*, Rn. 98.

230 *Kropholler*, Internationales Einheitsrecht, S. 264; *von Savigny*, S. 213 f.; *Höpfner/Rüthers*, AcP 209 (2009), 1 (10).

231 Verordnung Nr. 1 zur Regelung der Sprachenfrage für die Europäische Wirtschaftsgemeinschaft, ABl. 1958 L 17 S. 385.

232 Simons/Hausmann/*Hausmann*, Einl. Rn. 52; MünchKommBGB/*von Hein*, Art. 3 EGBGB Rn. 159 m.w.N; wobei dem englischen Wortlaut besonderes Gewicht zukommt, vgl. BeckOGK/*Kindler*, Art. 1 Rom I-VO Rn. 7.

233 So *Kropholler*, Internationales Einheitsrecht, S. 268; MünchKommBGB/*von Hein*, Art. 3 EGBGB Rn. 159; dazu unten E.I.1.d).

234 MünchKommBGB/*von Hein*, Art. 3 EGBGB Rn. 159; *Rauscher*, Internationales Privatrecht, Rn. 1577; Beckmann/Matusche-Beckmann/*Roth*, § 4 Rn. 3.

235 *Rauscher*, Internationales Privatrecht, Rn. 1577; EuGH Urt. v. 12.7.1979, Rs. 9/79 (Koschniske/Raad van Arbeid), ECLI:EU:C:1979:201 = Slg. 1979, 2717 Rn. 6; EuGH Urt. v. 17.9.2009, Rs. C-347/08 (Vorarlberger Gebietskrankenkasse/WGV-Schwäbische Allgemeine Versicherungs AG), ECLI:EU:C:2009:561 = EuZW 2009, 855 (856) Rn. 26.

236 So auch *Kropholler*, Internationales Einheitsrecht, S. 265.

237 EuGH Urt. v. 24.10.1996, Rs. C-72/96 (Kraijeveld), ECLI:EU:C:1996:404 = NvWZ 1997, 472 Rn. 21 f.

b) Systematische Auslegung

Die systematische Auslegung stellt auf die Systematik der Norm bzw. ihren Bedeutungszusammenhang ab.[238] Der Rechtssatz ist so auszulegen, dass Wertungswidersprüche zu anderen Normen des Rechtsaktes[239] oder anderer Sekundärrechtsakte[240] vermieden werden. Dabei ist zu beachten, dass das Unionsrecht autonom[241] auszulegen ist und daher die Systematik der mitgliedstaatlichen Rechtsordnungen nur bedingt herangezogen werden kann.[242]

Im internationalen Zivilverfahrensrecht spielt die systematische Auslegung zum Beispiel bei der vom EuGH oft betonten „engen Auslegung“[243] eine Rolle. Bestimmungen, die Ausnahmen von einem allgemeinen Grundsatz darstellen, sind in der Regel eng auszulegen.[244] Dies gilt etwa hinsichtlich des Gerichtsstandes für Verbrauchersachen gemäß Art. 17 ff. EuGVVO. Dieser weicht von den allgemeinen und besonderen Zuständigkeitsregeln gemäß Art. 4 Abs. 1 EuGVVO bzw. Art. 7 EuGVVO ab und schafft einen Sondergerichtsstand.[245] Ebenso müssen die besonderen Zuständigkeitsregeln der Art. 7–9 EuGVVO[246] und die

---

238 *Kropholler*, Internationales Einheitsrecht, S. 271; MünchKommBGB/*von Hein*, Art. 3 EGBGB Rn. 160; *Kropholler*, Internationales Privatrecht, § 9 V, S. 69.

239 *Kropholler*, Internationales Einheitsrecht, S. 271; MünchKommBGB/*von Hein*, Art. 3 EGBGB Rn. 161.

240 Dies allerdings nur mit Einschränkungen, vgl. Simons/Hausmann/*Hausmann*, Einl. Rn. 55 f. sowie unten E.I.2.

241 Simons/Hausmann/*Hausmann*, Einl. Rn. 46; *Rauscher*, Internationales Privatrecht, Rn. 1575.

242 *Kropholler*, Internationales Einheitsrecht, S. 271 f.; *Kropholler*, Internationales Privatrecht, § 9 V, S. 69 f.

243 EuGH Urt. v. 23.12.2015, Rs. C-297/14 (Hobohm), ECLI:EU:C:2015:556 = NZM 2016, 139 Rn. 32; EuGH Urt. v. 28.1.2015, Rs. C-375/13 (Kolassa), ECLI:EU:C:2015:37 = NJW 2015, 1581 Rn. 28; EuGH Urt. v. 14.3.2013, Rs. C-419/11 (Česká spořitelna), ECLI:EU:C:2013:165 = BeckRS 2013, 80540 Rn. 26.

244 EuGH Urt. v. 16.7.2015, Rs. C-544/13 (Abcur/Apoteket Farmaci u.a.), ECLI:EU:C:2015:481 = EuZW 2015, 707 Rn. 54; EuGH Urt. v. 29.3.2012, Rs. C-185/10 (Kommission/Polen), ECLI:EU:C:2012:181 = PharmR 2012, 203 Rn. 31; EuGH Urt. v. 18.3.2010, Rs. C-3/09 (Erotic Center), ECLI:EU:C:2010:149 = Slg. I 2010, 2363 Rn. 15.

245 EuGH Urt. v. 23.12.2015, Rs. C-297/14 (Hobohm), ECLI:EU:C:2015:556 = NZM 2016, 139 Rn. 32; EuGH Urt. v. 28.1.2015, Rs. C-375/13 (Kolassa), ECLI:EU:C:2015:37 = NJW 2015, 1581 Rn. 28; ebenso Musielak/Voit/*Stadler*, Art. 17 EuGVVO Rn. 1; Geimer/Schütze/*Geimer*, Art. 15 EuGVVO a.F. Rn. 17.

246 EuGH Urt. v. 17.6.1992, Rs. C-26/91 (Handte), ECLI:EU:C:1992:268 = JZ 1995, 90 Rn. 14; vgl. zu Art. 5 Nr. 3 EuGVVO a.F. EuGH Urt. v. 16.7.2009, Rs. C-189/08

ausschließlichen Zuständigkeiten nach Art. 24 EuGVVO[247] als Ausnahmebestimmungen zum allgemeinen Gerichtsstand eng ausgelegt werden.

c) Historische Auslegung

Im Rahmen der historischen Auslegung ist der Wille des Normgebers zu ermitteln.[248] Dieser lässt sich insbesondere aus den Erwägungsgründen einer Verordnung ableiten.[249] Weitere Quellen sind Materialien der EU-Organe aus dem Gesetzgebungsverfahren,[250] wie etwa ein begründeter Verordnungs- oder Richtlinienentwurf der Kommission, Stellungnahmen der verschiedenen Ausschüsse und des Parlamentes. Ferner können Vorgängerverordnungen und -übereinkommen[251] sowie zu den Rechtsakten erstellte Berichte[252] herangezogen werden.

So stellt Art. 61 EuGVVO beispielsweise anders als die Vorgängervorschrift Art. 56 EuGVVO a.F. nicht klar, ob privatschriftliche Urkunden ebenfalls vom Erfordernis der Legalisation befreit sind. Unter Berücksichtigung des Art. 56 EuGVVO a.F. und der Tatsache, dass die Norm auf dem gegenseitigen Vertrauen in die Rechtspflege der Mitgliedstaaten basiert, ist davon auszugehen, dass indes nur öffentliche Urkunden gemeint sind.[253]

(Zuid Chemie), ECLI:EU:C:2009:475= EuZW 2009, 608 Rn. 22; vgl. zu Art. 5 Nr. 5 EuGVVO a.F. Schlussanträge GA *Reischl* v. 15.9.1976, Rs. 14/76 (De Bloos), ECLI:EU:C:1976:120 = Slg. 1976, 1497 (1519); ebenso Simons/Hausmann/*Hausmann*, Einl. Rn. 54.

247 Vgl. zu Art. 16 EuGVÜ EuGH Urt. v. 9.6.1994, Rs. C-292/93 (Lieber/Göbel), ECLI:EU:C:1994:241 = NJW 1995, 37 Rn. 12; ebenso Simons/Hausmann/*Hausmann*, Einl. Rn. 54 m.w.N.

248 Simons/Hausmann/*Hausmann*, Einl. Rn. 53; *Kropholler*, Internationales Einheitsrecht, S. 274.

249 BeckOGK/*Kindler*, Art. 1 Rom I-VO Rn. 7; Simons/Hausmann/*Hausmann*, Einl. Rn. 53.

250 *Kropholler*, Internationales Einheitsrecht, S. 274; MünchKommBGB/*von Hein*, Art. 3 EGBGB Rn. 163; Simons/Hausmann/*Hausmann*, Einl. Rn. 53.

251 Etwa das EuGVÜ sowie die LugÜ 1988 und 2007 im Rahmen der Auslegung der EuGVVO, Simons/Hausmann/*Hausmann*, Einl. Rn. 53; das EVÜ im Rahmen der Auslegung der Rom I-VO, BeckOGK/*Kindler*, Art. 1 Rom I-VO Rn. 7.

252 In Bezug auf das EVÜ und die Auslegung der Rom I-VO der Bericht von *Giuliano/Lagarde*, BT-Drs. 10/503, 33 ff.; vgl. BeckOGK/*Kindler*, Art. 1 Rom I-VO Rn. 7; in Bezug auf für die Brüssel I-VO und heutige EuGVVO maßgeblichen Berichte vgl. Simons/Hausmann/*Hausmann*, Einl. Rn. 53 m.w.N.

253 So zutreffend Paulus/*Peiffer/Peiffer*, Art. 61 EuGVVO Rn. 2.

d) Teleologische Auslegung

Die größte Bedeutung hat die teleologische Auslegung, die sich am Sinn und Zweck einer Norm orientiert.[254] Das gilt insbesondere dann, wenn die übrigen Auslegungsmethoden zu keinem klaren Ergebnis führen.[255] Der Zweck eines Sekundärrechtsaktes ergibt sich schwerpunktmäßig aus den Erwägungsgründen des Unionsrechtsgebers.[256] Darüber hinaus sind das Ziel der justiziellen Zusammenarbeit[257] und eines gemeinsamen europäischen Rechtsraums[258] sowie die bestmögliche praktische Wirksamkeit der Verordnung (*effet utile*)[259] im Rahmen der Auslegung zu beachten.

So wird zum Beispiel von Teilen der Literatur im Rahmen der Bestimmung des Gerichtsstandes für Klagen gegen den Arbeitgeber gemäß Art. 21 Abs. 1 lit. b Ziff. i EuGVVO durch Arbeitnehmer im internationalen Seeverkehr der Telos der Vorschrift herangezogen, um eine Anknüpfung an den Flaggenstaat zur Bestimmung des gewöhnlichen Arbeitsortes zu verneinen.[260] Die besonderen Zuständigkeitsvorschriften für Arbeitsverträge dienten dem Arbeitnehmerschutz und insbesondere bei unter sogenannter „Billigflagge" fahrenden Schiffen sei der Arbeitnehmer schutzwürdig.[261] Eine strikte Anknüpfung an den Flaggenstaat könnte ihn damit benachteiligen und dem Sinn und Zweck der Vorschrift widersprechen.[262]

---

254 BeckOGK/*Kindler*, Art. 1 Rom I-VO Rn. 9; MünchKommBGB/*von Hein*, Art. 3 EGBGB Rn. 164; Simons/Hausmann/*Hausmann*, Einl. Rn. 59; *Kropholler*, Internationales Privatrecht, § 9 V, S. 70; *Höpfner/Rüthers*, AcP 209 (2009), 1 (8).

255 So *Kropholler*, Internationales Privatrecht, § 9 V, S. 70.

256 BeckOGK/*Kindler*, Art. 1 Rom I-VO Rn. 9; MünchKommBGB/*von Hein*, Art. 3 EGBGB Rn. 164; Simons/Hausmann/*Hausmann*, Einl. Rn. 59.

257 BeckOGK/*Kindler*, Art. 1 Rom I-VO Rn. 9; vgl. Art. 81 AEUV sowie Grabitz/Hilf/Nettesheim/*Hess*, Art. 81 AEUV Rn. 19 ff.

258 BeckOGK/*Kindler*, Art. 1 Rom I-VO Rn. 9; dazu allgemein *Philipp*, EuZW 2002, 99; *Heitmann*, NJW 2001, 124 ff.; in die Richtung auch *Kropholler*, Internationales Privatrecht, § 9 V, S. 70.

259 Dazu Simons/Hausmann/*Hausmann*, Einl. Rn. 59; EuGH Urt. v. 20.1.2005, Rs. C-464/01 (Gruber/BayWa AG), ECLI:EU:C:2005:32 = EuZW 2005, 241 (243) Rn. 50; m.Anm. *Reich*, EuZW 2005, 244.

260 *Egler*, S. 191, Musielak/Voit/*Stadler*, Art. 21 EuGVVO Rn. 2; Simons/Hausmann/*Simons*, Art. 19 EuGVVO a.F. Rn. 26; a.A. Paulus/Peiffer/Peiffer/*Paulus*, Art. 21 EuGVVO Rn. 33.

261 *Egler*, S. 191; Simons/Hausmann/*Simons*, Art. 19 EuGVVO a.F. Rn. 26.

262 Simons/Hausmann/*Simons*, Art. 19 EuGVVO a.F. Rn. 26; *Egler*, S. 191; a.A. Rauscher/*Mankowski*, Art. 21 EuGVVO Rn. 31.

e) Rechtsvergleichende Auslegung

Als Teilaspekt der teleologischen Auslegung[263] kommt der rechtsvergleichenden Methode im Rahmen der Interpretation des Unionsrechts ebenfalls Bedeutung zu.[264] Anhand von Rechtsprechung und Schrifttum der einzelnen Mitgliedstaaten[265] zum auszulegenden Unionsrecht aber auch zum nationalen Recht ist zu prüfen, ob ein Begriff in allen Mitgliedstaaten einheitlich verstanden wird.[266] Dies wird eingedenk der Vielzahl an Mitgliedstaaten mit unterschiedlichen Rechtssystemen indes nicht oft der Fall sein.[267] Definieren die Mitgliedstaaten einen Rechtsbegriff uneinheitlich, so ist eine für alle Mitgliedstaaten tragbare[268] autonome Auslegung anhand der allgemeinen Rechtsgrundsätze, die sich aus der Gesamtheit der mitgliedstaatlichen Rechtsordnungen ergeben,[269] vorzunehmen. Um dem EuGH die Auslegung zu erleichtern, kann dieser rechtsvergleichende Studien vom Dokumentationsdienst[270] anfordern[271] und regelmäßig auf rechtsvergleichende Erwägungen in den Schlussanträgen der Generalanwälte zurück greifen.[272] Jedenfalls kann diese Methode bei der Auslegung von Unionsrecht hilfreich sein, liegt der Ursprung der meisten unionsrechtlichen Regelungen doch in der Rechtsordnung eines oder mehrerer Mitgliedstaaten.[273]

---

263 *Junker*, RabelsZ 55 (1991), 674 (679); MünchKommBGB/*von Hein*, Art. 3 EGBGB Rn. 167; a.A. *Höpfner/Rüthers*, AcP 209 (2009), 1 (16 f.).

264 So MünchKommBGB/*von Hein*, Art. 3 EGBGB Rn. 167.

265 Wünschenswert ist ebenfalls die Berücksichtigung der Rechtspraxis in Drittstaaten, so auch MünchKommBGB/*von Hein*, Art. 3 EGBGB Rn. 167.

266 *Junker*, RabelsZ 55 (1991), 674 (679); MünchKommBGB/*von Hein*, Art. 3 EGBGB Rn. 167; *Kropholler*, Internationales Einheitsrecht, S. 290 f.

267 So schon im Jahr 1981 *Martiny*, RabelsZ 45 (1981), 427 (441).

268 *Junker*, RabelsZ 55 (1991), 674 (679).

269 EuGH Urt. v. 14.10.1967, Rs. 29/76 (LTU/Eurocontrol), ECLI:EU:C:1976:137 = NJW 1977, 489; Simons/Hausmann/*Hausmann*, Einl. Rn. 64; *Rauscher*, Internationales Privatrecht, Rn. 1579; *Martiny*, RabelsZ 45 (1981), 427 (442); Stein/Jonas/*Wagner*, Einl. vor Art. 1 EuGVVO Rn. 44.

270 Engl. „*research and documentation department*".

271 Simons/Hausmann/*Hausmann*, Einl. Rn. 64; Stein/Jonas/*Wagner*, Einl. vor Art. 1 EuGVVO Rn. 43; *Völter*, S. 235.

272 Stein/Jonas/*Wagner*, Einl. vor Art. 1 EuGVVO Rn. 43; *Völter*, S. 235.

273 So *Höpfner/Rüthers*, AcP 209 (2009), 1 (16); vgl. aber *Lutter*, JZ 1992, 593 (602), der bei der Auslegung von Richtlinien die nationalrechtliche Herkunft von Normen nur sehr eingeschränkt berücksichtigen will, da andernfalls das europäische Recht als einheitlich-harmonisiertes System gefährdet werde; etwas anderes gelte bei ausdrücklichem Verweis der Richtlinie auf mitgliedstaatliches Recht; vgl. auch EuGH Urt. v. 14.1.1982, Rs. 64/81 (Cormann), ECLI:EU:C:1982:5 = Slg. 1982, 13 Rn. 8.

2. Rechtsakt- und rechtsgebietsübergreifende Auslegung

a) Einleitung

Die rechtsaktübergreifende Auslegung zielt darauf ab, einen Begriff, der in verschiedenen Richtlinien oder Verordnungen Verwendung findet, einheitlich auszulegen.[274] Sie wird daher regelmäßig als Teil der systematischen Auslegung verstanden.[275] Die Auslegungsmethode unterstellt eine bewusste Entscheidung des Gesetzgebers für die universelle Verwendung von Begriffen in Rechtsakten.[276] Diese Annahme drängt sich insbesondere bei Rechtsakten gleichen Ranges auf und tritt in den Vordergrund, je näher sich diese vom Regelungsgehalt her stehen.[277]

Daneben ist eine rechts*gebiets*übergreifende einheitliche Auslegung von Rechtsbegriffen denkbar.[278] Befürworter dieser Auslegungsmethode sehen in ihr insbesondere den Vorteil einer Systembildung im Unionsrecht durch einheitliche Auslegung.[279] Dem wird entgegengehalten, dass das Unionsrecht keinem einheitlichen Grundkonzept unterliege, sondern vielmehr nur punktuelle und nicht koordinierte Regelungen enthalte.[280]

Der EuGH definiert in seiner Rechtsprechung regelmäßig[281] Begriffe im Wege der einheitlichen rechtsaktübergreifenden Auslegung.[282] Gleichzeitig fordert der Unionsgesetzgeber teils ausdrücklich einen Auslegungsgleichklang zwischen Rechtsakten.[283] Allerdings hat die Methode Schranken, die in den

---

274 *Stadler*, IPRax 2015, 203 (204).

275 So *Grundmann*, RabelsZ 75 (2011), 882 (888); wohl auch MünchKommBGB/*Martiny*, Vorb. zu Art. 1 Rom I-VO Rn. 26; BeckOGK/*Kindler*, Art. 1 Rom I-VO Rn. 8.

276 So *Rauscher*, FS Coester-Waltjen, 637 (641).

277 *Grundmann*, RabelsZ 75 (2011), 882 (894).

278 *Lüttringhaus*, RabelsZ 77 (2013), 31 (36).

279 *Grundmann*, RabelsZ 75 (2011), 882 (886).

280 *Höpfner/Rüthers*, AcP 209 (2009), 1 (12).

281 Schon 1982 bestimmte der EuGH den gewöhnlichen Arbeitsort gemäß Art. 5 Nr. 1 EuGVÜ mithilfe von Art. 6 Abs. 2 lit. a EVÜ, vgl. EuGH Urt. v. 26.5.1982, Rs. 133/81 (Invenel), ECLI:EU:C:1982:199 = Slg. 1982, 1891 Rn. 13 ff.

282 Vgl. etwa EuGH Urt. v. 27.6.2013, Rs. C-320/12 (Malaysia Dairy Industries Pte. Ltd/ Ankenævnet for Patenter og Varemærker), ECLI:EU:C:2013:435 = EuZW 2013, 748 (749) Rn. 25; EuGH Urt. v. 18.10.2011, Rs. C-34/10 (Brüstle/Greenpeace), ECLI:EU:C:2011:669 = GRUR 2011, 1104 (1105) Rn. 25.

283 So z.B. in Erwägungsgrund Nr. 7 der Rom II-VO, der einen Einklang zwischen Rom II-VO und EuGVVO fordert.

rechtsgebietsspezifischen Eigenheiten der Normen liegen[284] und ist daher differenziert anzuwenden. Im Folgenden wird dies an Beispielen verdeutlicht.

b) Auslegungsgleichklang der Verordnungen Rom I, Rom II und der EuGVVO

Im unionsrechtlichen internationalen Privat- und Zivilverfahrensrecht strebt der Normgeber hinsichtlich der Verordnungen Rom I, Rom II und EuGVVO ausweislich ihrer jeweiligen Erwägungsgründe einen Auslegungszusammenhang hinsichtlich der materiellen Anwendungsbereiche und der allgemeinen Grundbegriffe an.[285] Dieses Auslegungsgebot richtet sich gleichermaßen an mitgliedstaatliche Gerichte und Institutionen und Gerichte der Europäischen Union.[286] Während die Kommission in ihrem geänderten Entwurf zur Rom II-VO[287] ursprünglich forderte, dass die verwendeten Rechtsbegriffe im Wege der autonomen Auslegung einheitlich ausgelegt werden *müssen*,[288] verwendet Erwägungsgrund Nr. 7 Rom II-VO in seiner endgültigen Fassung nunmehr die schwächere Formulierung, dass ein Einklang bestehen *soll*. Besteht kein besonderer Grund für eine Abweichung, ist gleichwohl zwingend einheitlich auszulegen.[289]

Besondere Gründe, die eine differenzierte Auslegung rechtfertigen, können sich insbesondere aus konzeptionellen Unterschieden zwischen EuGVVO einerseits und Rom I- sowie Rom II-VO andererseits ergeben.[290] Beide Rom-Verordnungen verfolgen das Ziel, Rechtssicherheit und Vorhersehbarkeit zu schaffen[291] sowie das sachnächste Recht zur Anwendung zu bringen.[292] Der EuGVVO geht es zwar ebenfalls um die Rechtssicherheit und Vorhersehbarkeit der

---

284 *Lüttringhaus*, RabelsZ 77 (2013), 31 (66).

285 Vgl. Erwägungsgründe Nr. 7 Rom I-VO, Nr. 7 Rom II-VO; zu der Auslegung der Begriffe „Erbringung von Dienstleistungen" und „Verkauf beweglicher Sachen" vgl. den speziellen Erwägungsgrund Nr. 17 Rom I-VO; zu der Auslegung des Kriteriums der ausgerichteten Tätigkeit bei Verbraucherverträgen vgl. Erwägungsgrund Nr. 24 Rom I-VO.

286 *Stadler*, IPRax 2015, 203 (204).

287 KOM(2006), 83 endg.

288 KOM(2006), 83 endg., S. 3, 10.

289 So *Leible*, Rom I und Rom II, S. 47; dem zustimmend *Würdinger*, RabelsZ 75 (2011), 102 (118).

290 *Würdinger*, RabelsZ 75 (2011), 102 (124).

291 Erwägungsgrund Nr. 6 Rom I-VO; Bamberger/Roth/*Spickhoff*, Art. 1 Rom II-VO Rn. 2; MünchKommBGB/*Martiny*, Vorb. zu Art. 1 Rom I-VO Rn. 12.

292 *Würdinger*, RabelsZ 75 (2011), 102 (108); *Lüttringhaus*, IPRax 2011, 554 (557).

Gerichtsstände,[293] jedoch in erster Linie um den Schutz des Schwächeren[294] bzw. des Beklagten, sodass die Verordnung in Art. 4 Abs. 1 EuGVVO den Grundsatz „*actor sequitur forum rei*"[295] verfolgt.[296] Daher ist grundsätzlich eine Einzelfallbetrachtung angezeigt.[297]

Eine einheitliche Auslegung von Begriffen in Parallelvorschriften ist insbesondere bei übereinstimmenden Normzwecken vorzunehmen.[298] So wird der den sachlichen Anwendungsbereich bestimmende Begriff „Zivil- und Handelssache" in Art. 1 Abs. 1 Satz 1 EuGVVO, Art. 1 Abs. 1 Rom I-VO und Art. 1 Abs. 1 Satz 1 Rom II-VO rechtsaktübergreifend ausgelegt.[299] Gleiches gilt u.a. für den „Verkauf beweglicher Sachen" in Art. 4 Abs. 1 lit. a Rom I-VO und 7 Nr. 1 lit. b EuGVVO,[300] die „Dienstleistung" in Art. 4 Abs. 1 lit. b,[301] 6 Abs. 4 lit. a Rom I-VO und Art. 7 Nr. 1 lit. b EuGVVO,[302] das „Ausrichten" in Art. 6 Abs. 1

---

293 Stein/Jonas/*Wagner*, Einl. vor Art. 1 Rn. 39.

294 Stein/Jonas/*Wagner*, Einl. vor Art. 1 Rn. 39; Erwägungsgrund Nr. 18; *Rauscher* Rn. 1966.

295 Lat., Bedeutung: die gerichtliche Zuständigkeit richtet sich nach dem Wohnsitz des Beklagten, vgl. Musielak/Voit/*Stadler*, Art. 4 EuGVVO Rn. 1.

296 MünchKommZPO/*Gottwald*, Art. 4 EuGVVO Rn. 16; *Würdinger*, RabelsZ 75 (2011), 102 (108 f.).

297 *Lüttringhaus*, IPRax 2011, 554 (557); Schlussanträge GA *Trstenjak* v. 16.12.2010, Rs. C-29/10 (Koelzsch), ECLI:EU:C:2010:789 = BeckEuRS 2010, 548473 Rn. 83.

298 MünchKommBGB/*Martiny*, Vorb. zu Art. 1 Rom I-VO Rn. 26; *Lüttringhaus*, IPRax 2011, 554 (556 f.).

299 BeckOGK/*Kindler*, Art. 1 Rom I-VO Rn. 19 f.; Bamberger/Roth/*Spickhoff*, Art. 1 Rom I-VO Rn. 22; beachte aber die abweichende Auslegung des Begriffs „Zivilsache" gemäß Art. 1 Abs. 1 EuEheVO nach EuGH Urt. v. 27.11.2007, Rs. C-435/06, ECLI:EU:C:2007:714 = Slg. I 2007, 10169 Rn. 39 ff., 51 aufgrund unterschiedlichen Normzwecks.

300 *Lüttringhaus*, RabelsZ 77 (2013), 31 (47); Erwägungsgrund Nr. 17 Rom I-VO.

301 *Kindler*, GS Unberath, 253 (256 f.); eine einheitliche Auslegung propagieren ebenfalls BeckOGK/*Köhler*, Art. 4 Rom I-VO Rn. 77; Bamberger/Roth/*Spickhoff*, Art. 4 Rom I-VO Rn. 10; *Lüttringhaus*, RabelsZ 77 (2013), 31 (48); a.A. ist hinsichtlich einer einheitlichen Auslegung des Dienstleistungsbegriffs in Art. 4 Abs. 1 lit. b Rom I-VO und Art. 7 Nr. 1 lit. b EuGVVO *Ferrari* in Ferrari/Kieninger/Mankowski, Art. 4 Rom I-VO Rn. 27, der die Definition des Begriffs in der EuGVVO als entgeltliche Tätigkeit nur als „Leitfaden" heranziehen will, da dieser zu eng und von Art. 4 Abs. 1 lit. b Rom I-VO auch die unentgeltliche Tätigkeit umfasst sei; ebenso MünchKommBGB/*Martiny*, Art. 4 Rom I-VO Rn. 42.

302 *Kindler*, GS Unberath, 253 (256 f.); BeckOGK/*Köhler*, Art. 4 Rom I-VO Rn. 77; Bamberger/Roth/*Spickhoff*, Art. 4 Rom I-VO Rn. 10; Bamberger/Roth/*Spickhoff*, Art. 6 Rom I-VO Rn. 13; vgl. auch Erwägungsgrund Nr. 17 Rom I-VO.

lit. b Rom I-VO und Art. 17 Abs. 1 lit. c EuGVVO[303] sowie den „Arbeitsort" in Art. 8 Abs. 2 Rom I-VO und Art. 21 Abs. 1 lit. b EuGVVO.[304]

Im Rahmen der Auslegung entfaltet insbesondere die Rechtsprechung des EuGH zu den jeweiligen Rechtsbegriffen Bedeutung, da sich diese rechtsaktübergreifend auf weitere Normen in den drei genannten Verordnungen übertragen lässt.[305]

c) Rechtsaktübergreifende Auslegung unter Heranziehung weiterer unionsrechtlicher Quellen

Eingedenk der von Befürwortern der rechtsaktübergreifenden Auslegung verfolgten Absicht, mittels dieser ein kohärentes System des Europäischen Privatrechts zu schaffen,[306] ist – wie einleitend dargestellt[307] – ebenso ohne ausdrückliche Anordnung eines Auslegungszusammenhangs in den Erwägungsgründen[308] bei der Auslegung von unionsrechtlichen Begriffen eine einheitliche Auslegung anzustreben. So wird der Begriff des gewöhnlichen Aufenthalts von Nichtgewerbetreibenden in den Verordnungen Rom I und Rom II nicht legaldefiniert[309] und daher nach h.M. unter Heranziehung der Rechtsprechung des EuGH[310] zum Aufenthaltsbegriff von Kindern gemäß Art. 8 Abs. 1 EuEheVO rechtsaktübergreifend und unionsautonom ausgelegt.[311] Grenze der einheitlichen Auslegung

---

303 BeckOGK/*Rühl*, Art. 6 Rom I-VO Rn. 176; MünchKommZPO/*Gottwald*, Art. 17 EuGVVO Rn. 9; vgl. auch Erwägungsgrund Nr. 24 Satz 2 Rom I-VO; ausführlich *Rühl*, GPR 2013, 122 (129 f.).

304 MünchKommBGB/*Martiny*, Art. 8 Rom I-VO Rn. 48; Musielak/Voit/*Stadler*, Art. 21 EuGVVO Rn. 2; MünchKommBGB/*Martiny*, Vorb. zu Art. 1 Rom I-VO Rn. 26; *Lüttringhaus*, IPRax 2011, 554 (557).

305 Vgl. z.B. MünchKommBGB/*Martiny*, Art. 8 Rom I-VO Rn. 48; *Rühl*, GPR 2013, 122 (123).

306 *Grundmann*, RabelsZ 75 (2011), 882 (902 f., 930); ebenso *Fleischer/Schneider/Thaten*, NZG 2012, 801 (805).

307 S.o. E.I.2.a).

308 So die Erwägungsgründe Nr. 7 Rom I-VO, Nr. 7 Rom II-VO hinsichtlich eines Auslegungsgleichklangs mit der EuGVVO.

309 Art. 19 Rom I-VO, Art. 23 Rom II-VO definieren nur den gewöhnlichen Aufenthalt von Gewerbetreibenden; dazu ausführlich *Kränzle*, S. 165 ff.

310 EuGH Urt. v. 2.4.2009, Rs. C-523/07 (Perusturvalautakunta), ECLI:EU:C:2009:225 = IPRax 2011, 76.

311 So Ferrari/Kieninger/Mankowski/*Ferrari*, Art. 19 Rom I-VO Rn. 15 Fn. 91; MünchKommBGB/*Martiny*, Art. 19 Rom I-VO Rn. 12; BeckOGK/*Rass-Masson*, Art. 23 Rom II-VO Rn. 38; vgl. allgemein *von Hein*, ZEuP 2009, 6 (18).

bildet auch hier der Normzweck.[312] So hat der EuGH einen Auslegungsgleichklang zwischen dem Begriff der „Zivilsache“ in Art. 1 Abs. 1 EuEheVO und der „Zivil- und Handelssache“ in Art. 1 Abs. 1 Rom I-VO aufgrund des unterschiedlichen Telos ausdrücklich verneint.[313]

d) *Rechtsaktübergreifende Auslegung unter Heranziehung des UN-Kaufrechts*

Nachfolgend wird näher untersucht, ob auch das UN-Kaufrecht im Wege der rechtsaktübergreifenden Auslegung von Unionsrecht eine Rolle spielt. Das CISG stellt als UN-Übereinkommen einen vereinheitlichenden völkerrechtlichen Vertrag dar und ist mithin nicht Teil des Unionsrechts.[314] Dennoch ergeben sich Berührungen insbesondere zur EuGVVO. Wenngleich der Erfüllungsort eines Kaufvertrages über Waren anhand der Legaldefinition in Art. 7 Nr. 1 lit. b UAbs. 1 EuGVVO verordnungsautonom und nicht mittels der *lex causae*, welches das CISG als materielles Einheitsrecht bei Eröffnung von dessen Anwendungsbereich darstellt, zu bestimmen ist,[315] so wird der Begriff des „Kaufvertrags über Waren“ gemäß Art. 3 Abs. 1 CISG zur Abgrenzung des Kaufvertrags gemäß Art. 7 Nr. 1 lit. b UAbs. 1 EuGVVO zu anderen Vertragstypen regelmäßig im Rahmen der Auslegung herangezogen.[316] Demnach ist auch eine rechtsaktübergreifende Auslegung zwischen Begriffen des UN-Kaufrechts und des Unionsrechts grundsätzlich möglich.

---

312 *Grundmann*, RabelsZ 75 (2011), 882 (894); *Lüttringhaus*, RabelsZ 77 (2013), 31 (66).

313 EuGH Urt. v. 27.11.2007, Rs. C-435/06, ECLI:EU:C:2007:714 = Slg. I 2007, 10169 Rn. 39 ff., 51.

314 *Rauscher*, Internationales Privatrecht, Rn. 1124; MünchKommBGB/*Huber*, Vorb. CISG Rn. 1.

315 So h.M., vgl. Saenger/*Dörner*, Art. 7 EuGVVO Rn. 16; MünchKommBGB/*Gruber*, Art. 31 CISG Rn. 30; EuGH Urt. v. 25.2.2010, Rs. C-381/08, ECLI:EU:C:2010:90 = NJW 2010, 1059 Rn. 55 ff.; wohl auch Musielak/Voit/*Stadler*, Art. 7 EuGVVO Rn. 11; a.A. noch *Rauscher*, FS Heldrich, 933 (944 f.).

316 Vgl. Saenger/*Dörner*, Art. 7 EuGVVO Rn. 15; EuGH Urt. v. 25.2.2010, Rs. C-381/08, ECLI:EU:C:2010:90 = NJW 2010, 1059 Rn. 35; dazu *Kindler*, EuLF 2010, 252 ff.; *Ferrari*, IPRax 2007, 61 (65).

e) *Zwischenergebnis: Normzweck als Grenze der rechtsaktübergreifenden Auslegung im Europarecht*

Im Zuge zunehmender Unionsrechtsakte kann die rechtsaktübergreifende Auslegung ein legitimes Werkzeug zur Schaffung eines europäischen Rechtssystems darstellen. Schranke dieser Auslegungsmethode stellt dabei der Zweck einer Norm dar. So ist im Einzelfall sorgfältig zu prüfen, ob eine einheitliche Auslegung möglich ist.

II. Konzerngerichtsstände

Die Gründe für eine Klage gegen eine konzernangehörige Gesellschaft können vielfältig sein. So sind einerseits konzerninterne Streitigkeiten der konzernangehörigen Gesellschaften untereinander sowie durch Dritte gegen eine Konzerngesellschaft angestrengte Klageverfahren denkbar. Die Bestimmung des zuständigen Gerichtes erfolgt anhand des anwendbaren Kompetenzrechts und kann im Einzelfall Schwierigkeiten bereiten. Im Folgenden wird nach einer kurzen Einführung (1.) zunächst allgemein der Anwendungsbereich der EuGVVO dargestellt, um einen Überblick über die Konstellationen zu geben, in denen die EuGVVO keine Anwendung findet (2.). Anschließend werden die verschiedenen bei Klagen mit Konzernbezug in Betracht kommenden Zuständigkeitsvorschriften im europäischen Zivilverfahrensrecht ausführlich dargestellt (3.).

1. Einführung

Die internationale Zuständigkeit kann sich im europäischen Zivilprozessrecht nach der EuGVVO, dem EuGVÜ sowie dem LugÜ richten. Da die EuGVVO für alle Mitgliedstaaten der Europäischen Union mit Ausnahme der Überseegebiete[317] an die Stelle des EuGVÜ getreten ist[318] sowie das LugÜ nur im Verhältnis zu Island, Norwegen und der Schweiz Anwendung findet[319] und es inhaltlich weitestgehend an die EuGVVO a.F. angeglichen ist,[320] wird nachfolgend schwerpunktmäßig die EuGVVO untersucht.

317 Vgl. Art. 355 AEUV, Erwägungsgrund Nr. 9 EuGVVO; *Nagel/Gottwald*, § 3 Rn. 8.

318 *Nagel/Gottwald*, § 3 Rn. 8; *Rauscher*, Internationales Privatrecht, Rn. 1673; *Schack*, Rn. 265; MünchKommZPO/*Gottwald*, Vorb. zu Art. 1 ff. EuGVVO Rn. 16.

319 MünchKommZPO/*Gottwald*, Vorb. zu Art. 1 ff. EuGVVO Rn. 25.

320 Vgl. MünchKommZPO/*Gottwald*, Vorb zu Art. 1 ff. EuGVVO Rn. 27 f.; wobei mit der Neufassung der EuGVVO insbesondere im Bereich der Vollstreckung und Anerkennung nun wieder einige Unterschiede zwischen beiden Rechtsakten bestehen, vgl. Musielak/Voit/*Stadler*, Vorb. EuGVVO Rn. 13.

Allerdings kann sich die internationale Zuständigkeit deutscher Gerichte auch aus den allgemeinen Vorschriften zur örtlichen Zuständigkeit gemäß § 12 ff. ZPO ergeben. Zwar enthält die ZPO mit Ausnahme des § 38 Abs. 2 ZPO bezüglich der Zulässigkeit einer Gerichtsstandsvereinbarung keine Vorschriften zur internationalen Zuständigkeit, allerdings indiziert die örtliche Zuständigkeit nach den §§ 12 ff. ZPO regelmäßig auch die internationale.[321] Diese sogenannte Doppelfunktionalität[322] der örtlichen Zuständigkeitsnormen ist immer dann von Bedeutung, wenn sich die internationale Zuständigkeit nicht nach höherrangigem Recht bestimmen lässt. Dies ist regelmäßig dann der Fall, wenn der Anwendungsbereich der EuGVVO nicht eröffnet ist. Der Vorrang der EuGVVO gegenüber der ZPO folgt aus dem Anwendungsvorrang des Unionsrechts vor jeder Norm des nationalen mitgliedstaatlichen Rechts.[323] Wenngleich sich diese Arbeit im Schwerpunkt den Zuständigkeitsvorschriften der EuGVVO widmet, werden im Folgenden – wo erforderlich – auch Aspekte der internationalen Zuständigkeit deutscher Gerichte nach der ZPO und der EuInsVO beleuchtet.

2. Anwendungsbereich der EuGVVO

Die EuGVVO ist anwendbar, sofern der sachliche, räumlich-persönliche und zeitliche Anwendungsbereich eröffnet ist.

a) Sachlicher Anwendungsbereich der EuGVVO

Gemäß Art. 1 Abs. 1 Satz 1 EuGVVO ist die Verordnung auf Zivil- und Handelssachen[324] anzuwenden. Gemäß Art. 1 Abs. 1 Satz 2 EuGVVO sind Steuer- und Zollsachen, verwaltungsrechtliche Angelegenheiten sowie die Staatshaftung aufgrund hoheitlichen Handelns vom sachlichen Anwendungsbereich ausdrücklich ausgenommen. Diese Begriffe sind nach ständiger Rechtsprechung des EuGH

---

321 BGH Urt. v. 18.4.1985 – VII ZR 359/83, NJW 1985, 2090 (2091); Prütting/Gehrlein/*Wern*, § 13 ZPO Rn. 18; Vorwerk/Wolf/*Toussaint*, § 12 ZPO Rn. 26; *Schack*, Rn. 266; MünchKommZPO/*Patzina*, § 12 ZPO Rn. 90; Musielak/Voit/*Heinrich*, § 17 ZPO Rn. 17.

322 Vorwerk/Wolf/*Toussaint*, § 12 ZPO Rn. 26; *Schack*, Rn. 266; MünchKommZPO/*Patzina*, § 12 ZPO Rn. 90; Musielak/Voit/*Heinrich*, § 17 ZPO Rn. 17.

323 Dazu ausführlich Callies/Ruffert/Wegener, Art. 19 EUV Rn. 28 ff.; EuGH Urt. v. 15.7.1964, Rs. 6/64 (Costa/ENEL), ECLI:EU:C:1964:66 = NJW 1964, 2371 (2372).

324 Zu beachten ist, dass es nur auf die Einordnung als Zivilsache ankommt, da die gesondert erwähnten Handelssachen nur einen Unterfall von Zivilsachen darstellen, vgl. Rauscher/*Mankowski*, Art. 1 EuGVVO Rn. 1.

autonom auszulegen.[325] Die Art der Gerichtsbarkeit oder die Abgrenzung von Zivil- und Verwaltungsrechtsweg nach § 13 GVG und § 40 VwGO im deutschen Recht sind somit irrelevant.[326] Vielmehr sind der Gegenstand des Rechtsstreites sowie die Natur der zwischen den Parteien bestehenden Rechtsbeziehung maßgeblich.[327] Ist das den Streitgegenstand beherrschende Verhältnis zwischen den Parteien ein hoheitliches, so liegt keine Zivilsache vor.[328] Die Beziehung zwischen den Parteien ist dann durch hoheitliche Befugnisse geprägt, wenn eine Partei Befugnisse wahrnimmt, die von den zwischen Privaten geltenden Rechtsregeln abweichen.[329] Dies kann sich insbesondere durch ein Über-Unterordnungsverhältnis äußern.[330] An einem solchen fehlt es, wenn eine Behörde wie ein Privater auftritt,[331] etwa im Rahmen einer Steuerforderung gegen den Vorstand einer insolventen Gesellschaft auf Grundlage der Insolvenzverschleppungshaftung, da in einem solchen Fall der Haftungsgrund in der gesellschaftsrechtlichen Ausfallhaftung liegt, die zugunsten jedes (auch privaten) Gesellschaftsgläubigers besteht.[332] Es lässt sich somit festhalten, dass Klagen zwischen Privaten mangels Ausübung von Hoheitsgewalt grundsätzlich eine Zivil- und Handelssache i.S.d. Art. 1 Abs. 1 EuGVVO darstellen.[333]

Außerdem besteht für einige Zivilsachen gemäß Art. 1 Abs. 2 EuGVVO eine Bereichsausnahme.[334] Konzernbezug können insbesondere die gemäß Art. 1

---

325 So EuGH Urt. v. 14.10.1976, Rs. 29/76 (Eurocontrol), ECLI:EU:C:1976:137 = NJW 1977, 489 Ls. 1; vgl. auch *Nagel/Gottwald*, § 3 Rn. 23; zur Auslegung s.o. E.I.1.

326 *Rauscher*, Internationales Privatrecht, Rn. 1680; *Nagel/Gottwald*, § 3 Rn. 23.

327 St.Rspr. des EuGH, vgl. EuGH Urt. v. 28.7.2016, Rs. C-102/15 (Gazdasági Versenyhivatal/Siemens), ECLI:EU:C:2016:607 = EuZW 2016, 782 (783) Rn. 31; EuGH Urt. v. 11.4.2013, Rs. C-645/11 (Sapir), ECLI:EU:C:2013:228 = EuZW 2013, 503 (504) Rn. 32 m.w.N.; EuGH Urt. v. 12.9.2013, Rs. C-49/12 (Sunico), ECLI:EU:C:2013:545 = EuZW 2013, 828 (829) Rn 33.

328 EuGH Urt. v. 28.7.2016, Rs. C-102/15 (Gazdasági Versenyhivatal/Siemens), ECLI:EU:C:2016:607 = EuZW 2016, 782 (783) Rn. 32 m.w.N.; *Nagel/Gottwald*, § 3 Rn. 24; *Rauscher*, Internationales Privatrecht, Rn. 1682; Saenger/*Dörner*, Art. 1 EuGVVO Rn. 4.

329 EuGH Urt. v. 11.6.2015, Rs. C-226/13 (Fahnenbrock), ECLI:EU:C:2015:383 = EuZW 2015, 633 (636) Rn. 51 m.w.N.; vgl. auch Paulus/*Peiffer/Peiffer*, Art. 1 EuGVVO Rn. 23.

330 Paulus/*Peiffer/Peiffer*, Art. 1 EuGVVO Rn. 23.

331 Verschiedene – wenig konzernrelevante – Beispiele dazu finden sich in Paulus/*Peiffer/Peiffer*, Art. 1 EuGVVO Rn. 24 ff.

332 Paulus/*Peiffer/Peiffer*, Art. 1 EuGVVO Rn. 32 mit Verweis auf OLG Stuttgart Beschl. v. 30.9.2012 – 5 W 71/09, BeckRS 2012, 24176.

333 So die „Faustformel" nach Rauscher/*Mankowski*, Art. 1 EuGVVO Rn. 22.

334 Siehe dazu auch unten E.II.3.b)bb)(1)(b)(bb).

Abs. 2 lit. b EuGVVO ausgeschlossenen Insolvenzverfahren aufweisen. Diese wurden durch die EuInsVO einer gesetzlichen Regelung zugeführt. In den Anwendungsbereich der EuInsVO fallende Klageverfahren sind demnach nicht von der EuGVVO erfasst.[335] Der Ausnahmetatbestand gilt gemäß Art. 6 Abs. 1 EuInsVO für alle Klagen, die sich unmittelbar aus einem Insolvenzverfahren ergeben oder in engem Zusammenhang mit diesem stehen.[336] Insolvenzrechtlich einzuordnen sind demnach u.a. Insolvenzanfechtungsklagen,[337] Haftungsklagen gegen Geschäftsführer für nach dem Eintritt der Zahlungsunfähigkeit geleistete Zahlungen[338] und die Insolvenzverschleppungshaftung.[339] Als Zivilsache unterfallen dagegen Klagen des Insolvenzverwalters, in denen Ansprüche aus vor der Insolvenzeröffnung getätigten Geschäften geltend gemacht werden,[340] sowie Gläubigerklagen aus einer vom Insolvenzverwalter abgetretenen Insolvenzanfechtungsforderung[341] dem sachlichen Anwendungsbereich der EuGVVO. Es ist allerdings zu beachten, dass für zivil- und handelsrechtliche Klagen, die in engem Zusammenhang zu einer Klage gemäß Art. 6 Abs. 1 EuInsVO stehen,

---

335 Rauscher/*Mankowski*, Art. 1 EuGVVO Rn. 64; Paulus/*Peiffer/Peiffer*, Art. 1 EuGVVO Rn. 62.

336 Art. 6 Abs. 1 EuInsVO normiert die sogenannte *Gourdain*-Formel des EuGH, welche dieser in seinem EuGH Urt. v. 22.1979, Rs. 133/78 (Gourdain/Nadler), ECLI:EU:C:1979:49 = BeckRS 2004, 71542 Rn. 4 entwickelt hat; vgl. ausführlich MünchKommBGB/*Kindler*, Art. 6 EuInsVO Rn. 4 ff.; *Kindler/Wendland*, RIW 2018, 245 (246 f.); Paulus/*Peiffer/Peiffer*, Art. 1 EuGVVO Rn. 64 ff.; Mankowski/Müller/Schmidt/*Mankowski*, Art. 6 EuInsVO Rn. 3 ff.

337 Vgl. Erwägungsgrund Nr. 35 Satz 2 EuInsVO sowie EuGH Urt. v. 12.2.2009, Rs. C-339/07 (Deko Marty), ECLI:EU:C:2009:83 = NZI 2009, 199; dazu ausführlich *Kindler/Wendland*, RIW 2018, 245 (248 ff.).

338 Die Haftung ergibt sich im deutschen Recht aus § 64 GmbHG; so EuGH Urt. v. 4.12.2014, Rs. C-295/13 (H für G.T. GmbH/K), ECLI:EU:C:2014:2410 = EuZW 2015, 141 m.Anm. *Kindler*.

339 MünchKommBGB/*Kindler*, Art. 7 EuInsVO Rn. 58 ff. m.w.N.; *Kindler/Wendland*, RIW 2018, 245 (247); Rauscher/*Mankowski*, Art. 1 EuGVVO Rn. 85; Paulus/*Peiffer/Peiffer*, Art. 1 EuGVVO Rn. 76.

340 Erwägungsgrund Nr. 35 Satz 3 EuInsVO; vgl. auch *Kindler/Wendland*, RIW 2018, 245 (247); Paulus/*Peiffer/Peiffer*, Art. 1 EuGVVO Rn. 79.

341 *Nagel/Gottwald*, § 3 Rn. 27 mit Verweis auf EuGH Urt. v. 19.4.2012, Rs. C-213/10 (F-Tex), ECLI:EU:C:2012:215 = EuZW 2012, 427 (429) Rn. 49; vgl. auch *Kindler/Wendland*, RIW 2018, 245 (251).

fakultativ der besondere Gerichtsstand des Sachzusammenhangs gemäß Art. 6 Abs. 2 EuInsVO eröffnet ist.[342]

b) Räumlich-persönlicher Anwendungsbereich der EuGVVO

Für die Anwendung der EuGVVO muss ebenso der räumliche Anwendungsbereich eröffnet sein. Die EuGVVO gilt in allen Mitgliedstaaten einschließlich Großbritannien, Irland und Dänemark.[343] Im Verhältnis zu Drittstaaten findet sie dagegen nur eingeschränkt Anwendung[344] und enthält keine Regelungen, die die Zuständigkeit drittstaatlicher Gerichte anordnen.[345]

Darüber hinaus ist ein grenzüberschreitender Auslandsbezug erforderlich.[346] Die EuGVVO findet also keine Anwendung auf reine Inlandssachverhalte. Diskutiert wird, ob die Zuständigkeitsregeln der Verordnung auch in Fällen eines Auslandsbezuges nur zu Drittstaaten greifen.[347] Während Art. 7 EuGVVO seinem Wortlaut nach ausdrücklich einen Auslandsbezug zu einem anderen Mitgliedstaat fordert, enthalten die Mehrzahl an Zuständigkeitsvorschriften der EuGVVO gerade keinen Hinweis auf einen derartigen qualifizierten Auslandsbezug.[348] Im Umkehrschluss ist grundsätzlich ein Bezug zu Drittstaaten ausreichend, wenn die entsprechende Norm keine weiteren Bedingungen aufstellt.[349]

---

342 Dazu ausführlich MünchKommBGB/*Kindler*, Art. 6 EuInsVO Rn. 20 ff.; *Kindler/Wendland*, RIW 2018, 245 (252 f.); Mankowski/Müller/Schmidt/*Mankowski*, Art. 6 EuInsVO Rn. 34 ff.

343 Vgl. *Paulus/Peiffer/Peiffer*, Einf. Rn. 9, 83.

344 Vgl. z.B. Art. 6 Abs. 1 EuGVVO.

345 MünchKommZPO/*Gottwald*, Art. 4 EuGVVO Rn. 29.

346 So der EuGH schon zum EuGVÜ, vgl. EuGH Urt. v. 1.3.2005, Rs. C-281/02, ECLI:EU:C:2005:120 = EuZW 2005, 345 (347) Rn. 28; siehe auch Erwägungsgrund Nr. 3 Satz 2; vgl. m.w.N. auch Rauscher/*Mankowski*, Vorb. zu Art. 4 EuGVVO Rn. 29; Paulus/Peiffer/Peiffer/*Paulus*, Vor Art. 4 EuGVVO Rn. 14; a.A. Geimer/*Schütze*, Art. 2 EuGVVO a.F. Rn. 101 ff.

347 Dies befürwortend Rauscher/*Mankowski*, Vorb. zu Art. 4 EuGVVO Rn. 26; Paulus/Peiffer/Peiffer/*Paulus*, Vor Art. 4 EuGVVO Rn. 18; Musielak/*Stadler*, Art. 4 EuGVVO Rn. 2; so auch EuGH Urt. v. 1.3.2006, Rs. C-281/02 (Owusu), ECLI:EU:C:2005:120 = EuZW 2005, 346 Rn. 35; EuGH Urt. v. 13,7.2000, Rs. C-412/98 (Group Josi), ECLI:EU:C:2000:399 = NJW 2000, 3121 (3123) Rn. 61; a.A. BGH Urt. v. 13.12.2000 – XII ZR 278/98, IPRax 2001, 454; *Samtleben*, RabelsZ 59 (1995), 670 (693).

348 So auch Paulus/Peiffer/Peiffer/*Paulus*, Vor Art. 4 EuGVVO Rn. 18.

349 Ebenso Musielak/Voit/*Stadler*, Art. 25 EuGVVO Rn. 1; MünchKommZPO/*Gottwald*, Art. 29 EuGVVO Rn. 2.

Der persönliche Anwendungsbereich ist von der jeweils einschlägigen Zuständigkeitsnorm abhängig, sodass sich keine allgemeine Regel zur Prüfung der persönlichen Anwendbarkeit aufstellen lässt. Während Art. 4 Abs. 1 EuGVVO fordert, dass der Beklagte seinen Wohnsitz in einem Mitgliedstaat haben muss, ist die Zuständigkeit aufgrund einer Gerichtsstandsvereinbarung gemäß Art. 25 Abs. 1 EuGVVO nicht an einen solchen gebunden. Daher ist stets der persönliche Anwendungsbereich der entsprechenden Zuständigkeitsnorm zu beachten, sofern dieser weitere Bedingungen aufstellt.

c) Zeitlicher Anwendungsbereich der EuGVVO

Gemäß Art. 66 Abs. 1 EuGVVO ist die Verordnung auf Verfahren, die am oder nach dem 10.1.2015 eingeleitet worden sind, anwendbar. Vor dem Stichtag eingeleitete Verfahren bestimmen sich nach der Vorgängerverordnung EuGVVO a.F. bzw. entsprechenden Vorgängernormen.[350]

Der Zeitpunkt der Einleitung eines Gerichtsverfahrens ist dabei autonom und nicht unter Rückgriff auf die *lex fori* am Gerichtsort zu bestimmen.[351] In analoger Anwendung des Art. 32 EuGVVO[352] gilt ein Verfahren daher mit der Einreichung des verfahrenseinleitenden Schriftstücks bei Gericht (Art. 32 Abs. 1 Satz 1 lit. a EuGVVO) oder der Übergabe der Klageschrift an die für die Zustellung verantwortliche Stelle (Art. 32 Abs. 1 Satz 1 lit. b EuGVVO) als eingeleitet.

Hinsichtlich Gerichtsstandsvereinbarungen ist zu beachten, dass am oder nach dem 10.1.2015 getroffene Prorogationsabreden hinsichtlich ihrer Formerfordernisse und Schranken[353] der EuGVVO unterliegen.[354] Vor diesem Stichtag geschlossene Gerichtsstandsvereinbarungen sollen sich allerdings auch an der EuGVVO messen lassen, sofern das gerichtliche Verfahren erst am oder

---

350 Rauscher/*Staudinger*, Art. 66 EuGVVO Rn. 3.

351 So Rauscher/*Staudinger*, Art. 66 EuGVVO Rn. 2; Paulus/*Peiffer/Peiffer*, Art. 66 EuGVVO Rn. 4; zum alten Recht ebenso MünchKommZPO/*Gottwald*, Art. 66 EuGVVO Rn. 4; Kindl/Meller-Hannich/Wolf/*Mäsch*, Vorb. zu Art. 32 ff. EuGVVO Rn. 23; a.A. Saenger/*Dörner*, Art. 66 EuGVVO Rn. 2; Thomas/Putzo/*Hüßtege*, Art. 66 EuGVVO Rn. 2.

352 Musielak/Voit/*Stadler*, Art. 66 EuGVVO Rn. 1; Paulus/*Peiffer/Peiffer*, Art. 66 EuGVVO Rn. 4; MünchKommZPO/*Gottwald*, Art. 66 EuGVVO Rn. 4; Kindl/Meller-Hannich/Wolf/*Mäsch*, Vorb. zu Art. 32 ff. EuGVVO Rn. 23; a.A. Saenger/*Dörner*, Art. 66 EuGVVO Rn. 2, da Art. 32 EuGVVO nur für den 9. Abschnitt des Kapitel II gelte.

353 Art. 25 EuGVVO.

354 So unstreitig, vgl. etwa Rauscher/*Staudinger*, Art. 66 EuGVVO Rn. 5; Saenger/*Dörner*, Art. 66 EuGVVO Rn. 5; Musielak/Voit/*Stadler*, Art. 66 EuGVVO Rn. 1.

nach diesem Datum eingeleitet wird.[355] Dies wird damit begründet, dass nach Auffassung des EuGH eine Gerichtsstandsvereinbarung eine bloße Zuständigkeitsoption ohne rechtliche Folgen darstellt, die erst mit Klageerhebung Wirkung entfaltet.[356] Damit ist es unerheblich, ob eine vor dem 10.1.2015 getroffene Vereinbarung nach altem Recht unwirksam war. Maßgeblich sind die Voraussetzungen im Zeitpunkt der Klageerhebung.[357] Aus Vertrauensschutzgründen behält eine einmal nach EuGVVO a.F. rechtlich wirksam errichtete Gerichtsstandsvereinbarung jedoch ihre Gültigkeit, auch wenn sie nach der EuGVVO n.F. ungültig wäre.[358]

3. Gerichtsstände bei Klagen mit Konzernbezug

Nachfolgend werden die in Frage kommenden Gerichtsstände bei Klagen mit Konzernbezug unter Berücksichtigung der sachrechtlichen Haftungsregime untersucht. Zunächst wird der allgemeine Gerichtsstand gemäß Art. 4 Abs. 1 EuGVVO dargestellt (s.u. a)), bevor sich die Arbeit mit dem besonderen Vertrags- (s.u. b)) und Deliktsgerichtsstand (s.u. c)) befasst. Sodann folgen Ausführungen zum Gerichtsstand der Niederlassung (s.u. d)) und der Streitgenossenschaft (s.u. e)) sowie zur gerichtlichen Zuständigkeit in Arbeitssachen (s.u. f)). Abschließend werden der ausschließliche Gerichtsstand für gesellschaftsinterne Streitigkeiten (s.u. g)) und Gerichtsstandsvereinbarungen (s.u. h)) näher betrachtet.

a) Allgemeiner Gerichtsstand (Art. 4 Abs. 1, 63 EuGVVO)

Im Folgenden wird der allgemeine Gerichtsstand für Klagen gegen konzernangehörige Gesellschaften gemäß Art. 4 Abs. 1, 63 EuGVVO untersucht.

Die EuGVVO normiert in Art. 4 Abs. 1 EuGVVO den auch dem deutschen Zivilprozess bekannten[359] Grundsatz des *actor sequitur forum rei* für den

---

355 Rauscher/*Staudinger*, Art. 66 EuGVVO Rn. 6; Saenger/*Dörner*, Art. 66 EuGVVO Rn. 5; Musielak/Voit/*Stadler*, Art. 66 EuGVVO Rn. 1; Paulus/*Peiffer/Peiffer*, Art. 66 EuGVVO Rn. 6; MünchKommZPO/*Gottwald*, Art. 66 EuGVVO Rn. 6.

356 EuGH Urt. v. 13.11.1979, Rs. 25/79 (Sanicentral), ECLI:EU:C:1979:255 = RIW 1980, 285 Rn. 6; Rauscher/*Staudinger*, Art. 66 EuGVVO Rn. 6; Paulus/*Peiffer/Peiffer*, Art. 66 EuGVVO Rn. 6; a.A. *Kindler*, FS Coester-Waltjen, 485 (497 f.).

357 So Rauscher/*Staudinger*, Art. 66 EuGVVO Rn. 7; MünchKommZPO/*Gottwald*, Art. 66 EuGVVO Rn. 6.

358 *Kindler*, FS Coester-Waltjen, 485 (498); MünchKommZPO/*Gottwald*, Art. 66 EuGVVO Rn. 6; Paulus/*Peiffer/Peiffer*, Art. 25 EuGVVO Rn. 22 ff.; Paulus/*Peiffer/Peiffer*, Art. 66 EuGVVO Rn. 7.

359 Vgl. §§ 12, 17 ZPO.

allgemeinen Gerichtsstand. Eine (natürliche oder) juristische Person, die ihren (Wohn-)Sitz in einem Mitgliedstaat im Sinne der EuGVVO hat, ist vor Gerichten dieses Mitgliedstaates zu verklagen. Ausnahmen hiervon machen die Vorschriften der Abschnitte 2 bis 7 des 2. Kapitels der Verordnung, vgl. Art. 5 Abs. 1 EuGVVO. Irrelevant ist mithin der für die Anknüpfung in den Verordnungen Rom I und Rom II maßgebliche gewöhnliche Aufenthalt eines der Beteiligten[360] sowie deren Staatsangehörigkeit.[361] Art. 4 Abs. 1 EuGVVO regelt nur die internationale Zuständigkeit, das örtlich und sachlich zuständige Gericht ergibt sich aus dem jeweiligen mitgliedstaatlichen Prozessrecht.[362]

Telos des Wohnsitzgerichtsstandes ist es, dem Beklagten die Verteidigung zu erleichtern,[363] indem diesem keine Verfahren vor ausländischen Gerichten zugemutet werden.[364] Schließlich steht der Beklagte unfreiwillig vor Gericht und ist ohnehin schon Unannehmlichkeiten und im Voraus zu verauslagenden Kosten zur angemessenen Verteidigung in der Sache ausgesetzt.[365] Durch den Gerichtsstand im Mitgliedstaat des Wohnsitzes bleiben ihm zumindest weite Wege erspart und er kann sich regelmäßig in seiner Heimatsprache und vor einem ihm vertrauten Gerichtssystem verteidigen.[366]

Bei juristischen Personen und Gesellschaften ist der Wohnsitz autonom gemäß Art. 63 EuGVVO zu bestimmen.[367] Problematisch ist, ob ein Konzernunternehmen unter den Begriff der Gesellschaft oder juristischen Person i.S.d. EuGVVO fällt und wo sein Sitz zu verorten ist. Im Folgenden wird daher zunächst der Begriff der juristischen Person und Gesellschaft gemäß der EuGVVO bestimmt und sodann auf die Vorschrift des Art. 63 EuGVVO eingegangen.

---

360 MünchKommZPO/*Gottwald*, Art. 4 EuGVVO Rn. 2.

361 Dagegen wird im Rahmen des EGBGB regelmäßig an das Heimatrecht angeknüpft, vgl. z.B. Art. 13 Abs. 1 EGBGB; siehe auch Paulus/Peiffer/Peiffer/*Paulus*, Vor Art. 4 EuGVVO Rn. 12.

362 Bei internationaler Zuständigkeit deutscher Gerichte ergibt sich die örtliche Zuständigkeit aus § 17 ZPO.

363 *Jenard*-Bericht, S. 18; *Nagel/Gottwald*, § 3 Rn. 33; Saenger/*Dörner*, Art. 4 EUGVVO Rn. 1; EuGH Urt. v. 13.7.2000, Rs. C-412/98 (Group Josi), ECLI:EU:C:2000:399 = EuR 2000, 634 (638) Rn. 35.

364 So Paulus/Peiffer/Peiffer/*Paulus*, Art. 4 EuGVVO Rn. 2.

365 Vgl. Paulus/Peiffer/Peiffer/*Paulus*, Art. 4 EuGVVO Rn. 2.

366 Musielak/Voit/*Stadler*, Art. 4 EuGVVO Rn. 1.

367 Im europäischen Kollisionsrecht der Rom I-VO kommt es dagegen gemäß Art. 19 Abs. 1 EuGVVO auf den gewöhnlichen Aufenthalt an; dazu ausführlich *Mansel*, FS Prütting, 51 ff.

aa) Begriff der juristischen Person und Gesellschaft in der EuGVVO

Die Begriffe „juristische Person" und „Gesellschaft" werden in Art. 24 Nr. 2 und 63 Abs. 1 EuGVVO verwendet, aber in der Verordnung nicht legaldefiniert. Auch der EuGH hat bislang keine Definition vorgenommen.[368] Insofern sind die Begriffe auszulegen.

Der Begriff der juristischen Person ist – so die h.M. in der Literatur – nach Maßgabe der *lex fori* auszulegen.[369] Somit hat das angerufene Gericht nach seinem Recht unter Einschluss des Kollisionsrechts zu beurteilen, ob eine juristische Person vorliegt.[370] Wesentliches Kriterium ist insoweit eine durch die nationale Rechtsordnung verliehene eigene Rechtspersönlichkeit der juristischen Person.[371]

Der Begriff der Gesellschaft schafft quasi einen Auffangtatbestand[372] und umfasst insbesondere Personengesellschaften, die über keine eigene Rechtspersönlichkeit verfügen.[373] Bei autonomer Auslegung[374] des Begriffs der Gesellschaft ist diese als Verbindung natürlicher oder juristischer Personen zu verstehen,[375] die über eine hinreichend gefestigte Organisationsstruktur verfügt[376] und als solche am Rechtsverkehr teilnimmt.[377]

Im Konzern behält jedes Unternehmen weiterhin seine eigene Rechtspersönlichkeit.[378] Damit fallen konzernangehörige Gesellschaften, nicht aber der Konzern selbst, regelmäßig unter den Begriff der Gesellschaft oder juristischen Person i.S.d. Art. 63 EuGVVO.

---

368 Paulus/Peiffer/Peiffer/*Paulus*, Art. 24 EuGVVO Rn. 68.

369 Simons/Hausmann/*Borrás/Hausmann*, Art. 22 EuGVVO a.F. Rn. 39; Geimer/Schütze/*Geimer*, Art. 22 EuGVVO a.F. Rn. 143; Paulus/Peiffer/Peiffer/*Paulus*, Art. 24 EuGVVO Rn. 70; *Kropholler/von Hein*, Art. 60 EuGVVO a.F. Rn. 1.

370 Geimer/Schütze/*Geimer*, Art. 22 EuGVVO a.F. Rn. 143; zum Kollisionsrecht s.o. D.

371 Vgl. Paulus/Peiffer/Peiffer/*Paulus*, Art. 24 EuGVVO Rn. 73.

372 So Paulus/Peiffer/Peiffer/*Paulus*, Art. 24 EuGVVO Rn. 73.

373 Simons/Hausmann/*Borrás/Hausmann*, Art. 22 EuGVVO a.F. Rn. 40; Paulus/Peiffer/Peiffer/*Paulus*, Art. 24 EuGVVO Rn. 73.

374 Dies befürworten u.a. Geimer/Schütze/*Geimer*, Art. 22 EuGVVO a.F. Rn. 146; Simons/Hausmann/*Borrás/Hausmann*, Art. 22 EuGVVO a.F. Rn. 40; Paulus/Peiffer/Peiffer/*Paulus*, Art. 24 EuGVVO Rn. 73.

375 Paulus/Peiffer/Peiffer/*Paulus*, Art. 24 EuGVVO Rn. 74.

376 Simons/Hausmann/*Borrás/Hausmann*, Art. 22 EuGVVO a.F. Rn. 40.

377 Geimer/Schütze/*Geimer*, Art. 22 EuGVVO a.F. Rn. 147.

378 S.o. C.II.

bb) Wohnsitz juristischer Personen

Art. 63 Abs. 1 EuGVVO bestimmt den Sitz einer Gesellschaft oder juristischen Person nach drei Kriterien und lässt dem Kläger ein Wahlrecht.[379] Damit sollen Kompetenzkonflikte vermieden werden, welche sich aus der in den Mitgliedstaaten uneinheitlich vertretenen Gründungs- bzw. Sitztheorie[380] ergeben können.[381] Außerdem dient – so Erwägungsgrund Nr. 15 EuGVVO – eine autonome Definition des Sitzes juristischer Personen der Transparenz der Vorschriften der Verordnung. Die Zuständigkeitsanknüpfungen des Art. 63 EuGVVO stammen ursprünglich aus Art. 54 AEUV bzw. Art. 48 Abs. 1 EGV, welche die Niederlassungsfreiheit von Gesellschaften betreffen. Die Auslegung dieser Vorschriften ist daher auch für Art. 63 EuGVVO von Bedeutung.[382]

Im Folgenden werden die drei Anknüpfungspunkte, nämlich der satzungsmäßige Sitz (s.u. (1)), die Hauptverwaltung (s.u. (2)) und die Hauptniederlassung (s.u. (3)), näher dargestellt und in Bezug zu Konzernen gesetzt.

(1) Der satzungsmäßige Sitz gemäß Art. 63 Abs. 1 lit. a EuGVVO

Der satzungsmäßige Sitz einer juristischen Person oder Gesellschaft ergibt sich ohne große Schwierigkeiten und leicht feststellbar[383] aus dem Gesellschaftsvertrag oder der Satzung.[384] Er liegt in der Regel in dem Staat, nach dessen Recht die Gründung erfolgt ist.[385]

Die Rechtsordnungen in Irland, Zypern und dem Vereinigte Königreich kennen den Begriff des satzungsmäßigen Sitzes nicht und es sollte vermieden werden, dass diese Länder bei der Bestimmung des Wohnsitzes von Gesellschaften

---

379 So MünchKommZPO/*Gottwald*, Art. 63 EuGVVO Rn. 11; Musielak/Voit/*Stadler*, Art. 63 EuGVVO Rn. 1; Schlosser/*Hess*, § 63 EuGVVO Rn. 2.

380 Dazu s.o. E.II.3.a)aa).

381 Saenger/*Dörner*, Art. 63 EuGVVO Rn. 3; dieses Ziel wurde hinsichtlich negativer Kompetenzkonflikte erreicht, so Simons/Hausmann/*Ten Wolde/Knot/Hausmann*, Art. 60 EuGVVO a.F. Rn. 3; Geimer/Schütze/*Geimer*, Art. 60 EuGVVO a.F. Rn. 3; vgl. auch MünchKommZPO/*Gottwald*, Art. 63 EuGVVO Rn. 9.

382 Simons/Hausmann/*Ten Wolde/Knot/Hausmann*, Art. 60 EuGVVO a.F. Rn. 3; Geimer/Schütze/*Geimer*, Art. 60 EuGVVO a.F. Rn. 5.

383 Dies zeigt sich auch daran, dass einschlägige Rechtsprechung zu diesem Anknüpfungspunkt fehlt, vgl. Simons/Hausmann/*Ten Wolde/Knot/Hausmann*, Art. 60 EuGVVO a.F. Rn. 5.

384 So Simons/Hausmann/*Ten Wolde/Knot/Hausmann*, Art. 60 EuGVVO a.F. Rn. 5; Geimer/Schütze/*Geimer*, Art. 60 EuGVVO a.F. Rn. 4.

385 Simons/Hausmann/*Ten Wolde/Knot/Hausmann*, Art. 60 EuGVVO a.F. Rn. 5.

widersprüchliche Regelungen schaffen.[386] Art. 63 Abs. 2 EuGVVO regelt deshalb, dass unter dem Begriff des Wohnsitzes das *registered office* oder hilfsweise der *place of incorporation* (Ort der Erlangung der Rechtsfähigkeit) oder weiter hilfsweise der Ort, nach dessen Recht die *formation* (Gründung) erfolgt ist, zu verstehen ist.

(2) Der Ort der Hauptverwaltung gemäß Art. 63 Abs. 1 lit. b EuGVVO

Der Begriff der Hauptverwaltung ist in der EuGVVO nicht legaldefiniert und somit durch Auslegung zu ermitteln. Anhaltspunkte bieten neben Art. 54 Abs. 1 AEUV außerdem Art. 19 Abs. 1 Satz 1 Rom I-VO und Art. 3 Abs. 1 EuInsVO. Letzterer stellt auf den Mittelpunkt des hauptsächlichen Interesses (COMI) einer Gesellschaft ab.[387] Eine juristische Person oder Gesellschaft hat nach h.M. ihre Hauptverwaltung an dem Ort, an dem der Mittelpunkt ihrer Verwaltungstätigkeit liegt[388] und somit die Willensbildung sowie die unternehmerische Leitung der Gesellschaft erfolgt.[389] Dieser Ort liegt zumeist am Sitz der Organe, da diese dort in der Regel ihren Tätigkeitsschwerpunkt haben.[390] Die Gesellschaft oder juristische Person muss weder am Ort ihrer Hauptverwaltung eine Haupt- oder Zweigniederlassung[391] eingetragen haben, noch in diesem Mitgliedstaat unter bloßer Beibehaltung des satzungsmäßigen Sitzes im Gründungsstaat ihrer gesamten Geschäftstätigkeit nachgehen.[392] Der Ort der Hauptverwaltung ergibt sich aus rein tatsächlichen Merkmalen, sodass es unerheblich ist, wenn am Ort der Hauptverwaltung formal nur eine Zweigniederlassung einer im Ausland

---

386 Saenger/*Dörner*, Art. 63 EuGVVO Rn. 4; Geimer/Schütze/*Geimer*, Art. 60 EuGVVO a.F. Rn. 8; Simons/Hausmann/*Ten Wolde/Knot/Hausmann*, Art. 60 EuGVVO a.F. Rn. 9.

387 So Groeben/Schwarze/Hatje/*Tiedje*, Art. 54 AEUV Rn. 28.

388 Simons/Hausmann/*Ten Wolde/Knot/Hausmann*, Art. 60 EuGVVO a.F. Rn. 6; zu Art. 19 Abs. 1 Satz 1 Rom I-VO vgl. *Mansel*, FS Prütting, 51 (52).

389 Paulus/*Peiffer/Peiffer*, Art. 63 EuGVVO Rn. 8; Simons/Hausmann/*Ten Wolde/Knot/Hausmann*, Art. 60 EuGVVO a.F. Rn. 6; so auch BGH Beschl. v. 27.6.2007 – XII ZB 114/06, EuZW 2007, 508 Rn. 11; vgl. auch *Mansel*, FS Prütting, 51 (52).

390 BAG Urt. v. 23.1.2008 – 5 AZR 60/07, NJW 2008, 2797 Rn. 16; BGH Beschl. v. 27.6.2007 – XII ZB 114/06, EuZW 2007, 508 Rn. 11; Simons/Hausmann/*Ten Wolde/Knot/Hausmann*, Art. 60 EuGVVO a.F. Rn. 6; Paulus/*Peiffer/Peiffer*, Art. 63 EuGVVO Rn. 8.

391 Zum Begriff der Niederlassung s.u. E.II.3.a)bb)(3).

392 BAG Urt. v. 23.1.2008 – 5 AZR 60/07, NJW 2008, 2797 Rn. 16; Simons/Hausmann/*Ten Wolde/Knot/Hausmann*, Art. 60 EuGVVO a.F. Rn. 6.

gegründeten Scheingesellschaft ins Handelsregister eingetragen wurde.[393] Damit liegt die Hauptverwaltung einer Gesellschaft an dem Ort, an dem die Leitung des Unternehmens erfolgt.

Das soeben gefundene Ergebnis gilt auch für Gesellschaften, die in einem Konzern verbunden sind. Bei einer Konzerngesellschaft, die von einem Mutterunternehmen beherrscht[394] wird, ist zwar zu überlegen, ob der Ort der Hauptverwaltung des abhängigen Unternehmens am Sitz der Muttergesellschaft bzw. der Konzernleitung liegt. Schließlich verfügt diese regelmäßig über die Mehrheit der Stimmrechte in der Hauptversammlung der beherrschten Gesellschaft und kann meist deren Organmitglieder ernennen und abberufen. Dies führt allerdings nicht zu einer unmittelbaren Verwaltung des beherrschten durch das beherrschende Unternehmen.[395] Die Kontrollinstrumentarien sind eher indirekter Natur und am Sitz der Muttergesellschaft werden lediglich grundlegende unternehmerische Entscheidungen oder Richtlinien hinsichtlich der Tochtergesellschaft beschlossen, während die Verwaltungszuständigkeit als solche bei der rechtlich selbstständig organisierten abhängigen Gesellschaft verbleibt. Damit ist auch bei einer im Konzern eingebundenen Tochtergesellschaft hinsichtlich des Ortes der Hauptverwaltung auf das abhängige Unternehmen abzustellen und die Eingliederung in den Konzern unerheblich.[396]

(3) Der Ort der Hauptniederlassung gemäß Art. 63 Abs. 1 lit. c EuGVVO

Schließlich haben Gesellschaften und juristische Personen gemäß Art. 63 Abs. 1 lit. c. EuGVVO am Ort ihrer Hauptniederlassung[397] ebenfalls einen Wohnsitz i.S.v. Art. 4 Abs. 1 EuGVVO. Die Hauptniederlassung ist von einer bloßen Zweig- oder sonstigen Niederlassung zu unterscheiden, welche gemäß Art. 7 Nr. 5 EuGVVO einen besonderen Gerichtsstand begründet.[398]

Die Hauptniederlassung liegt am tatsächlichen Sitz[399] der Gesellschaft, also an dem Ort, von dem aus am Markt teilgenommen wird und unter Konzentration

393 Vgl. Rauscher/*Staudinger*, Art. 63 EuGVVO Rn. 1; Simons/Hausmann/*Ten Wolde/Knot/Hausmann*, Art. 60 EuGVVO a.F. Rn. 6.

394 Dazu oben C.I.3.

395 Ebenso BGH Urt. v. 23.3.1979 – V ZR 81/77, WM 1979, 692.

396 So auch von der Groeben/Schwarze/Hatje/*Tiedje*, Art. 54 AEUV Rn. 28; *Linke/Hau*, Rn. 5.63..

397 In der englischen Sprachfassung: „*pricinpal place of business*".

398 Zum besonderen Gerichtsstand gemäß Art. 7 Nr. 5 EuGVVO s.u. E.II.3.d).

399 Paulus/*Peiffer/Peiffer*, Art. 63 EuGVVO Rn. 8; BAG Urt. v. 24.9.2009 – 8 AZR 305/08, TranspR 2010, 310 Rn. 31.

bedeutsamer Personal- und Sachmittel der Schwerpunkt der Geschäftstätigkeit liegt.[400] Es ist stets im Einzelfall zu prüfen, ob die Voraussetzungen für eine Hauptniederlassung konkret gegeben sind, eine bloße Nennung in der Satzung etc. reicht nicht aus.[401] Der tatsächliche Geschäftsschwerpunkt kann bei einer Fabrik beispielsweise am Ort der zentralen Produktionsstätte liegen.[402]

Bei Konzerngesellschaften ist – wie dargestellt[403] – jeder Gesellschaft eine eigene Rechtspersönlichkeit beizumessen, die ihre Geschäftstätigkeit zwar unter Leitung der Muttergesellschaft aber in gewisser Unabhängigkeit ausübt. Bei der Bestimmung der Hauptniederlassung kann daher die Tochtergesellschaft keine Hauptniederlassung der Muttergesellschaft darstellen, sondern jede Gesellschaft ist für sich zu betrachten. Es ist zwar denkbar, dass der Ort der Hauptniederlassung[404] des herrschenden Unternehmens mit dem des abhängigen Unternehmens zusammenfällt, wenn die Konzernleitung durch das Mutterunternehmen am Ort der Tochtergesellschaft stattfindet, aber zu diesem Ergebnis kommt man allein unter Betrachtung der Tätigkeit des Mutterunternehmens.

cc) Zusammenfassung: Für konzernangehörige Gesellschaften bestimmt sich der allgemeine Gerichtsstand anhand von Art. 4 Abs. 1, 63 EuGVVO

Konzernangehörige Gesellschaften fallen unter den Begriff der Gesellschaft bzw. der juristischen Person i.S.d. EuGVVO, sodass sich ihr allgemeiner Gerichtsstand aus Art. 4 Abs. 1, 63 EuGVVO ergibt. Der Wohnsitz jedes konzernangehörigen Unternehmens liegt – nach Wahl des Klägers – gemäß Art. 63 EuGVVO am Ort des satzungsmäßigen Sitzes, der Hauptverwaltung oder der Hauptniederlassung. Bei der Bestimmung dieses Ortes ist stets auf den Sitz, die Verwaltung oder die Geschäftstätigkeit der beklagten Konzerngesellschaft selbst abzustellen, die Eingliederung in den Konzern ist insoweit unerheblich.

---

400 Simons/Hausmann/*Ten Wolde/Knot/Hausmann*, Art. 60 EuGVVO a.F. Rn. 8; Paulus/*Peiffer/Peiffer*, Art. 63 EuGVVO Rn. 9.

401 So kann nicht allein aus der im Briefkopf abgedruckten Adresse der Gesellschaft auf den Standort der Hauptniederlassung geschlossen werden, vgl. Simons/Hausmann/*Ten Wolde/Knot/Hausmann*, Art. 60 EuGVVO a.F. Rn. 8.

402 So von der Groeben/Schwarze/Hatje/*Tiedje*, Art. 54 AEUV Rn. 28; Paulus/*Peiffer/Peiffer*, Art. 63 EuGVVO Rn. 8 m.w.N.

403 S.o. C.II.

404 Zur Tochtergesellschaft als *sonstige* Niederlassung des Mutterunternehmens s.u. E.II.3.d)bb).

b) Vertragsgerichtsstand (Art. 7 Nr. 1 EuGVVO)

Der Vertragsgerichtsstand (bzw. Gerichtsstand des Erfüllungsortes) gemäß Art. 7 Nr. 1 EuGVVO ist der wohl wichtigste Gerichtsstand im Zuständigkeitsregime der EuGVVO[405] und auch im Rahmen von Klagen mit Konzernbezug von besonderer Relevanz. Die Norm begründet nicht nur die internationale, sondern auch die örtliche gerichtliche Zuständigkeit am Erfüllungsort, sofern ein Vertrag oder Ansprüche aus einem Vertrag den Gegenstand des Verfahrens bilden. Der Vertragsgerichtsstand ist insbesondere vom Deliktsgerichtsstand gemäß Art. 7 Nr. 2 EuGVVO[406] abzugrenzen. Insoweit ist der Vertragsbegriff verordnungsautonom zu qualifizieren.[407] In Bezug auf Konzernhaftungsansprüche stellt sich die Frage, ob sich diese mit dem Begriff des vertraglichen Anspruchs i.S.v. Art. 7 Nr. 1 EuGVVO überhaupt vereinbaren lassen.[408] Im Folgenden wird zunächst der besondere Gerichtsstand des Erfüllungsortes allgemein dargestellt (s.u. aa)), bevor sodann auf Besonderheiten von Klagen mit Konzernbezug im Konzern-Innenverhältnis (s.u. bb)) und im Konzern-Außenverhältnis (s.u. cc)) eingegangen wird.

aa) Allgemeines

Der Vertragsgerichtsstand folgt dem Grundsatz, dass sich ein Schuldner am Leistungsort vor Gericht verantworten muss und schafft einen Ausgleich zwischen Kläger- und Beklagteninteressen.[409] Außerdem kann der vertragliche Erfüllungsort anders als der Wohnsitz einer Partei grundsätzlich nicht manipuliert werden, sodass der Gerichtsstand der Rechtssicherheit dient.[410] Ebenso kann Art. 7 Nr. 1 EuGVVO eine Zuständigkeit für ein besonders sach- und beweisnahes Gericht begründen, da eine räumliche Nähe zum Leistungsort besteht.[411]

---

405 Paulus/Peiffer/Peiffer/*Paulus*, Art. 7 EuGVVO Rn. 1; Musielak/Voit/*Stadler*, Art. 7 EuGVVO Rn. 1.

406 Siehe unten E.II.3.c).

407 S.o. E.I.1; vgl. auch Rauscher/*Leible*, Art. 7 EuGVVO Rn. 16; MünchKommZPO/*Gottwald*, Art. 7 EuGVVO Rn. 4; Paulus/Peiffer/Peiffer/*Paulus*, Art. 7 EuGVVO Rn. 24; ebenso die st.Rspr. EuGH Urt. v. 13.3.2014, Rs. C-548/12 (Brogsitter), ECLI:EU:C:2014:148 = NJW 2014, 1648 Rn. 18; EuGH Urt. v. 18.7.2013, Rs. C-147/12 (ÖFAB), ECLI:EU:C:2013:490 = EuZW 2013, 703 Rn. 27.

408 *Bachmann*, IPRax 2009, 141 (142 f.); *Bruhns*, S. 144.

409 MünchKommZPO/*Gottwald*, Art. 7 EuGVVO Rn. 1.

410 Rauscher/*Leible*, Art. 7 EuGVVO Rn. 7.

411 Dies gilt wohl nur in Bezug auf Fragen der Vertragsdurchführung, vgl. Rauscher/*Leible*, Art. 7 EuGVVO Rn. 9.

(1) Räumlicher Anwendungsbereich

Eine gerichtliche Zuständigkeit aus Art. 7 EuGVVO kann sich nur ergeben, wenn der räumliche Anwendungsbereich der Norm eröffnet ist. Wie sich aus dem Wortlaut[412] der Vorschrift eindeutig ergibt, muss der Beklagte seinen Wohnsitz gemäß Art. 62 f. EuGVVO in einem Mitgliedstaat haben[413] und in einem anderen Mitgliedstaat verklagt werden (sogenannter qualifizierter Auslandsbezug).[414] Im Zuge der Neufassung der EuGVVO wurde zwar diskutiert, das Zuständigkeitsregime des neuen Art. 7 EuGVVO unabhängig vom Wohnsitz des Beklagten anzuwenden,[415] der Verordnungsgeber ist allerdings bei der Formulierung des Art. 5 EuGVVO a.F. geblieben. Somit ist Art. 7 EuGVVO in reinen Binnensachverhalten nicht anwendbar und auf den allgemeinen Gerichtsstand gemäß Art. 4 Abs. 1 EuGVVO zurückzugreifen. Dieser regelt dann allerdings nur die internationale und nicht die örtliche Zuständigkeit.[416]

(2) Vertrag

Ein Gerichtsstand gemäß Art. 7 Nr. 1 lit. a EuGVVO ist nur eröffnet, wenn ein Vertrag oder Ansprüche[417] aus einem Vertrag den Gegenstand des Verfahrens bilden. Der Vertragsbegriff ist verordnungsautonom[418] und nach h.M. weit[419] auszulegen. Nach ständiger Rechtsprechung des EuGH zeichnet sich ein vertragliches Rechtsverhältnis zwischen Kläger und Beklagtem dadurch aus, dass eine Partei eine freiwillige Verpflichtung eingegangen ist.[420] Die Abgabe einer

---

412 Wortlaut Art. 7 EuGVVO: „kann in einem *anderen* Mitgliedstaat verklagt werden", Hervorhebung durch den Verfasser.

413 Zum Wohnsitz juristischer Personen vgl. E.II.3.a)bb).

414 Paulus/Peiffer/Peiffer/*Paulus*, Vor Art. 7 EuGVVO Rn. 11 f.; Paulus/Peiffer/Peiffer/*Paulus*, Art. 7 EuGVVO Rn. 12; Rauscher/*Leible*, Art. 7 EuGVVO Rn. 5; Schlosser/Hess/*Schlosser*, Vor Art. 7–9 EuGVVO Rn. 1; *Rauscher*, Internationales Privatrecht, Rn. 1795; a.A. Geimer/Schütze/*Auer*, Int. Rechtsverkehr, 28. EL 2005, Vorb. Art. 5 ff. EuGVVO a.F. Rn. 9.

415 Vgl. Hess/Pfeiffer/Schlosser/*Pfeiffer*, Study JLS/C4/2005/03, S. 78 Rn. 163.

416 Dazu s.o. E.II.3.a).

417 Dazu sogleich unter (3).

418 S.o. E.I.1.; vgl. auch *Kindler*, Einf. IPR Wirtschaftsverkehr, S. 204.

419 So Rauscher/*Leible*, Art. 7 EuGVVO Rn. 22; Paulus/Peiffer/Peiffer/*Paulus*, Art. 7 EuGVVO Rn. 32; Musielak/Voit/*Stadler*, Art. 7 EuGVVO Rn. 2; MünchKommZPO/*Gottwald*, Art. 7 EuGVVO Rn. 6; Schlosser/Hess/*Schlosser*, Art. 7 EuGVVO Rn. 3a.

420 EuGH Urt. v. 28.1.2015, Rs. C-375/13 (Kolassa), ECLI:EU:C:2015:37 = EuZW 2015, 218 Rn. 39; EuGH Urt. v. 18.7.2013, Rs. C-147/12 (ÖFAB), ECLI:EU:C:2013:490 = EuZW 2013, 703 Rn. 33; EuGH Urt. v. 20.1.2005, Rs. C-27/02

Willenserklärung muss zwar auf einer autonomen Entscheidung der Partei beruhen; die Absicht, sich rechtlich zu binden, ist allerdings nicht erforderlich.[421] Dabei muss der Vertrag nicht synallagmatischer Natur sein. Aus der extensiven Auslegung[422] des Vertragsbegriffs folgt, dass ebenso einseitige Rechtsgeschäfte wie eine Schenkung[423] oder Gewinnzusage[424] erfasst sind.[425]

(3) Ansprüche aus einem Vertrag

Außerdem unterfallen Verfahren, deren Gegenstand *Ansprüche* aus einem Vertrag bilden, dem Gerichtsstand des Art. 7 Nr. 1 EuGVVO. Dieser praktisch bedeutsamere Fall[426] erfasst zunächst Primäransprüche, mithin Ansprüche auf die Erfüllung einer vertraglichen Haupt- oder Nebenpflicht.[427] Allerdings handelt es sich bei vertraglichen Sekundäransprüchen, etwa auf Schadensersatz wegen Nicht- oder Schlechtleistung oder sonstiger Vertragsverletzung, ebenso um Ansprüche aus einem Vertrag im Sinne der Vorschrift.[428] Zwar ergeben sich diese Ansprüche in der Regel aus dem Gesetz und nicht aus dem Vertrag selbst, sie haben allerdings ihren Ursprung in der Verletzung einer vertraglichen Pflicht.[429] Gleiches gilt für Rückabwicklungsansprüche und Folgen der Nichtigkeit eines

---

(Engler), ECLI:EU:C:2005:33 = EuZW 2005, 177 Rn. 51; EuGH Urt. v. 17.9.2002, Rs. C-334/00 (Tacconi), ECLI:EU:C:2002:499 = EuZW 2002, 655 Rn. 23; vgl. auch Paulus/Peiffer/Peiffer/*Paulus*, Art. 7 EuGVVO Rn. 29; Rauscher/*Leible*, Art. 7 EuGVVO Rn. 20; *Rauscher*, Internationales Privatrecht, Rn. 1801.

421 Rauscher/*Leible*, Art. 7 EuGVVO Rn. 20.

422 Zwar sind besondere Gerichtsstände aufgrund ihres Ausnahmecharakters in Bezug auf Art. 4 Abs. 1 EuGVVO stets eng auszulegen, dies gilt allerdings nicht im Verhältnis der eng auszulegenden besonderen Gerichtsstände zueinander; vgl. Paulus/Peiffer/Peiffer/*Paulus*, Art. 7 EuGVVO Rn. 32; Simons/Hausmann/*Hausmann*, vor Artt. 5–7 EuGVVO a.F. Rn. 3.

423 Simons/Hausmann/*Jault-Seseke/Weller*, Art. 5 Nr. 1 EuGVVO a.F. Rn. 15.

424 Dazu EuGH Urt. v. 20.1.2005, Rs. C-27/02 (Engler), ECLI:EU:C:2005:33 = EuZW 2005, 177 Rn. 56.

425 Paulus/Peiffer/Peiffer/*Paulus*, Art. 7 EuGVVO Rn. 31 f.; Musielak/Voit/*Stadler*, Art. 7 EuGVVO Rn. 2.

426 Rauscher/*Leible*, Art. 7 EuGVVO Rn. 25.

427 Paulus/Peiffer/Peiffer/*Paulus*, Art. 7 EuGVVO Rn. 33; Rauscher/*Leible*, Art. 7 EuGVVO Rn. 25.

428 MünchKommZPO/*Gottwald*, Art. 7 EuGVVO Rn. 6; Musielak/Voit/*Stadler*, Art. 7 EuGVVO Rn. 2; Paulus/Peiffer/Peiffer/*Paulus*, Art. 7 EuGVVO Rn. 33; Rauscher/*Leible*, Art. 7 EuGVVO Rn. 25.

429 EuGH Urt. v. 8.3.1988, Rs. 9/87 (Arcado/Haviland), ECLI:EU:C:1988:127 = NJW 1989, 1424 Rn. 13; Rauscher/*Leible*, Art. 7 EuGVVO Rn. 33; vgl. auch EuGH Urt.

Vertrages,[430] selbst wenn es sich dabei z.B. um bereicherungsrechtliche oder vindikationsrechtliche Ansprüche des materiellen Rechts handelt.[431] Dies ergibt sich aufgrund des anzustrebenden Auslegungsgleichklangs zwischen der EuGVVO und der Rom I-VO[432] sowie aus Art. 12 Abs. 1 Rom I-VO, der in Bezug auf das anwendbare Recht bestimmt, dass dieses auch für die Folgen der vollständigen oder teilweisen Nichterfüllung einer Verpflichtung (Art. 12 Abs. 1 lit. c Rom I-VO) und der Nichtigkeit eines Vertrages (Art. 12 Abs. 1 lit. e Rom I-VO) maßgeblich ist.[433] Während der Vertragsgerichtsstand folglich auch bei Klagen, die die Feststellung der Nichtigkeit eines Vertrages zum Gegenstand haben, eröffnet ist, fallen Klagen auf Abschluss eines Vertrages in der Regel nicht unter Art. 7 Nr. 1 EuGVVO.[434] Insbesondere sind Ansprüche wegen unzulässigen Abbruchs von Vertragsverhandlungen (*culpa in contrahendo*) regelmäßig deliktisch einzuordnen und führen nicht zu einer Zuständigkeit am Vertragsgerichtsstand.[435] Diese Wertung hat der europäische Verordnungsgeber mit der Einordnung der *culpa in contrahendo* als außervertragliches Schulverhältnis in Art. 2 Abs. 1 Rom II-VO im EU-Recht verankert.[436]

(4) Erfüllungsort

Art. 7 Nr. 1 EuGVVO knüpft die gerichtliche Zuständigkeit an den sogenannten „Erfüllungsort" an. Die Bestimmung des Erfüllungsortes ist vom

---

v. 13.3.2014, Rs. C-548/12 (Brogsitter), ECLI:EU:C:2014:148 = NJW 2014, 1648 Rn. 26 f.

430 Schlosser/Hess/*Schlosser*, Art. 7 EuGVVO Rn. 5; Musielak/Voit/*Stadler*, Art. 7 EuGVVO Rn. 2; Paulus/Peiffer/Peiffer/*Paulus*, Art. 7 EuGVVO Rn. 33; Rauscher/*Leible*, Art. 7 EuGVVO Rn. 25, 34.

431 EuGH Urt. v. 20.4.2016, Rs. C-366/13 (Profit Investment SIM/Ossi), ECLI:EU:C:2016:282 = EuZW 2016, 419 Rn. 55 f.; EuGH Urt. v. 13.3.2014, Rs. C-548/12 (Brogsitter), ECLI:EU:C:2014:148 = NJW 2014, 1648 Rn. 26 f.; Paulus/Peiffer/Peiffer/*Paulus*, Art. 7 EuGVVO Rn. 33; Schlosser/Hess/*Schlosser*, Art. 7 EuGVVO Rn. 5.

432 Dazu s.o. E.I.2.b).

433 EuGH Urt. v. 20.4.2016, Rs. C-366/13 (Profit Investment SIM/Ossi), ECLI:EU:C:2016:282 = EuZW 2016, 419 Rn. 55; ebenso Musielak/Voit/*Stadler*, Art. 7 EuGVVO Rn. 2; Paulus/Peiffer/Peiffer/*Paulus*, Art. 7 EuGVVO Rn. 33; Rauscher/*Leible*, Art. 7 EuGVVO Rn. 34.

434 Paulus/Peiffer/Peiffer/*Paulus*, Art. 7 EuGVVO Rn. 33.

435 EuGH Urt. v. 17.9.2002, Rs. C-334/00 (Tacconi), ECLI:EU:C:2002:499 = EuZW 2002, 655; vgl. ausführlich zur Qualifikation des Abbruchs von Vertragsverhandlungen MünchKommBGB/*Junker*, Art. 12 Rom II-VO Rn. 1 ff.

436 Differenzierend MünchKommZPO/*Gottwald*, Art. 7 EuGVVO Rn. 12.

streitgegenständlichen Anspruch bzw. Vertrag abhängig und kann im Einzelfall Schwierigkeiten bereiten. So wird der Aufbau des Art. 7 Nr. 1 EuGVVO in der Literatur nicht ohne Grund als unnötig kompliziert kritisiert.[437]

(a) Allgemeines

Art. 7 Nr. 1 EuGVVO betrifft drei Fallkonstellationen: Art. 7 Nr. 1 lit. a EuGVVO stellt die Grundregel auf, dass der Vertragsgerichtsstand am nach der *lex causae*[438] zu bestimmenden[439] Erfüllungsort liegt. Dabei muss zwischen den einzelnen streitigen Verpflichtungen genau unterschieden werden.[440] Für Kaufverträge über bewegliche Sachen und Verträge über Dienstleistungen schafft Art. 7 Nr. 1 lit. b EuGVVO dagegen einen autonom zu bestimmenden Erfüllungsortgerichtsstand[441] und entzieht damit die Bestimmung des Erfüllungsortes in den wohl praktisch häufigsten[442] Fällen des Gerichtsstandes nach Art. 7 Nr. 1 EuGVVO dem nationalen Kollisionsrecht.[443] Zuletzt stellt Art. 7 Nr. 1 lit. c EuGVVO einerseits den selbstverständlichen Umstand klar, dass lit. a eingreift, wenn kein Vertragstypus gemäß lit. b vorliegt, und dass lit. b somit vorrangig zu prüfen ist.

---

437 Vgl. etwa MünchKommZPO/*Gottwald*, Art. 7 EuGVVO Rn. 33.

438 Diese bestimmt sich anhand der Kollisionsnormen des angerufenen Gerichts, mithin in der Regel nach der Rom I-VO und kann zu mitglieds- bzw. drittstaatlichem materiellen Recht oder UN-Kaufrecht führen, vgl. auch Schlosser/Hess/*Schlosser*, Art. 7 EuGVVO Rn. 10c.

439 St.Rspr. des EuGH, vgl. EuGH Urt. v. 6.10.1976, Rs. 12/76 (Tessili), ECLI:EU:C:1976:133 = NJW 1977, 491; EuGH Urt. v. 14.3.2013, Rs. C-419/11 (Česká spořitelna), ECLI:EU:C:2013:165 = RIW 2013, 292 Rn. 54; EuGH Urt. v. 28.9.1999, Rs. C-440/97 (GIE Groupe Concorde), ECLI:EU:C:1999:456 = NJW 2000, 719 Rn. 32; vgl. auch Paulus/Peiffer/Peiffer/*Paulus*, Art. 7 EuGVVO Rn. 54, 70 ff.; Simons/Hausmann/*Jault-Seseke/Weller*, Art. 5 Nr. 1 EuGVVO a.F. Rn. 27; Schlosser/Hess/*Schlosser*, Art. 7 EuGVVO Rn. 10c; Rauscher/*Leible*, Art. 7 EuGVVO Rn. 39; vgl. zur Ausnahme in Bezug auf Arbeitsverträge vor Schaffung der Art. 20 ff. EuGVVO im Jahre 2001 Rauscher/*Leible*, Art. 7 EuGVVO Rn. 38.

440 EuGH Urt. v. 6.10.1976, Rs. 14/76 (De Bloos), ECLI:EU:C:1976:134 = NJW 1977, 490 Ls. 1; siehe auch Paulus/Peiffer/Peiffer/*Paulus*, Art. 7 EuGVVO Rn. 54, 58 ff.

441 Magnus/*Mankowski*, Art. 7 Brussels Ibis Regulation Rn. 127; Paulus/Peiffer/Peiffer/*Paulus*, Art. 7 EuGVVO Rn. 83; *Rauscher*, Internationales Privatrecht, Rn. 1807; Rauscher/*Leible*, Art. 7 EuGVVO Rn. 38; Geimer/Schütze/*Geimer*, Art. 5 EuGVVO a.F. Rn. 83.

442 So *Rauscher*, Internationales Privatrecht, Rn. 1807; ähnlich Rauscher/*Leible*, Art. 7 EuGVVO Rn. 55.

443 Dies begrüßt Rauscher/*Leible*, Art. 7 EuGVVO Rn. 38a; ebenso Paulus/Peiffer/Peiffer/*Paulus*, Art. 7 EuGVVO Rn. 85.

Andererseits ergibt sich aus lit. c, dass lit. a auch dann Anwendung findet, wenn zwar ein Warenkauf oder eine Dienstleitung im Sinne von lit. b vorliegt, die Vorschrift aber nicht zu einem Gerichtsstand innerhalb der EU-Mitgliedstaaten führt.[444]

Damit kommt es im Ergebnis zu einer differenzierten Bestimmung des Erfüllungsortes, da bei Kauf- und Dienstverträgen autonome Regeln und in sonstigen Fällen die *lex causae* maßgeblich ist. Ein sachlicher Grund für diese gespaltene Lösung[445] ist nicht ersichtlich.[446]

Im Folgenden werden die Begriffe Kauf- und Dienstleistungsvertrag definiert und der Erfüllungsort für beide Vertragsarten in gebotener Kürze bestimmt. Anschließend wird auf den Erfüllungsort bei anderen Verträgen eingegangen.

(b) Kaufvertrag (Art. 7 Nr. 1 lit. b UAbs. 1 EuGVVO)

Der Warenkaufvertrag ist in der EuGVVO nicht legaldefiniert, sodass der Begriff durch Auslegung zu bestimmen ist. Dabei zieht der EuGH in seiner Rechtsprechung Art. 1 Abs. 2 lit. b, Abs. 4 Verbrauchsgüterkaufrichtlinie, Art. 3 Abs. 1 CISG sowie Art. 6 Abs. 2 des Übereinkommens der Vereinten Nationen über die Verjährung beim internationalen Warenkauf[447] heran.[448] Außerdem ist der Begriff im Einklang mit Art. 17 Abs. 1 lit. a EuGVVO auszulegen.[449] Um einen Kaufvertrag handelt es sich daher bei einem Vertrag, der die Lieferung und Übereignung beweglicher Sachen gegen Zahlung eines Kaufpreises zum Gegenstand hat.[450]

---

444 Magnus/*Mankowski*, Art. 7 Brussels Ibis Regulation Rn. 211; Paulus/Peiffer/Peiffer/*Paulus*, Art. 7 EuGVVO Rn. 55; Schlosser/Hess/*Schlosser*, Art. 7 EuGVVO Rn. 10c; Geimer/Schütze/*Geimer*, Art. 5 EuGVVO a.F. Rn. 85; *Rauscher*, Internationales Privatrecht, Rn. 1807; Rauscher/*Leible*, Art. 7 EuGVVO Rn. 39.

445 Vgl. etwa Rauscher/*Leible*, Art. 7 EuGVVO Rn. 40 mit kritischen Anmerkungen.

446 So Rauscher/*Leible*, Art. 7 EuGVVO Rn. 40; ebenfalls kritisch Magnus/*Mankowski*, Art. 7 Brussels Ibis Regulation Rn. 128; Paulus/Peiffer/Peiffer/*Paulus*, Art. 7 EuGVVO Rn. 71.

447 Übereinkommen über die Verjährung beim internationalen Warenkauf vom 14.6.1974 – in der Fassung des Protokolls vom 11.4.1980.

448 EuGH Urt. v. 25.2.2010, Rs. C-381/08 (Car Trim/KeySafety Systems), ECLI:EU:C:2010:90 = NJW 2010, 1059 Rn. 33 ff.

449 Musielak/Voit/*Stadler*, Art. 7 EuGVVO Rn. 9; Rauscher/*Leible*, Art. 7 EuGVVO Rn. 58.

450 Dazu genauer Musielak/Voit/*Stadler*, Art. 7 EuGVVO Rn. 9; Rauscher/*Leible*, Art. 7 EuGVVO Rn. 59 ff., zu Werklieferungsverträgen insbesondere Rn. 61; MünchKomm-ZPO/*Gottwald*, Art. 7 EuGVVO Rn. 18; Schlosser/Hess/*Schlosser*, Art. 7 EuGVVO Rn. 10a.

Der Erfüllungsort bei Kaufverträgen ist gemäß Art. 7 Nr. 1 lit. b UAbs. 1 EuGVVO der Ort, an den die Kaufsache nach dem Vertrag geliefert worden ist oder hätte geliefert werden müssen. Dieser Ort ist auf der Grundlage des individuellen Vertrages zu bestimmen.[451] Lässt sich der Erfüllungsort nicht auf Grundlage des Vertragstextes ohne Rückgriff auf die *lex causae* bestimmen, so kommt es auf den Ort der körperlichen Übergabe der Ware an, durch die der Käufer am endgültigen Bestimmungsort des Verkaufsvorgangs die tatsächliche Verfügungsgewalt über diese Kaufsache erlangt hat oder hätte erlangen müssen.[452] Bei mehreren Lieferorten ist grundsätzlich auf den Ort der Hauptlieferung abzustellen.[453]

(c) Dienstleistungsvertrag (Art. 7 Nr. 1 lit. b UAbs. 2 EuGVVO)

Der Begriff „Dienstleistungsvertrag“ ist ebenfalls autonom auszulegen[454] und bezeichnet einen Vertrag über die Erbringung einer bestimmten Tätigkeit gegen Entgelt.[455] Die Definition der Dienstleistung ist somit im Unionsrecht deutlich weiter gefasst als im deutschen Recht.[456]

---

451 EuGH Urt. v. 25.2.2010, Rs. C-381/08 (Car Trim/KeySafety Systems), ECLI:EU:C:2010:90 = NJW 2010, 1059 Rn. 62; ebenso MünchKommZPO/*Gottwald*, Art. 7 EuGVVO Rn. 19.

452 EuGH Urt. v. 25.2.2010, Rs. C-381/08 (Car Trim/KeySafety Systems), ECLI:EU:C:2010:90 = NJW 2010, 1059 Rn. 62; ebenso MünchKommZPO/*Gottwald*, Art. 7 EuGVVO Rn. 19; Schlosser/Hess/*Schlosser*, Art. 7 EuGVVO Rn. 10a; Paulus/Peiffer/Peiffer/*Paulus*, Art. 7 EuGVVO Rn. 107 ff.

453 Dazu ausführlich Paulus/Peiffer/Peiffer/*Paulus*, Art. 7 EuGVVO Rn. 114 ff.; Musielak/Voit/*Stadler*, Art. 7 EuGVVO Rn. 11; zum hier nicht näher relevanten Problem, dass sich der Ort der Hauptlieferung nicht ermitteln lässt und den Unterschieden bei mehreren gleichwertigen Lieferorten in demselben oder verschiedenen Mitgliedstaaten vgl. ausführlich Paulus/Peiffer/Peiffer/*Paulus*, Art. 7 EuGVVO Rn. 114 ff.; Rauscher/*Leible*, Art. 7 EuGVVO Rn. 84 ff.; Musielak/Voit/*Stadler*, Art. 7 EuGVVO Rn. 11.

454 Paulus/Peiffer/Peiffer/*Paulus*, Art. 7 EuGVVO Rn. 96; Rauscher/*Leible*, Art. 7 EuGVVO Rn. 66; Musielak/Voit/*Stadler*, Art. 7 EuGVVO Rn. 9; MünchKommZPO/*Gottwald*, Art. 7 EuGVVO Rn. 27; in diese Richtung ebenso EuGH Urt. v. 23.4.2009, Rs. C-533/07 (Falco Privatstiftung u.a./Weller-Lindhorst), ECLI:EU:C:2009:257 = EuZW 2009, 510 Rn. 20.

455 EuGH Urt. v. 23.4.2009, Rs. C-533/07 (Falco Privatstiftung u.a./Weller-Lindhorst), ECLI:EU:C:2009:257 = EuZW 2009, 510 Rn. 29; vgl. ausführlich Paulus/Peiffer/Peiffer/*Paulus*, Art. 7 EuGVVO Rn. 98; Rauscher/*Leible*, Art. 7 EuGVVO Rn. 67.

456 Paulus/Peiffer/Peiffer/*Paulus*, Art. 7 EuGVVO Rn. 96.

Nach dem Wortlaut des Art. 7 Nr. 1 lit. b UAbs. 2 EuGVVO liegt der autonom zu bestimmende Erfüllungsort bei Verträgen über die Erbringung einer Dienstleistung an dem Ort, an dem die Tätigkeit erbracht worden ist oder hätte erbracht werden müssen. Da laut EuGH Kauf- und Dienstleistungsverträge bei mehreren Leistungs- bzw. Lieferorten grundsätzlich gleich zu behandeln sind,[457] ist auch bei mehreren Leistungsorten auf den Ort der Hauptdienstleistung abzustellen.[458]

(d) Andere Verträge (Art. 7 Nr. 1 lit. a, c)

Handelt es sich bei dem streitgegenständlichen Vertragsverhältnis weder um einen Kauf- noch um einen Dienstleistungsvertrag i.S.v. Art. 7 Nr. 1 lit. b EuGVVO ist der Erfüllungsort nach der *Tessili*-Formel des EuGH zu bestimmen. Der Erfüllungsort der streitigen Verpflichtung richtet sich nach der *lex causae* des in Rede stehenden Anspruchs.[459] Zur Bestimmung des anwendbaren Rechts sind die Kollisionsnormen des mit dem Rechtsstreit befassten Gerichts heranzuziehen.[460]

Führt dies zur Anwendung italienischen Sachrechts, so ist der Erfüllungsort anhand von Art. 1982 c.c. zu lokalisieren.[461] Der Leistungsort im deutschen Recht richtet sich nach § 269 BGB. Danach genießt eine ausdrückliche oder konkludente Erfüllungsortvereinbarung Vorrang. Fehlt es an dieser, so ist der Leistungsort aus den Umständen, insbesondere aus der Natur des Schuldverhältnisses zu

457 EuGH Urt. v. 9.7.2009, Rs. C-204/08 (Peter Rehder/Air Baltic Corporation), ECLI:EU:C:2009:439 = EuZW 2009, 569 Rn. 36.

458 EuGH Urt. v. 9.7.2009, Rs. C-204/08 (Peter Rehder/Air Baltic Corporation), ECLI:EU:C:2009:439 = EuZW 2009, 569 Rn. 38; zur Problematik der Nichtbestimmbarkeit einer Hauptdienstleistung und der Unterscheidung von gleichwertigen Leistungsorten in demselben oder verschiedenen Mitgliedstaaten vgl. ausführlich Paulus/Peiffer/Peiffer/*Paulus*, Art. 7 EuGVVO Rn. 126; Rauscher/*Leible*, Art. 7 EuGVVO Rn. 88 ff.; siehe auch EuGH Urt. v. 11.3.2010, Rs. C-19/09 (Wood Floor Solutions Andreas Domberger GmbH/Silva Trade SA), ECLI:EU:C:2010:137 = EuZW 2010, 378 Rn. 42.

459 EuGH Urt. v. 6.10.1976, Rs. 12/76 (Tessili), ECLI:EU:C:1976:133 = NJW 1977, 491 Rn. 13; st.Rspr. EuGH, vgl. Nachweise oben Fn. 439.

460 EuGH Urt. v. 6.10.1976, Rs. 12/76 (Tessili), ECLI:EU:C:1976:133 = NJW 1977, 491 Rn. 15.

461 Dazu ausführlich *Kindler*, Einf. it. Recht, § 15 Rn. 13 ff.; bei Geldsummenschulden liegt der Erfüllungsort am Sitz des Gläubigers gemäß Art. 1182 Abs. 3 c.c., der bei einer Gesellschaft an ihrem Hauptsitz liegt, vgl. *Rescigno*, Art. 1182 c.c. S. 2235.

bestimmen.[462] Nur subsidiär ist der Wohnsitz des Schuldners gemäß § 269 BGB a.E. maßgeblich.

bb) Der Vertragsgerichtsstand bei Klagen im Konzern-Innenverhältnis

Die Einordnung von Konzernhaftungsansprüchen ist vom jeweiligen Haftungsgrund abhängig, teilweise umstritten und bedarf einer genaueren Untersuchung. Insbesondere die Abgrenzung zwischen vertraglicher und deliktischer[463] Qualifikation von materiellrechtlichen Haftungsansprüchen sowie das Eingreifen der Bereichsausnahme für insolvenzrechtliche Klagen gemäß Art. 1 Abs. 2 lit. b EuGVVO können problematisch sein. Ebenso ergeben sich je nach Konzernstruktur (Vertragskonzern oder faktischer Konzern) weitere Unterschiede.

Klagen im Konzerninnenverhältnis betreffen Streitigkeiten der konzernangehörigen Gesellschaften untereinander, wie etwa Verlustübernahmepflichten des herrschenden Unternehmens und Schadensersatzforderungen. Außerdem ist eine Haftung von Geschäftsführern oder anderer am Konzern beteiligter Personen denkbar. Dabei stellt sich die Frage, ob Haftungsansprüche aus dem materiellen mitgliedstaatlichen (Gesellschafts-)Recht als vertraglich im Sinne von Art. 7 Nr. 1 EuGVVO zu qualifizieren sind und wo im konkreten Fall der Erfüllungsort liegt.

(1) Konzernhaftung für Verluste des abhängigen Unternehmens

Konzernhaftung bezeichnet u.a. die Haftung des herrschenden Unternehmens für Verluste des abhängigen Unternehmens im Innenverhältnis. Mit diesem Haftungsregime wird ein Ausgleich dafür geschaffen, dass das herrschende Unternehmen weitgehende Eingriffsrechte hinsichtlich der abhängigen Gesellschaft besitzt.[464] Das Kapital der beherrschten Gesellschaft soll trotz einer Lockerung der Vermögensbindung erhalten bleiben.[465] Herrschaft und Haftung sollen sich grundsätzlich entsprechen.[466] Mittelbar dient die Haftung damit auch dem Gläubigerschutz[467] und vermag ein herrschendes Unternehmen dazu veranlassen, die Eingriffsrechte nicht zum Nachteil der Tochtergesellschaft auszunutzen. Im

---

462 MünchKommBGB/*Krüger*, § 269 BGB Rn. 9.
463 Dazu ausführlich unten E.II.3.c).
464 Emmerich/Habersack/*Emmerich*, § 302 AktG Rn. 4.
465 Hüffer/Koch/*Koch*, § 302 AktG Rn. 3.
466 Emmerich/Habersack/*Emmerich*, § 302 AktG Rn. 4.
467 MünchKommAktG/*Altmeppen*, § 302 AktG Rn. 2; Spindler/Stilz/*Veil*, § 302 AktG Rn. 3.

deutschen Recht kann sich etwa die Pflicht zur Übernahme von Verlusten der Tochtergesellschaft durch die Muttergesellschaft im Vertragskonzern aus § 302 Abs. 1 AktG ergeben. Ob eine Verlustübernahmepflicht analog dieser Vorschrift auch dann besteht, wenn zwar kein Beherrschungs- oder Gewinnabführungsvertrag zwischen den konzernangehörigen Gesellschaften besteht, die Mutter- die Tochtergesellschaft allerdings faktisch wie eine eigene unselbstständige Betriebsabteilung führt, beispielsweise durch einheitliche Leitung oder Kontrolle über die Finanzmittel (sogenannter qualifiziert faktischer Konzern),[468] ist umstritten. Nach früher vertretener Ansicht war im Rahmen des qualifiziert faktischen Konzerns § 302 Abs. 1 AktG analog anzuwenden.[469] Nach neuerer Auffassung sei dagegen die Haftung wegen eines existenzvernichtenden Eingriffs gemäß § 826 BGB zumindest im GmbH-Konzernrecht vorzugswürdig.[470] Im Rahmen der qualifiziert faktischen Konzernierung einer AG steht der abhängigen Gesellschaft dagegen nach einer Ansicht weiterhin ein Anspruch auf Verlustübernahme analog § 302 Abs. 1 AktG zu.[471] Da sich der Vertragsgerichtsstand am der Klage zugrunde liegenden Anspruch orientiert, wird dies im Folgenden noch näher zu untersuchen sein.[472]

Ob ein Konzernhaftungsanspruch als vertraglich zu qualifizieren ist, richtet sich im internationalen Zivilverfahrensrecht allerdings nicht nach der mitgliedstaatlichen Qualifikation, sondern ist im Wege der autonomen Auslegung zu bestimmen.[473] Insbesondere ist der Vertragsbegriff im internationalen Zivilverfahrensrecht weiter zu verstehen als im deutschen Recht.[474] Es ist somit fraglich und nachfolgend zu klären, ob ein Konzernhaftungsanspruch im Vertragskonzern (z.B. nach § 302 Abs. 1 AktG), im qualifiziert faktischen GmbH-Konzern (z.B. nach § 826 BGB) und im qualifiziert faktischen AG-Konzern (z.B. analog

---

468 BGH Urt. v. 16.9.1985 – II ZR 275/84, NJW 1986, 188; MünchKommAktG/*Bayer*, § 18 AktG Rn. 11; *Lutter/Timm*, NJW 1982, 409 (412); *Kölling*, NZG 2000, 8 (9); MünchKommAktG/*Altmeppen*, § 317 AktG Rn. 2.

469 Emmerich/Habersack/*Emmerich*, § 302 AktG Rn. 26.

470 MünchKommAktG/*Bayer*, § 18 Rn. 13; Emmerich/Habersack/*Emmerich*, § 302 AktG Rn. 26; BGH Urt. v. 17.9.2001 – II ZR 178/99, DNotZ 2002, 459; str. Baumbach/Hueck (2017)/*Fastrich*, § 13 GmbHG Rn. 48.

471 MünchKommAktG/*Bayer*, § 18 Rn. 14; MünchKommAktG/*Altmeppen*, § 302 AktG Rn. 109; ausführlich s.u. E.II.3.b)bb)(1)(c).

472 S.u. E.II.3.b)bb)(1)(b).

473 EuGH Urt. v. 28.1.2015, Rs. C-375/13 (Kolassa), ECLI:EU:C:2015:37 = NJW 2015, 1581 Rn. 37 m.w.N.; *Kindler*, FS Ulmer, 305 (309); s.o. E.I.1.

474 *Bruhns*, S. 155.

§ 302 Abs. 1 AktG) am Vertragsgerichtsstand gemäß Art. 7 Nr. 1 EuGVVO geltend gemacht werden kann.

(a) Vertragskonzern

Werden Pflichten eines Gewinnabführungs- oder Beherrschungsvertrages durch die Muttergesellschaft verletzt, so sind daraus resultierende Ansprüche unproblematisch am Vertragsgerichtsstand geltend zu machen.[475] Bei Ausgleichsprüchen aus Konzernhaftung, etwa gemäß § 302 Abs. 1 AktG, könnte indessen gegen eine vertragliche Qualifikation im internationalen Zivilprozessrecht sprechen, dass sich diese nicht aus einem Vertrag sondern aus dem Gesetz ergeben.[476] Allerdings sind auch Sekundäransprüche dem Statut des Hauptanspruchs zu unterstellen.[477] Außerdem setzt die Haftung nach § 302 Abs. 1 AktG tatbestandlich einen Gewinnabführungs- oder Beherrschungsvertrag voraus, welchen die Muttergesellschaft freiwillig mit der Tochtergesellschaft eingegangen ist.[478] Die Verlustausgleichspflicht stellt das Korrelat für die umfassenden Eingriffsrechte eines herrschenden Unternehmens dar.[479] Der Anspruch beruht somit dem Grunde nach auf einem Vertrag und ergänzt den Gewinnabführungs- bzw. Beherrschungsvertrag, um die Kapitalaufbringung und -erhaltung der Tochtergesellschaft sicherzustellen.[480] Folglich ist der Konzernhaftungsanspruch im Vertragskonzern als vertraglich einzustufen[481] und am Erfüllungsort geltend zu machen.

Der Erfüllungsort ist, da es sich weder um Ansprüche aus einem Kauf- noch aus einem Dienstleistungsvertrag handelt, anhand der *lex causae* zu bestimmen.[482] Vorliegend handelt es sich um einen Anspruch aus dem Verhältnis

---

475 So auch *Haubold*, IPRax 2000, 375 (379) Fn. 62.

476 Siehe Hüffer/Koch/*Koch*, Art. 302 AktG Rn. 4 sowie Hölters/*Deilmann*, Art. 302 AktG Rn. 1, die die Verlustübernahmepflicht als gesetzliches Schulverhältnis einordnen; vgl. auch *Haubold*, IPRax 2000, 375 (379) Fn. 62.

477 Ganz h.M., vgl. EuGH Urt. v. 8.3.1988, Rs. 9/87 (Arcado/Haviland), ECLI:EU:C:1988:127 = NJW 1989, 1424 Rn. 15; ebenso Musielak/Voit/*Stadler*, Art. 7 EuGVVO Rn. 2; Rauscher/*Leible*, Art. 7 EuGVVO Rn. 25.

478 Ebenso *Bruhns*, S. 152 f.

479 MünchKommAktG/*Altmeppen*, § 302 AktG Rn. 11; vgl. auch *Bruhns*, S. 159.

480 *Bruhns*, S. 159.

481 So heute unstreitig in Bezug auf den deutschen § 302 Abs. 1 AktG MünchKommBGB/*Kindler*, IntGesR Rn. 604, 768; *Kindler*, FS Ulmer, 305 (314); MünchKommZPO/*Gottwald*, Art. 7 EuGVVO Rn. 6; Rauscher/*Leible*, Art. 7 EuGVVO Rn. 26; *Möllers*, S. 86; sehr ausführlich *Bruhns*, S. 149 ff., insbesondere S. 162; vgl. schon zu mitgliedschaftlichen Leistungspflichten und ihrer vertraglichen Qualifikation EuGH Urt. v. 22.3.1983 (Peters/ZNAV), Rs. 34/82, ECLI:EU:C:1983:87 = RIW 83, 871 Rn. 13 f.

482 S.o. E.II.3.b)aa)(4)(d).

zwischen Mutter- und Tochtergesellschaft. Er unterfällt damit dem Gesellschaftsstatut.[483] Dieses Recht bestimmt, unter welchen Voraussetzungen eine juristische Person „entsteht, lebt und vergeht".[484] Bei deutschem Gesellschaftsstatut liegt der Erfüllungsort am tatsächlichen Verwaltungssitz der abhängigen Gesellschaft, da dort die Gesellschafter sämtliche Verpflichtungen gegenüber der Gesellschaft zu erbringen haben.[485]

Darüber hinaus plädiert *Weller* dafür, dass auch am Satzungssitz ein institutioneller und gleichwertiger Erfüllungsort besteht.[486] Die Verbandsorganisation einer Gesellschaft ist die Grundlage für Beziehungen und Pflichten einer Gesellschaft und ihrer Organe untereinander sowie im Verhältnis zu Dritten. Schutzmechanismen zugunsten von Gläubigern und Haftungsbeschränkungen wurzeln in dieser Organisation, die erst auf Grundlage einer Satzung und der Registereintragung entsteht.[487] Daher besteht ein enger Zusammenhang zum Satzungssitz. Die Ansicht ist auch vor dem Hintergrund zu begrüßen, dass es so regelmäßig zu einem Gleichlauf von *forum* und *ius* kommen wird, da sich das Gesellschaftsstatut am Sitz zum Zeitpunkt der Gründung orientiert.[488] Außerdem wird so ein weiterer Gerichtsstand für den schutzbedürftigen Kläger geschaffen.

Es ist auch unproblematisch, dass Satzungs- und Verwaltungssitz unter dem Aspekt der Niederlassungsfreiheit gemäß Art. 49, 54 AEUV in verschiedenen Mitgliedstaaten liegen können, also dass der Satzungssitz in Mitgliedstaat A liegt, während die Verwaltung aus Mitgliedstaat B heraus erfolgt. Nach Auffassung des EuGH hat der Kläger ein Wahlrecht zwischen den Gerichten an beiden Orten, wenn kein Schwerpunkt der Hauptleistung an einem der Erfüllungsorte feststellbar ist.[489] Im hier diskutierten Fall sind die Verpflichtungen untrennbar

---

483 MünchKommBGB/*Kindler*, IntGesR Rn. 604; *Weller/Harms*, IPRax 2016, 119 (122); zum Gesellschaftsstatut allgemein s.o. D.I.

484 BGH Urt. v. 11.7.1957 – II ZR 318/55, NJW 1957, 1433 (1434); vgl. zur Reichweite des Gesellschaftsstatuts MünchKommGmbHG/*Weller*, Einl. Rn. 387 ff.

485 MünchKommBGB/*Kindler*, IntGesR Rn. 604, 768; MünchKommBGB/*Krüger*, § 269 BGB Rn. 32; *Weller/Harms*, IPRax 2016, 119 (122); im Ergebnis ebenso *Kindler*, FS Ulmer, 305 (315).

486 *Weller*, S. 338; ebenso MünchKommBGB/*Kindler*, IntGesR Rn. 604; *Weller/Harms*, IPRax 2016, 119 (122).

487 *Weller*, S. 337.

488 Dazu oben D.I.

489 So zum Erfüllungsort bei Luftbeförderungsverträgen EuGH Urt. v. 9.7.2009, Rs. C-204/08 (Peter Rehder/Air Baltic Corporation), ECLI:EU:C:2009:439 = EuZW 2009, 569 Rn. 42 ff.; Rauscher/*Leible*, Art. 7 EuGVVO Rn. 92; *Weber*, S. 338.

mit zwei Orten in verschiedenen Mitgliedstaaten verknüpft, da am Satzungssitz beispielsweise laufende Berichtspflichten zu erfüllen sind und am effektiven Verwaltungssitz u.a. der Schwerpunkt der Koordinierung der abhängigen Gesellschaft liegt.[490] Der Erfüllungsort liegt somit an beiden Orten.[491]

Die abhängige Gesellschaft kann damit gemäß Art. 7 Nr. 1 lit. a, c EuGVVO nach ihrer Wahl an ihrem Satzungs- oder Verwaltungssitz ihren Anspruch geltend machen.[492]

(b) Qualifiziert faktischer GmbH-Konzern

Die Rechtsfigur des qualifiziert faktischen GmbH-Konzerns wurde in Rechtsprechung und Literatur entwickelt, um Lücken im gesellschaftsrechtlichen Gläubigerschutz des deutschen Rechts zu schließen. Nachfolgend wird untersucht, ob die Innenhaftung im qualifiziert faktischen GmbH-Konzern nach deutschem Recht am Vertragsgerichtsstand geltend gemacht werden kann. Dazu wird zunächst die Entwicklung und dogmatische Begründung der Existenzvernichtungshaftung dargestellt (s.u. (aa)). Sodann wird untersucht, ob sich die Zuständigkeit für Klagen wegen Ansprüchen aus der Existenzvernichtungshaftung überhaupt aus der EuGVVO ergibt oder die Bereichsausnahme für insolvenzrechtliche Streitigkeiten gemäß Art. 1 Abs. 2 lit. b EuGVVO greift (s.u. (bb)). Anschließend wird auf die vertragliche Qualifikation der Existenzvernichtungshaftung eingegangen (s. u. (cc))

(aa) Existenzvernichtungshaftung

Mangels GmbH-Konzernrecht sollte nach früherer Ansicht in Literatur und Rechtsprechung bei intensiver und enger Geschäftsführung der abhängigen GmbH durch eine Konzernmutter die Verlustübernahmepflicht analog § 302 f. AktG greifen.[493] Dies wurde damit begründet, dass das Eigeninteresse der abhängigen Gesellschaft infolge des Einflusses des herrschenden Mutterunternehmens nachhaltig beeinträchtigt wird.[494] Mithin sollte durch analoge Anwendung der Haftungsvorschriften des Aktienrechts das Unternehmensrisiko der abhängigen GmbH auf die Konzernspitze verlagert werden.[495] Gegen diese

490 *Weber*, S. 337 f.

491 *Weber*, S. 338.

492 MünchKommBGB/*Kindler*, IntGesR Rn. 604; *Weller/Harms*, IPRax 2016, 119 (122); *Weller*, ZGR 2012, 606 (620 f.).

493 BGH Urt. v. 23.9.1991 – II ZR 135/90, NJW 1991, 3142 (3143 f.); BGH Urt. v. 29.3.1993 – II ZR 265/91, NJW 1993, 1200; MünchKommAktG/*Heider*, § 1 AktG Rn. 69.

494 BGH Urt. v. 16.9.1985 – II ZR 275/84, NJW 1986, 188 (191).

495 BGH Urt. v. 16.9.1985 – II ZR 275/84, NJW 1986, 188 (191).

Ansicht regten sich allerdings kritische Stimmen in der Literatur. Die Analogie sei etwa nicht sachgerecht, da es an einer vergleichbaren Interessenlage fehle: Im qualifiziert faktischen Konzern habe die Gesellschafterversammlung des herrschenden Unternehmens anders als bei Abschluss eines Beherrschungsvertrages keine Zustimmung zur Konzernierung erteilt.[496] Außerdem bestehe die Gefahr, dass mittelständische Gesellschafter, die in vielen Gesellschaften ihrer Unternehmensgruppe Geschäftsführer sind, faktisch um das Haftungsprivileg des § 13 Abs. 2 GmbHG gebracht würden.[497]

Im Jahre 2001 hat der Bundesgerichtshof allerdings die analoge Anwendung des Haftungssystems des AG-Konzernrechts und die Rechtsfigur des qualifiziert faktischen GmbH-Konzerns zugunsten einer Haftung wegen existenzvernichtenden Eingriffs aufgegeben.[498] Aufgrund der beherrschenden Stellung der Obergesellschaft treffe diese eine Vermögensbetreuungspflicht im Sinne des § 266 Abs. 1 StGB.[499] Wird diese Pflicht durch das herrschende Unternehmen verletzt, sei es – bei Vorliegen der weiteren Voraussetzungen des § 823 Abs. 2 BGB – gemäß § 823 Abs. 2 BGB i.V.m. § 266 Abs. 1 StGB schadensersatzpflichtig.[500]

Schließlich kam der BGH in der Entscheidung *Trihotel*[501] zu folgendem, bis heute vorherrschenden Haftungskonzept: Es kommt immer dann eine Existenzvernichtungshaftung des Gesellschafters einer GmbH in Betracht, wenn er „auf die Zweckbindung des Gesellschaftsvermögens keine Rücksicht nimmt und der Gesellschaft ohne angemessenen Ausgleich – offen oder verdeckt – Vermögenswerte entzieht, die sie zur Erfüllung ihrer Verbindlichkeiten benötigt. Greift er in das der Gesellschaft überlassene und als Haftungsfonds erforderliche Vermögen gleichwohl ein und bringt dadurch die Gesellschaft in die Lage, ihre Verbindlichkeiten nicht mehr oder nur noch in geringerem Maße erfüllen zu können,

496 Vgl. BGH Urt. v. 23.9.1991 – II ZR 135/90, NJW 1991, 3142 (3143); Rowedder/Schmidt-Leithoff/*Schnorbus*, Anh. § 52 GmbHG Rn. 68; weitere Bedenken äußert und für eine Risikotrennung plädiert außerdem *Schneider*, BB 1981, 249 (258 f.).

497 *Röhricht*, FS 50 Jahre BGH, 83 (85); *Prütting*, JuS 2018, 409 (412).

498 BGH Urt. v. 17.9.2001 – II ZR 178/99, NJW 2001, 3622; vgl. auch MünchKommAktG/*Heider*, § 1 AktG Rn. 69.

499 BGH Urt. v. 17.9.2001 – II ZR 178/99, NJW 2001, 3622 (3623).

500 Denkbar sind – je nach Fallkonstellation – ebenso Ansprüche gemäß § 823 Abs. 2 BGB i.V.m. § 263 StGB, vgl. BGH Urt. v. 17.9.2001 – II ZR 178/99, NJW 2001, 3622.

501 BGH Urt. v. 16.7.2007 – II ZR 3/04, NJW 2007, 2689; dazu ausführlich *Kindler*, Grundkurs, § 14 Rn. 95 ff.

so missbraucht er […] die Rechtsform der GmbH."[502] Damit ist die Haftung im qualifiziert faktischen GmbH-Konzern im deutschen materiellen Recht in § 826 BGB verankert.[503] Diese Existenzvernichtungshaftung tritt dabei – innerhalb der Stammkapitalziffer – in Anspruchskonkurrenz zur gesellschaftsrechtlichen Haftung nach §§ 30 f. GmbHG.[504]

(bb) Existenzvernichtungshaftung als insolvenzrechtliche Streitigkeit gemäß Art. 1 Abs. 2 lit. b EuGVVO?

Zunächst ist festzustellen, ob sich die gerichtliche Zuständigkeit für Klagen zur Durchsetzung der Existenzvernichtungshaftung nach der EuGVVO oder der EuInsVO bestimmt, ob die Haftung also vertraglich oder insolvenzrechtlich zu qualifizieren ist. Das ist abhängig davon, ob die Bereichsausnahme gemäß Art. 1 Abs. 2 lit. b EuGVVO für insolvenzrechtliche Streitigkeiten bei einer Klage des Insolvenzverwalters, wie in dem Verfahren *Trihotel*,[505] gegen die Obergesellschaft einschlägig ist. Diese erfasst Klagen, die auf der Zahlungsunfähigkeit des Schuldners beruhen und zu einer Liquidation des Schuldners oder zumindest zu einer gerichtlichen Kontrolle führen.[506] Nur Verfahren, die unmittelbar diesem Ziel dienen und in engem Zusammenhang mit dem Insolvenzverfahren stehen, sind vom Anwendungsbereich der EuGVVO nach der vom EuGH entwickelten *Gourdain*-Formel ausgenommen.[507] Dies gilt insbesondere, wenn im Rahmen einer gesellschaftsrechtlichen Haftung die vorherige Zahlungsunfähigkeit der Gesellschaft ein Tatbestandsmerkmal der Haftungsnorm darstellt.[508] Erhebt der Insolvenzverwalter im Insolvenzverfahren dagegen nur Leistungsklagen anstelle des Schuldners, werden diese Klagen vom Anwendungsbereich der EuGVVO

---

502 BGH Urt. v. 16.7.2007 – II ZR 3/04, NJW 2007, 2689 (2690) Rn. 18; ebenso MünchKommBGB/*Kindler*, IntGesR Rn. 769.

503 BGH Urt. v. 16.7.2007 – II ZR 3/04, NJW 2007, 2689 Ls. 2; *Bachmann*, IPRax 2009, 140 (143).

504 BGH Urt. v. 16.7.2007 – II ZR 3/04, NJW 2007, 2689 Ls. 3.

505 BGH Urt. v. 16.7.2007 – II ZR 3/04, NJW 2007, 2689.

506 EuGH Urt. v. 22.2.1979, Rs. 133/78 (Gourdain), ECLI:EU:C:1979:49 = RIW 1979, 273 Rn. 4.

507 EuGH Urt. v. 22.2.1979, Rs. 133/78 (Gourdain), ECLI:EU:C:1979:49 = RIW 1979, 273 Rn. 4; EuGH Urt. v. 18.7.2013, Rs. C-147/12 (ÖFAB), ECLI:EU:C:2013:490 = EuZW 2013, 703 Rn. 24; *Kindler/Wendland*, RIW 2018, 245 (246 ff.); MünchKommZPO/*Gottwald*, Art. 7 EuGVVO Rn. 19; Musielak/Voit/*Stadler*, Art. 1 EuGVVO Rn. 6; *Wedemann*, ZEuP 2014, 861 (869); vgl. auch Art. 6 Abs. 1 EuInsVO.

508 So zu § 64 Abs. 2 Satz 1 GmbHG EuGH Urt. v. 10.12.2015, Rs. C-594/14 (Kornhaas), ECLI:EU:C:2015:806 = DStR 2016, 262 Rn. 16.

erfasst.[509] Die Klage im Rahmen einer Existenzvernichtungshaftung setzt den Entzug von Vermögenswerten voraus, die zur Herbeiführung oder Vertiefung einer Insolvenz führen können.[510] Allerdings wird im Rahmen der Existenzvernichtungshaftung die Obergesellschaft bzw. der Geschäftsführer nicht für Zahlungen in Anspruch genommen, die nach Eintritt der Zahlungsunfähigkeit der abhängigen Gesellschaft auf ihre Rechnung geleistet wurden.[511] Die Haftung folgt vielmehr aus einer missbräuchlichen Schädigung, die – wie im Falle der Insolvenzverursachungshaftung i.S.d. § 64 Satz 3 GmbHG – erst zu einer Zahlungsunfähigkeit führt oder diese zumindest vertieft. Grund für die Haftung ist damit die Verletzung der Pflicht, eine Insolvenz zu vermeiden und das Kapital der Gesellschaft zu erhalten.[512] Folglich kann die Existenzvernichtungshaftung zwar einen Bezug zur Insolvenz haben, ist jedoch auch eng mit den gesellschaftsrechtlichen Pflichten der Organe verzahnt.[513] Gegen eine insolvenzrechtliche Qualifikation spricht auch, dass die Klage nicht auf eine für das Insolvenzverfahren der abhängigen Gesellschaft maßgebliche Vorschrift gestützt wird,[514] sondern im deutschen Recht beispielsweise auf § 826 BGB. Außerdem nimmt die klagende Tochtergesellschaft im Rahmen von Verfahren wegen Existenzvernichtungshaftung Rechte im eigenen Interesse wahr. Es handelt sich nicht um ausschließliche Prärogativen des Insolvenzverwalters im Interesse aller Gläubiger.[515] Der existenzvernichtende Eingriff führt erst die Zahlungsunfähigkeit herbei, sodass ein enger Zusammenhang zu einem Insolvenzverfahren zu verneinen ist. Somit unterfällt die Haftung nicht der Bereichsausnahme der Verordnung gemäß Art. 1 Abs. 2 lit. b EuGVVO.[516]

---

509 MünchKommZPO/*Gottwald*, Art. 1 EuGVVO Rn. 19.

510 BGH Urt. v. 16.7.2007 – II ZR 3/04, NJW 2007, 2689 Rn. 16; *Prütting*, JuS 2018, 409 (414); MünchKommAktG/*Ego*, B. Europäische Niederlassungsfreiheit Rn. 418.

511 So im Verfahren *Kornhaas*, vgl. EuGH Urt. v. 10.12.2015, Rs. C-594/14 (Kornhaas), ECLI:EU:C:2015:806 = DStR 2016, 262 Rn. 16.

512 *Servatius*, DB 2015, 1087 (1093).

513 *Servatius*, DB 2015, 1087 (1093).

514 *Kindler*, IPRax 2014, 486 (488).

515 EuGH Urt. v. 18.7.2013, Rs. C-147/12 (ÖFAB), ECLI:EU:C:2013:490 = EuZW 2013, 703 Rn. 25; *Wedemann*, ZEuP 2014, 861 (870).

516 Rauscher/*Mankowski*, Art. 1 EuGVVO Rn. 84; Rauscher/*Leible*, Art. 7 EuGVVO Rn. 110; MünchKommZPO/*Gottwald*, Art. 7 EuGVVO Rn. 48; für eine deliktische Qualifikation im Rahmen der Rom II-VO vgl. Roth/Altmeppen/*Altmeppen*, § 13 GmbHG Rn. 120; Schmidt/*Brinkmann*, Art. 4 EuInsVO Rn. 10; *Servatius*, DB 2015, 1087 (1093); a.A. Paulus/Peiffer/Peiffer/*Paulus*, Art. 7 EuGVVO Rn. 174; MünchKommBGB/*Kindler*, Art. 7 EuInsVO Rn. 101; *Kindler*, IPRax 2009, 189 (193);

(cc) Qualifikation der Existenzvernichtungshaftung als vertraglich?

Weiter ist zu klären, ob die Existenzvernichtungshaftung im Kompetenzrecht der EuGVVO als vertraglich zu qualifizieren ist. Möglicherweise spricht die nationale Einordnung der Existenzvernichtungshaftung im Konzerninnenverhältnis als unerlaubte Handlung gemäß § 826 BGB[517] auf Ebene des europäischen Zivilprozessrechts gegen eine vertragliche Qualifikation. Schließlich hat die Anknüpfung im Rahmen der EuGVVO autonom zu erfolgen. Die Rechtsnatur des Rechtsinstituts in den Mitgliedstaaten kann nur ein Indiz sein.[518] So hat der EuGH in seiner *Brogsitter*-Entscheidung[519] klargestellt, dass trotz einer Haftung aufgrund mitgliedstaatlicher Haftungsnormen des Deliktsrechts (im genannten Verfahren ging es u.a. um eine Haftung aus § 823 Abs. 2 BGB) der Vertragsgerichtsstand eröffnet sein kann, sofern die Haftung an einen Vertrag anknüpft. Wenn es unerlässlich erscheint, den Vertrag zwischen den Parteien auszulegen, um die Widerrechtlichkeit des dem Beklagten vorgeworfenen Verhaltens zu klären, ergibt sich die gerichtliche Zuständigkeit grundsätzlich aus Art. 7 Nr. 1 EuGVVO.[520]

Im Rahmen der qualifiziert faktischen GmbH-Konzernierung ist allerdings fraglich, an welchen zwischen den beteiligten Unternehmen geschlossenen Vertrag die Existenzvernichtungshaftung angeknüpft werden kann. Man könnte die Grundlage der Haftung in der freien Entscheidung der herrschenden Gesellschaft, Anteile an der Tochtergesellschaft zu erwerben, sehen.[521] Denn für eine vertragliche Qualifikation der Haftung muss sich diese nicht aus einem typischen Vertragsverhältnis ergeben. Es ist ausreichend, wenn die eine Partei sich z.B. zur Zahlung von Beiträgen verpflichtet und die andere dafür bestimmte Verpflichtungen übernimmt,[522] sodass eine mit einem Vertrag vergleichbare Beziehung

---

Altmeppen, IWRZ 2017, 107 (112); zur insolvenzrechtlichen Qualifikation im Kollisionsrecht vgl. *Paulus*, Rn. 492.

517 BGH Urt. v. 16.7.2007 – II ZR 3/04, NJW 2007, 2689 Ls. 2.

518 Zur Auslegung des Unionsrechts s.o. ausführlich E.I.1.

519 EuGH Urt. v. 13.3.2014, Rs. C-548/12 (Brogsitter), ECLI:EU:C:2014:148 = NJW 2014, 1648 m.Anm. *Wendenburg/Schneider*, NJW 2014, 1633 ff.

520 EuGH Urt. v. 13.3.2014, Rs. C-548/12 (Brogsitter), ECLI:EU:C:2014:148 = NJW 2014, 1648 Rn. 25.

521 Zum qualifiziert faktischen AG-Konzern vgl. *Kindler*, FS Ulmer, 305 (313); *Weller/Harms*, IPRax 2016, 119 (122).

522 EuGH Urt. v. 22.3.1983, Rs. 34/82 (Peters/ZNAV), ECLI:EU:C:1983:87 = IPRax 1984, 85 Ls. 1; diese Rechtsprechung zu dem Verhältnis zwischen einem Verein und seinen Mitgliedern lässt sich auf Kapitalgesellschaften übertragen, vgl. *Brödermann*, ZIP 1996, 491 (492); Rauscher/*Leible*, Art. 7 EuGVVO Rn. 26; *Weller*, ZGR 2012, 606 (615).

begründet wird.[523] Daher sind etwa Ansprüche vom Vertragsgerichtsstand umfasst, die aus der Binnenbeziehung einer Gesellschaft entstehen.[524] Dies gilt auch für Sekundäransprüche, die der Sicherung der Gesellschafterpflichten dienen.[525]

Gegen eine vertragliche Qualifikation spricht allerdings, dass der im Wege der Existenzvernichtungshaftung haftende Schuldner nicht zwingend freiwillig Anteile an der Gesellschaft erworben hat.[526] Außerdem knüpft die Haftung an die missbräuchliche Schädigung des im Gläubigerinteresse zweckgebundenen Gesellschaftsvermögens an[527] und greift unabhängig von einem Verstoß gegen die gesellschaftsrechtliche Pflicht zur Kapitalerhaltung gemäß § 30 GmbHG.

Damit folgt die Existenzvernichtungshaftung im Konzerninnenverhältnis nicht unmittelbar aus einem Vertrag. Sie ist im europäischen internationalen Zivilverfahrensrecht als deliktisch zu qualifizieren.[528]

(c) Qualifiziert faktischer AG-Konzern

Wird eine Aktiengesellschaft deutschen Rechts wie eine unselbstständige Betriebsabteilung einer Muttergesellschaft geführt, ohne dass ein Beherrschungs- oder Gewinnabführungsvertrag vorliegt, so handelt es sich um einen qualifiziert faktischen AG-Konzern.[529] Diese qualifiziert faktische Konzernierung einer Aktiengesellschaft ist nach verbreiteter Auffassung rechtswidrig[530] und führt daher zu einer Haftung des herrschenden Unternehmens gegenüber der abhängigen Gesellschaft sowie gegenüber ihren Aktionären und Gläubigern.[531] Nach einer Ansicht sei das herrschende Unternehmen analog § 302

---

523 *Weller*, ZGR 2012, 606 (615); *Brödermann*, ZIP 1996, 491 (492).

524 Rauscher/*Leible*, Art. 7 EuGVVO Rn. 26; *Weber*, S. 247.

525 *Kindler*, FS Ulmer, 305 (313).

526 Im Rahmen der *Trihotel*-Entscheidung des BGH war der Beklagte nur mittelbar an der GmbH beteiligt, vgl. *Altmeppen*, NJW 2007, 2657 (2659).

527 BGH Urt. v. 16.7.2007 – II ZR 3/04, NJW 2007, 2689 Rn. 17.

528 Ebenso MünchKommZPO/*Kindler*, IntGesR Rn. 769; zur Qualifikation im internationalen Privatrecht vgl. MünchKommAktG/*Ego*, B. Europäische Niederlassungsfreiheit Rn. 419; vgl. auch Rauscher/*Leible*, a.A. Art. 7 EuGVVO Rn. 110; Paulus/Peiffer/Peiffer/*Paulus*, Art. 7 EuGVVO Rn. 174.

529 BGH Urt. v. 16.9.1985 – II ZR 275/84, NJW 1986, 188; *Prütting*, JuS 2018, 409 (412); MünchKommAktG/*Bayer*, § 57 AktG Rn. 147.

530 *Habersack*, DStR 1998, 533 (536); OLG Hamm, Beschl. vom 3.11.1986 – 8 U 59/86, NJW 1987, 1030 Ls. 1; MünchKommAktG/*Bayer*, § 18 AktG Rn. 14.

531 MünchKommAktG/*Bayer*, § 18 Rn. 14; Emmerich/Habersack/*Habersack*, Anh. § 317 AktG Rn. 23 ff., 27.

Abs. 1 AktG insbesondere zur Übernahme der bei der abhängigen Gesellschaft entstehenden Verluste verpflichtet.[532] Dies gelte insbesondere auch dann, wenn die Verluste nicht auf eine nachteilige Einflussnahme der Muttergesellschaft auf die Tochter-Aktiengesellschaft zurückzuführen seien.[533]

Umstritten ist, ob auch im Rahmen des qualifiziert faktischen AG-Konzerns[534] eine Verlustübernahmepflicht gemäß §§ 302 f. AktG analog aufgrund der neueren Rechtsprechung zum faktischen GmbH-Konzern mittlerweile ausgeschlossen und vielmehr eine Haftung aus unerlaubter Handlung gegeben ist.[535] Sollte man eine Analogie verneinen und auch hier zu einer Haftung aus § 826 BGB kommen, so wäre der geltend gemachte Anspruch nicht vertraglicher Natur und eine Zuständigkeit nach Art. 7 Nr. 1 EuGVVO nicht gegeben.[536] Bejaht man dagegen eine analoge Anwendung der §§ 302 f. AktG ist umstritten, ob dieser Anspruch überhaupt als vertraglich zu qualifizieren wäre. An einer für die Einordnung als Anspruch aus Vertrag notwendigen freiwillig eingegangenen Verpflichtung bzw. Einigung zwischen abhängigem und herrschendem Unternehmen könnte es im Rahmen der analogen Anwendung fehlen.[537] Denn anders als bei direkter Anwendung der Vorschriften beruht die Haftung nicht auf einem Beherrschungsvertrag zwischen Mutter- und Tochtergesellschaft. Vielmehr wird auf die Analogie nur aufgrund einer vergleichbaren Gefährdungssituation

---

532 Emmerich/Habersack/*Habersack*, Anh. § 317 AktG Rn. 23; MünchKommAktG 2000/*Kropff*, Anh. § 317 AktG Rn. 108 ff.

533 Emmerich/Habersack/*Habersack*, Anh. § 317 AktG Rn. 23; MünchKommAktG 2000/*Kropff*, Anh. § 317 AktG Rn. 109.

534 Zum qualifiziert faktischen GmbH-Konzern s.o. E.II.3.b)bb)(1)(b).

535 Für eine analoge Anwendung der §§ 302 f. AktG auf den qualifiziert faktischen AG-Konzern vgl. noch *Habersack*, DStR 1998, 533 (536); an der Rechtsfigur des qualifiziert faktischen AG-Konzerns sei weiterhin festzuhalten meint auch MünchKommAktG/*Bayer*, § 18 AktG Rn. 11, 14; ebenso MünchKommAktG/*Bayer*, § 57 AktG Rn. 147; Emmerich/Habersack/*Habersack*, Anh. § 317 AktG Rn. 5a; dagegen für eine Übertragbarkeit der Rechtsprechung zum qualifiziert faktischen GmbH-Konzern und die analoge Anwendung von §§ 302 f. AktG ablehnend MünchKommAktG/*Heider*, § 1 AktG Rn. 69; MünchKommAktG/*Altmeppen*, Anh. § 317 AktG Rn. 11; Spindler/Stilz/*Fock*, § 1 AktG Rn. 64; vgl. auch *Bruhns*, S. 155; Rauscher/*Leible*, Art. 7 EuGVVO Rn. 26.

536 S.o. E.II.3.b)bb)(1)(b)(cc).

537 OLG Stuttgart, Urt. v. 30.5.2007 – 20 U 12/06, IPRax 2008, 433 (434); *Bruhns*, S. 155; *Haubold*, IPRax 2000, 375 (380); *Weber*, S. 250 f.; vgl. allerdings *Kindler*, FS Ulmer, 305 (314).

zurückgegriffen, um Schutzlücken zu kompensieren.[538] Damit ist eine z.B. auf §§ 302 f. AktG analog gestützte Haftung nicht als vertraglich zu qualifizieren und am Deliktsgerichtsstand geltend zu machen.[539]

Der Gerichtsstand nach Art. 7 Nr. 1 EuGVVO ist folglich unabhängig von der materiellrechtlichen Haftungsbegründung nicht eröffnet.

(d) Zwischenergebnis: Vertragsgerichtsstand am Satzungs- oder Verwaltungssitz des abhängigen Unternehmens für Verlustausgleichsansprüche im Vertragskonzern eröffnet

Für Verlustausgleichsansprüche der Tochtergesellschaft gegen ihre Konzernmutter im Innenverhältnis eines Vertragskonzerns ist der Vertragsgerichtsstand eröffnet. Der für den internationalen und örtlichen Gerichtsstand maßgebliche Erfüllungsort liegt bei deutschem Gesellschaftsstatut am Satzungs- und Verwaltungssitz des abhängigen Unternehmens. Der klagenden Tochtergesellschaft steht ein Wahlrecht zwischen beiden Orten zu.

Darüber hinaus ergibt sich keine Zuständigkeit aus Art. 7 Nr. 1 EuGVVO. Die Haftung wegen eines existenzvernichtenden Eingriffs im qualifiziert faktischen GmbH-Konzern beruht nicht unmittelbar auf einer freiwillig eingegangenen Verpflichtung, sodass es sich nicht um einen Anspruch aus einem Vertrag handelt. Dasselbe gilt unabhängig von der rechtsdogmatischen Einordnung hinsichtlich des Verlustausgleichs im qualifiziert faktischen AG-Konzern.[540]

(2) Schadensersatzansprüche der abhängigen Gesellschaft wegen nachteiliger Weisung der Obergesellschaft

Sofern im (grenzüberschreitenden) Konzern die Muttergesellschaft dem abhängigen Unternehmen eine Weisung erteilt, welche der Tochtergesellschaft finanziell oder in sonstiger Weise schadet, kann sich ein Schadensersatzanspruch gegen das herrschende Unternehmen ergeben. Als mögliche Anspruchsgläubiger kommen neben dem abhängigen Unternehmen dessen Aktionäre oder unter Umständen externe Gläubiger in Betracht. Im Folgenden wird zunächst die Eröffnung des Vertragsgerichtsstands für derartige Schadensersatzklagen im Innenverhältnis eines Vertragskonzerns und sodann eines faktischen Konzerns untersucht.

---

538 Für eine deliktische Qualifikation MünchKommBGB/*Kindler*, IntGesR Rn. 769; *Haubold*, IPRax 2000, 375 (380).

539 MünchKommBGB/*Kindler*, IntGesR Rn. 769.

540 Zur Zuständigkeit wegen existenzvernichtenden Eingriffs s.u. E.II.3.c)bb).

(a) Vertragskonzern

Übt das herrschende Unternehmen im Vertragskonzern die Konzernleitung pflichtwidrig aus, indem es die vertraglichen oder gesetzlichen Grenzen des Weisungsrechts überschreitet oder eine nachteilige Weisung gegenüber dem abhängigen Unternehmen nicht durch das Konzerninteresse rechtfertigen kann, so führt dies zu einem Schadensersatzanspruch der beherrschten Gesellschaft. Die Haftung der Obergesellschaft folgt dabei zum einen aus dem Beherrschungsvertrag selbst, da die nachteilige Weisung eine Pflichtverletzung darstellt.[541] Außerdem kann das mitgliedstaatliche materielle Recht der beherrschten Gesellschaft einen Direktanspruch gegen die gesetzlichen Vertreter des herrschenden Unternehmens zusprechen.[542] Als Kehrseite ihrer Leitungsmacht wird ihnen bei der Erteilung von Weisungen eine Verantwortung zur pflichtgemäßen Ausübung ihrer Herrschaftsrechte auferlegt.[543] Dieser Direktanspruch setzt in der Regel – wie zum Beispiel im deutschen Recht der § 309 Abs. 1, Abs. 2 Satz 1 AktG oder im italienischen Sachrecht der Art. 2497 Abs. 1, 2497 *sexies*, 2359 Abs. 1 Nr. 3 c.c.[544] – tatbestandlich einen Beherrschungsvertrag voraus, der die organschaftlichen Pflichten der Organe der Obergesellschaft zugunsten des abhängigen Unternehmens erweitert,[545] und weist damit eine besondere Nähe zu einem Vertrag auf.[546] Somit beruht die Haftung auf einer freiwillig eingegangenen Verpflichtung. Folglich ist für derartige Klagen der abhängigen Gesellschaft der Vertragsgerichtsstand eröffnet.[547] Der Erfüllungsort liegt auch hier am Satzungssitz sowie am Verwaltungssitz der abhängigen Gesellschaft.[548]

541 MünchKommAktG/*Altmeppen*, § 309 AktG Rn. 1.

542 Im deutschen Aktienrecht ergibt sich die Haftung aus § 309 Abs. 2 Satz 1 AktG; für andere Gesellschaftsformen, insbesondere der GmbH, folgt die Haftung aus § 309 AktG analog, vgl. MünchKommAktG/*Altmeppen*, § 309 Rn. 11; Emmerich/Habersack/*Emmerich*, § 309 AktG Rn. 7; Grigoleit/*Servatius*, § 309 AktG Rn. 2; Gläubiger sind dabei die abhängige Gesellschaft, ihre Aktionäre und unter Umständen auch ihre Gläubiger, vgl. Emmerich/Habersack/*Emmerich*, § 309 AktG Rn. 51.

543 MünchKommAktG/*Altmeppen*, § 309 AktG Rn. 1.

544 Vgl. dazu *Strnad*, RIW 2004, 255 (256 f.); *Stein*, FS Hommelhoff, 1149 (1155 ff.).

545 *Bruhns*, S. 177 f.; kritisch aber als vertretbar sieht dies MünchKommAktG/*Ego*, B. Europäische Niederlassungsfreiheit Rn. 669.

546 *Bruhns*, S. 174 f.

547 *Bruhns*, S. 179 f.; kritisch MünchKommAktG/*Ego*, B. Europäische Niederlassungsfreiheit Rn. 669.

548 Dazu oben ausführlich E.II.3.b)bb)(1)(a); MünchKommBGB/*Kindler*, IntGesR Rn. 604, 768; MünchKommAktG/*Ego*, B. Europäische Niederlassungsfreiheit Rn. 669; vgl. auch *Bruhns*, S. 180; *Weber*, S. 338.

(b) Faktischer Konzern

Mangels Vertrag im einfachen faktischen Konzern[549] ergibt sich eine Haftung des herrschenden Unternehmens gegenüber der abhängigen Gesellschaft auf Schadensersatz wegen Veranlassung zu einem für sie nachteiligen Rechtsgeschäft oder einer nachteiligen Maßnahme beispielsweise im deutschen materiellen Recht aus § 317 AktG.[550] Sinn und Zweck dieses Haftungsregimes ist die Durchsetzung der Gesellschafterpflicht, den herrschenden Einfluss nicht zum Nachteil des abhängigen Unternehmens auszuüben[551] und damit zuvorderst der Interessenschutz von Gesellschaftsgläubigern und Minderheitsaktionären des beherrschten Unternehmens:[552] Die Obergesellschaft bzw. ihre Organmitglieder und gesetzlichen Vertreter sollen Handlungen zum Nachteil der abhängigen Gesellschaft unterlassen, um keinen direkten Haftungsansprüchen wegen einer Pflichtverletzung ausgesetzt zu sein.

Für die Eröffnung des Gerichtsstandes gemäß Art. 7 Nr. 1 EuGVVO ist zu klären, ob ein solcher Anspruch vertraglich oder deliktisch im Sinne der EuGVVO zu qualifizieren ist. Dabei ist zu beachten, dass der Vertragsgerichtsstand auch Ansprüche erfasst, die aus der Binnenbeziehung einer Gesellschaft entstehen und der Sicherung von Gesellschafterpflichten dienen, also einem vertragsähnlichen Rechtsverhältnis entspringen.[553] Die hier zu qualifizierende Schadenshaftung setzt die Gesellschafterpflicht durch, keinen nachteiligen Einfluss auf das abhängige Unternehmen auszuüben.[554] Diese Pflicht folgt aus der Bestellung zum Gesellschafter, welche der Erklärung der Gesellschaft, aber auch der Annahme durch den Gesellschafter bedarf.[555] Folglich ist die Haftung vertraglich zu qualifizieren.[556]

549 S.o. C.I.2.a)bb).

550 MünchKommAktG/*Altmeppen*, § 317 AktG Rn. 14.

551 Im deutschen materiellen Aktienrecht ergibt sich diese Pflicht aus § 311 Abs. 1 AktG; vgl. auch Emmerich/Habersack/*Habersack*, § 317 AktG Rn. 2.

552 Emmerich/Habersack/*Habersack*, § 317 AktG Rn. 2; MünchKommAktG/*Altmeppen*, § 317 AktG Rn. 1.

553 S.o. E.II.3.b)bb)(1)(b)(cc).

554 Zum Telos der Haftung in Bezug auf das deutsche Aktienrecht vgl. MünchKommAktG/*Altmeppen*, § 317 AktG Rn. 1.

555 *Müller-Froelich*, S. 166 f.; *Haubold*, IPRax 2000, 375 (380).

556 Ebenso MünchKommAktG/*Ego*, B. Europäische Niederlassungsfreiheit Rn. 654; *Bruhns*, S. 214 f.; wohl auch MünchKommBGB/*Kindler*, IntGesR Rn. 768; für eine deliktische Qualifikation plädiert dagegen MünchKommAktG/*Altmeppen*, § 317 AktG Rn. 111; Rauscher/*Leible*, Art. 7 EuGVVO Rn. 26, 110; dazu auch MünchKommAktG/*Ego*, B. Europäische Niederlassungsfreiheit Rn. 670.

Der Erfüllungsort bestimmt sich gemäß Art. 7 Nr. 1 lit. a, c EuGVVO nach der *lex causae*.[557] Die Haftung folgt vorliegend aus der Beziehung zwischen Gesellschafter und Gesellschaft. Die Ansprüche unterliegen dem Gesellschaftsstatut.[558] Bei deutschem Gesellschaftsstatut ergibt sich der Erfüllungsort gemäß § 269 Abs. 1 BGB aus der Natur des Rechtsverhältnisses. Die Pflicht, Maßnahmen zum Nachteil der abhängigen Gesellschaft zu unterlassen, ist am Sitz der abhängigen Gesellschaft zu erbringen.[559] Der Kläger kann zwischen Satzungs- und Verwaltungssitz des beherrschten Unternehmens wählen.[560]

(c) Zwischenergebnis: Vertragsgerichtsstand erfasst Ansprüche der abhängigen Gesellschaft wegen nachteiliger Weisung der Obergesellschaft im Vertragskonzern und im einfachen faktischen Konzern

Zusammenfassend lässt sich festhalten, dass das herrschende Unternehmen durch eine nachteilige Weisung, die sich nicht mit dem Konzerninteresse rechtfertigen lässt, nach materiellem Konzernrecht schadensersatzpflichtig sein kann. Die abhängige Gesellschaft kann sowohl bei einer Konzernierung im Vertragskonzern als auch im einfachen faktischen Konzern am Vertragsgerichtsstand ihren Anspruch geltend machen. Erfüllungsorte sind dabei der Satzungssitz sowie der Verwaltungssitz des abhängigen Unternehmens. Die dortigen Gerichte sind international und örtlich zuständig.

(3) Geschäftsführerhaftung

Die Haftung eines Organmitglieds gegenüber der Gesellschaft und damit einhergehende prozessuale Fragen der internationalen Zuständigkeit ergeben sich sowohl in konzernangehörigen als auch in Einzelgesellschaften. Regelungszweck der Geschäftsführer- bzw. Organhaftung ist grundsätzlich einerseits der Ausgleich erlittener Vermögensnachteile und andererseits die Schadensvorbeugung: Ein Gesellschafter oder Organ soll durch die persönliche Haftung dazu

---

557 Dazu oben E.II.3.b)aa)(4)(d).

558 MünchKommGmbHG/*Weller*, Einl. Rn. 388; *Weber/Harms*, IPRax 2016, 119 (122); vgl. dazu schon oben E.II.3.b)bb)(1)(a).

559 MünchKommBGB/*Kindler*, IntGesR Rn. 604; vgl. auch OLG München Urt. v. 25.6.1999 – 23 U 4834/98, NZG 1999, 1170 (1171).

560 Dazu schon oben E.II.3.b)bb)(1)(a); vgl. auch MünchKommBGB/*Kindler*, IntGesR Rn. 604, 768; MünchKommAktG/*Ego*, B. Europäische Niederlassungsfreiheit Rn. 662, 669.

angehalten werden, sorgfältig zu handeln und Schäden zu vermeiden.[561] Im Folgenden wird zunächst die insoweit grundlegende Entscheidung des EuGH in der Rs. *Holterman Ferho Exploitatie u.a.*[562] dargestellt, welche sich mit der internationalen Zuständigkeit im Rahmen der Geschäftsführerhaftung gegenüber einer Gesellschaft beschäftigt (s.u. (a)). Anschließend werden die Folgen der EuGH-Entscheidung näher beleuchtet (s.u. (b)). Hierauf aufbauend wird auf weitere Aspekte der Geschäftsführerhaftung eingegangen (s.u. (c)).

(a) EuGH Rs. *Holterman Ferho Exploitatie u.a.*

Der deutsche Staatsangehörige mit Wohnsitz in Deutschland und Beklagte im Verfahren vor dem EuGH[563] war als Geschäftsführer Organmitglied einer als niederländische BV firmierenden Holdinggesellschaft mit Sitz in den Niederlanden. Gleichzeitig war er Geschäftsführer von drei Tochter-GmbHs mit Sitz in Deutschland. Zwischen der Holdinggesellschaft und dem Beklagten bestand ein „Anstellungsvertrag", welcher die Rechte und Pflichten seiner Tätigkeit als ihr „Direktor"[564] regelte. Alle vier Gesellschaften traten als Klägerinnen auf und forderten vor niederländischen Gerichten Schadensersatz vom Beklagten wegen Verletzung seiner Pflichten als Geschäftsführer, als „Direktor" sowie wegen unerlaubter Handlung. Die unteren Instanzen verneinten ihre internationale Zuständigkeit. Das niederländische Kassationsgericht rief den EuGH im Wege des Vorabentscheidungsverfahrens an.

Der Gerichtshof hatte zu prüfen, ob sich die Zuständigkeit aus den abschließenden[565] Art. 20–23 EuGVVO ergeben kann oder hilfsweise der Vertragsgerichtsstand gemäß Art. 7 Nr. 1 lit. b EuGVVO bzw. der Deliktsgerichtsstand des Art. 7 Nr. 2 EuGVVO einschlägig ist.

---

561 MünchKommGmbHG/*Fleischer*, § 43 GmbHG Rn. 2; Spindler/Stilz/*Fleischer*, § 93 AktG Rn. 2; MünchKommAktG/*Spindler*, § 92 AktG Rn. 1; Henssler/Strohn/*Oetker*, § 43 GmbHG Rn. 1.

562 EuGH Urt. v. 10.9.2015, Rs. C-47/14 (Holterman Ferho Exploitatie BV u.a./Friedrich Leopold Freiherr Spies von Büllesheim), ECLI:EU:C:2015:574 = NZA 2016, 183; dazu ausführlich *Kindler*, IPRax 2016, 115 ff.

563 EuGH Urt. v. 10.9.2015, Rs. C-47/14 (Holterman Ferho Exploitatie BV u.a./Friedrich Leopold Freiherr Spies von Büllesheim), ECLI:EU:C:2015:574 = NZA 2016, 183; dazu ausführlich *Kindler*, IPRax 2016, 115 ff.

564 Vgl. dazu Schlussanträge GA *Villalón* v. 7.5.2015, Rs. C-47/14 (Holterman Ferho Exploitatie BV u.a./Friedrich Leopold Freiherr Spies von Büllesheim), ECLI:EU:C:2015:309 = BeckRS 2015, 80611 Rn. 9 f.

565 MünchKommZPO/*Gottwald*, Art. 20 EuGVVO Rn. 10.

Der EuGH stellt in seinem Urteil zunächst klar, dass es sich bei dem Beklagten als Organmitglied durchaus um einen Arbeitnehmer im Sinne der Art. 20 ff. EuGVVO handeln kann, sofern er „während einer bestimmten Zeit für diese Gesellschaft und nach deren Weisung Leistungen erbrachte, für die er als Gegenleistung eine Vergütung erhielt und zu dieser Gesellschaft in einer dauerhaften Beziehung stand, durch die er in einer bestimmten Weise in ihren Betrieb eingegliedert wurde."[566] Sollte das Organmitglied weisungsgebunden oder unter Aufsicht eines anderen Organs seiner Tätigkeit nachgehen und jederzeit ohne Einschränkungen von seinem Amt abberufen werden können, so bejaht der Gerichtshof die Arbeitnehmereigenschaft.[567] Die Weisungsunterworfenheit ist in jedem Einzelfall anhand der konkreten Umstände und losgelöst von einer Arbeitnehmerbeziehung auf Grundlage des mitgliedstaatlichen Rechts zu prüfen.[568] Der Fremdgeschäftsführer einer GmbH deutschen Rechts gemäß § 6 Abs. 3 Satz 1 Alt. 2 GmbHG, der nach § 38 Abs. 1 GmbH grundsätzlich jederzeit und ohne Grund abberufen werden kann[569] sowie den Weisungen der Gesellschafterversammlung unterworfen ist,[570] ist somit als Arbeitnehmer einzuordnen.[571] Eine Ausnahme bilden dabei Geschäftsführer, die gleichzeitig Gesellschafter mit maßgeblichem Einfluss auf die Weisungserteilung[572] sind: Denn wer das

566 EuGH Urt. v. 10.9.2015, Rs. C-47/14 (Holterman Ferho Exploitatie BV u.a./Friedrich Leopold Freiherr Spies von Büllesheim), ECLI:EU:C:2015:574 = NZA 2016, 183 Rn. 45.

567 EuGH Urt. v. 11.11.2010, Rs. C-232/09 (Dita Danosa/LKB Lizings SIA), ECLI:EU:C:2010:674 = EuZW 2011, 74 Rn. 51; vgl. auch *Kindler*, IPRax 2016, 115 (116).

568 *Kindler*, IPRax 2016, 115 (116); EuGH Urt. v. 10.9.2015, Rs. C-47/14 (Holterman Ferho Exploitatie BV u.a./Friedrich Leopold Freiherr Spies von Büllesheim), ECLI:EU:C:2015:574 = NZA 2016, 183 Rn. 36; *Mankowski*, RIW 2015, 816 (822); einen Rückgriff auf die *lex fori* in Grenzfällen diskutiert *Knöfel*, EuZA 2016, 348 (360 ff.).

569 Henssler/Strohn/*Oetker*, § 38 GmbHG Rn. 4; zu Grenzen der freien Abberufbarkeit vgl. MünchKommGmbHG/*Stephan/Tieves*, § 38 GmbHG Rn. 7.

570 *Kindler*, IPRax 2016, 115 (116); Rauscher/*Mankowski*, Art. 20 EuGVVO Rn. 31; *Knöfel*, EuZA 2016, 348 (359); allgemein zur Weisungsunterworfenheit gemäß § 37 GmbHG vgl. Henssler/Strohn/*Oetker*, § 37 GmbHG Rn. 11 ff.; Michalski/Heidinger/Leible/Schmidt/*Lenz*, § 37 GmbHG Rn. 16 ff.

571 Ebenso *Kindler*, IPRax 2016, 115 (116).

572 Diesen haben in der Regel Mehrheitsgesellschafter, vgl. *Kindler*, IPRax 2016, 115 (117); ein beherrschender Einfluss dürfte auch bei einer konzernmäßigen Leitungsmacht zu bejahen sein, vgl. *Knöfel*, EuZA 2016, 348 (359); vgl. auch *Mankowski*, RIW 2015, 816 (822).

Weisungsrecht innehat, kann den Inhalt von Weisungen selbst bestimmen und ist ihnen nicht unterworfen.[573]

Für den Fall, dass es sich bei dem Beklagten nicht um einen Arbeitnehmer handelt,[574] bezieht der EuGH sodann zu der Frage Stellung, ob das Rechtsverhältnis zwischen dem Beklagten als Geschäftsführer und der klagenden Holdinggesellschaft als vertraglich einzustufen ist. Dabei kommt der Gerichtshof zu dem überzeugenden Ergebnis, dass der Beklagte durch die Ausübung der Leitung der Gesellschaft eine freiwillige Verpflichtung eingegangen ist und sich die Gesellschaft im Gegenzug freiwillig dazu verpflichtete, eine Vergütung zu zahlen.[575] Folglich liegt ein vertragliches Schuldverhältnis im Sinne des Art. 7 Nr. 1 EuGVVO schon allein aufgrund der Organstellung des Beklagten vor.[576] Der Anstellungsvertrag zwischen der Holding und dem Beklagten führt ebenso zu einem vertraglichen Schuldverhältnis im Sinne der EuGVVO, da es sich um freiwillig eingegangene Verpflichtungen handelt.[577] Weil der Vertragsgerichtsstand schon aufgrund der organschaftlichen Beziehung zwischen den Parteien eröffnet ist, musste der EuGH zu diesem Vertrag allerdings keine Stellung beziehen.

Maßgeblich für die Zuständigkeit ist somit der Erfüllungsort. Im Verfahren handelte es sich bei der Leitung der Gesellschaft gegen Entgelt um eine Dienstleistung i.S.v. Art. 7 Nr. 1 lit. b UAbs. 2 EuGVVO.[578] Damit ist das Gericht an dem Ort zuständig, an dem die Dienstleistung erbracht worden ist oder hätte erbracht werden müssen. Dies ist nach zutreffender Auffassung des Gerichtshofes anhand der Satzung der Holdinggesellschaft oder anderer Dokumente durch

---

573 *Kindler*, IPRax 2016, 115 (117).

574 Dies zu beurteilen ist Sache des vorlegenden niederländischen Kassationsgerichts, vgl. EuGH Urt. v. 10.9.2015, Rs. C-47/14 (Holterman Ferho Exploitatie BV u.a./Friedrich Leopold Freiherr Spies von Büllesheim), ECLI:EU:C:2015:574 = NZA 2016, 183 Rn. 49.

575 EuGH Urt. v. 10.9.2015, Rs. C-47/14 (Holterman Ferho Exploitatie BV u.a./Friedrich Leopold Freiherr Spies von Büllesheim), ECLI:EU:C:2015:574 = NZA 2016, 183 Rn. 53; Schlussanträge GA *Cruz Villalón* v. 7.5.2015, Rs. C-47/14 (Holterman Ferho Exploitatie BV u.a./Friedrich Leopold Freiherr Spies von Büllesheim), ECLI:EU:C:2015:309 = BeckRS 2015, 80611 Rn. 46.

576 EuGH Urt. v. 10.9.2015, Rs. C-47/14 (Holterman Ferho Exploitatie BV u.a./Friedrich Leopold Freiherr Spies von Büllesheim), ECLI:EU:C:2015:574 = NZA 2016, 183 Rn. 53; zustimmend *Kindler*, IPRax 2016, 115 (117 f.).

577 *Kindler*, IPRax 2016, 115 (117 f.).

578 EuGH Urt. v. 10.9.2015, Rs. C-47/14 (Holterman Ferho Exploitatie BV u.a./Friedrich Leopold Freiherr Spies von Büllesheim), ECLI:EU:C:2015:574 = NZA 2016, 183 Rn. 58.

das vorlegende Gericht zu bestimmen.[579] Hilfsweise ist auf den Ort abzustellen, an dem der Geschäftsführer seine Tätigkeit tatsächlich überwiegend erbracht hat.[580] Damit wird es meist zu einer Zuständigkeit am effektiven Verwaltungssitz der Gesellschaft kommen.[581]

Der Gerichtsstand der unerlaubten Handlung gemäß Art. 7 Nr. 2 EuGVVO ist dagegen nur einschlägig, wenn er nicht durch den Vertragsgerichtsstand verdrängt wird.[582] Eine unerlaubte Handlung des Geschäftsführers stellt in der Regel ebenso eine Verletzung von gesellschaftsrechtlichen Sorgfaltspflichten dar, sodass für die Anwendung von Art. 7 Nr. 2 EuGVVO im Rahmen der Geschäftsführerhaftung wenig Raum bleiben dürfte.[583]

(b) Folgen der EuGH Rs. *Holterman Ferho Exploitatie u.a.* für Klagen im Konzern

Zu bestimmen ist, welche Rückschlüsse aus der Entscheidung des EuGH in der Rs. *Holterman Ferho Exploitatie u.a.* für Klagen im Konzern zu ziehen sind.

In erster Linie nimmt die Entscheidung des Gerichtshofes zur Abgrenzung der Art. 20 ff. EuGVVO (Zuständigkeit für individuelle Arbeitsverträge) und Art. 7 Nr. 1 EuGVVO Stellung. Der EuGH zieht dazu das Kriterium der Weisungsunterworfenheit heran. Ein Gesellschafter mit Weisungsrecht sei kein Arbeitnehmer i.S.v. Art. 20 ff. EuGVVO. Bei einem Vorstandsmitglied einer deutschen AG ist dies schwieriger zu beurteilen. Grundsätzlich setzt der Widerruf einer Bestellung zum Vorstandsmitglied durch den Aufsichtsrat gemäß § 84 Abs. 3 Satz 1 AktG einen wichtigen Grund voraus. Dieser kann nach § 84 Abs. 3 Satz 2 AktG im Vertrauensentzug durch die Hauptversammlung liegen. Einer zusätzlichen

---

579 EuGH Urt. v. 10.9.2015, Rs. C-47/14 (Holterman Ferho Exploitatie BV u.a./Friedrich Leopold Freiherr Spies von Büllesheim), ECLI:EU:C:2015:574 = NZA 2016, 183 Rn. 63.

580 EuGH Urt. v. 10.9.2015, Rs. C-47/14 (Holterman Ferho Exploitatie BV u.a./Friedrich Leopold Freiherr Spies von Büllesheim), ECLI:EU:C:2015:574 = NZA 2016, 183 Rn. 64.

581 So *Kindler*, IPRax 2016, 115 (118), der im Rahmen der Geschäftsleiterhaftung nach § 43 GmbHG den Erfüllungsort am Sitz der Gesellschaft sieht; dazu ausführlich MünchKommBGB/*Kindler*, IntGesR Rn. 630; ebenso *Knöfel*, EuZA 2016, 348 (366).

582 EuGH Urt. v. 10.9.2015, Rs. C-47/14 (Holterman Ferho Exploitatie BV u.a./Friedrich Leopold Freiherr Spies von Büllesheim), ECLI:EU:C:2015:574 = NZA 2016, 183 Rn. 70; zu den damit einhergehenden Problemen vgl. *Mankowski*, RIW 2015, 816 (823).

583 *Kindler*, IPRax 2016, 115 (118); *Krebs*, GWR 2015, 450; *Wilke*, ArbRAktuell 2015, 536; kritisch *Knöfel*, EuZA 2016, 348 (366).

Begründung oder eines vorwerfbaren Verhaltens des Vorstandsmitglieds bedarf es dabei nicht.[584] Diese geringen Anforderungen an den wichtigen Grund führen damit faktisch zu einer Abberufbarkeit nach Belieben der Gesellschafter.[585] Sollte das Vorstandsmitglied der deutschen AG aufgrund eines Beherrschungsvertrages nach § 308 Abs. 2 Satz 1 AktG weisungsgebunden[586] sein, so ist es ebenfalls als Arbeitnehmer i.S.v. Art. 20 ff. EuGVVO einzuordnen.

Aufgrund der für den Konzern charakteristischen Beziehungsgeflechte zwischen den angehörigen Unternehmen kann es allerdings immer wieder vorkommen, dass das Organmitglied einer oder mehrerer Tochtergesellschaften gleichzeitig einen Anstellungsvertrag bei der Konzernmutter hat[587] oder gesellschaftsrechtlich an dieser beteiligt ist.[588] Außerdem kann die Muttergesellschaft gleichzeitig als Organ der Tochtergesellschaft bestellt sein[589] oder aufgrund faktischer Rechtsbeziehungen wie ein ordentlich bestelltes Organ handeln, ohne ein solches zu sein (sogenanntes „faktisches Organ“).[590] Wenn der EuGH im Gesellschaftsstatut verankerte Organpflichten als vertraglich einstuft,[591] so ist die Klage gegen eine aus Organhaftung in Anspruch genommene Muttergesellschaft am Vertragsgerichtsstand denkbar. Schließlich wird die Muttergesellschaft nicht weisungsabhängig sein, sodass es an der für den vorrangigen Gerichtsstand für Arbeitssachen erforderlichen Arbeitnehmereigenschaft fehlen wird.

Hinsichtlich der Bestimmung des Erfüllungsortes ist zu differenzieren: Besteht zwischen der abhängigen Gesellschaft und dem Organ ein als Dienstleistungsvertrag zu wertendes entgeltliches Anstellungsverhältnis und folgt die Haftung aus diesem Vertragsverhältnis, so ist der Erfüllungsort anhand von Art. 7 Nr. 1

---

584 *Kindler*, IPRax 2016, 115 (116); Hüffer/Koch/*Koch*, § 84 AktG Rn. 37; enger Grigoleit/*Vedder*, § 84 AktG Rn. 33 ff.

585 *Kindler*, IPRax 2016, 115 (116); a.A. *Kliemt*, RdA 2015, 232 (237).

586 Dazu Henssler/Strohn/*Bödeker*, § 308 AktG Rn. 6; Emmerich/Habersack/*Emmerich*, § 308 AktG Rn. 17 f.; siehe auch Prinz/Winkeljohann/*Vogt*, § 17 Rn. 41 ff.

587 Zur Drittanstellung im Konzern nach deutschem Recht vgl. ausführlich *Deilmann/Dornbusch*, NZG 2016, 201 ff.

588 *Knöfel*, EuZA 2016, 348 (353).

589 Zur Einschränkung im deutschen GmbH- und Aktienrecht siehe § 6 Abs. 2 Satz 1 GmbHG bzw. § 76 Abs. 3 Satz 1 AktG, die bestimmen, dass Geschäftsführer einer GmbH bzw. Vorstand einer AG eine natürliche Person sein muss; vgl. im Unterschied dazu die Möglichkeit in England, auch Körperschaften als Direktoren einer Gesellschaft gemäß sec. 164 Companies Act 2006 einzutragen; dazu ausführlicher (allerdings zum Company Act 1985) *Schneider*, ZVglRWiss 102 (2003), 387 (404 ff.).

590 Vgl. dazu *Schneider*, ZVglRWiss 102 (2003), 387 (391).

591 *Kindler*, IPRax 2016, 115 (118).

lit. b UAbs. 2 EuGVVO zu lokalisieren. Maßgeblich ist damit der Ort, an dem die Dienstleistung erbracht worden ist oder hätte erbracht werden sollen. Dies wird in der Regel der tatsächliche Verwaltungssitz einer Gesellschaft sein.[592] Folgt die Haftung allerdings aus der Organstellung und führt diese mangels Vergütung nicht zur Erbringung einer Dienstleistung,[593] bestimmt sich der Erfüllungsort anhand der *lex causae*, mithin des Gesellschaftsstatuts.[594] Bei deutschem Gesellschaftsstatut liegt der Leistungsort für Pflichten der Organmitglieder gegenüber ihrer Gesellschaft am Sitz der Gesellschaft.[595] Damit steht dem Kläger dann ein Wahlrecht zwischen Verwaltungs- und Satzungssitz zu.[596]

(c) Weitere Aspekte der Zuständigkeit bei der Geschäftsführerhaftung

Nachfolgend werden die Anspruchsgrundlagen des deutschen Rechts im Rahmen der Geschäftsführer- und Organhaftung auf ihre Geltendmachung am Vertragsgerichtsstand hin untersucht.

Die Geschäftsführer- bzw. Organhaftung ergibt sich im deutschen Recht bei einem GmbH-Konzern aus § 43 Abs. 2 GmbH bzw. aus § 43 Abs. 3 Satz 1 GmbHG i.V.m. § 30 GmbHG und bei einem Aktienkonzern aus § 93 Abs. 2 Satz 1 AktG bzw. bei verbotener Einlagenrückgewähr genauer aus § 93 Abs. 3 Nr. 1 AktG. Im Rahmen der vertraglichen Qualifikation ist stets zu berücksichtigen, dass die nationale Qualifikation des Haftungsregimes allenfalls Anhaltspunkt für eine Einordnung als „Anspruch aus einem Vertrag" i.S.v. Art. 7 Nr. 1 EuGVVO sein kann und stets die autonome Auslegung[597] den Vorrang genießt.[598] Wie oben[599] dargestellt kann der Vertragsgerichtsstand auch für Ansprüche, die sich aus einer

592 Dazu schon oben E.II.3.b)bb)(3)(a).

593 Eine unentgeltliche Tätigkeit als Organmitglied dürfte allerdings eher die Ausnahme darstellen, vgl. Michalski/Heidinger/Leible/Schmidt/*Tebben*, § 6 GmbHG Rn. 156.

594 Zum Gesellschaftsstatut s.o. D.I.; vgl. auch MünchKommGmbHG/*Weller*, Einl. Rn. 387 ff.

595 BGH Urt. v. 10.2.1992 – II ZR 23/91, DStR 1992, 549 Ls. 3; OLG München Urt. v. 25.6.1999 – 23 U 4834/98, NZG 1999, 1170 (1171); vgl. auch *Bruhns*, S. 237.

596 Dazu schon oben E.II.3.b)bb)(1)(a); MünchKommBGB/*Kindler*, IntGesR Rn. 604; *Weber*, S. 338.

597 S.o. E.I.1.

598 Für eine vertragliche Qualifikation der Geschäftsführerhaftung nach deutschem GmbH-Gesellschaftsrecht vgl. etwa *Weller/Harms*, IPRax 2016, 119 (122); hinsichtlich der Qualifikation einer Haftung nach § 93 Abs. 2 und Abs. 3 AktG besteht dagegen Uneinigkeit im deutschen Schrifttum, vgl. MünchKommAktG/*Spindler*, § 93 Rn. 221; Hüffer/Koch/*Koch*, § 93 GmbHG Rn. 36 m.w.N.

599 S.o. E.II.3.b)bb)(1)(b)(cc).

mit einem Vertrag vergleichbaren Beziehungen ergeben, eröffnet sein.[600] Die Gesellschafterhaftung ergibt sich allerdings schon aus einer vertraglich begründeten Organpflicht,[601] sodass der Vertragsgerichtsstand eindeutig eröffnet ist.[602]

Haftet der Geschäftsführer gemäß § 64 Satz 1 GmbHG der Gesellschaft auf Ersatz von nach der Insolvenzreife geleisteten Zahlungen wegen Masseschmälerung, so stellt sich (unabhängig von der Konzernierung) ebenso die Frage der internationalen Zuständigkeit. Die Vorschrift des materiellen deutschen Gesellschaftsrechts dient zum einen dazu, den Geschäftsführer frühzeitig zum Insolvenzantrag zu veranlassen, um einer Haftung zu entgehen.[603] Ferner wird so der Geschäftsführer zur Masseerhaltung und damit zur Wahrung aller Gläubigerinteressen angehalten.[604] Sofern ein Insolvenzverfahren über die Gesellschaft eröffnet ist, richtet sich die internationale Zuständigkeit nach Art. 6 Abs. 1 EuInsVO.[605]

Wird ein Insolvenzverfahren mangels Masse dagegen nicht eröffnet, ist der Anwendungsbereich der EuInsVO nicht eröffnet. Die internationale Zuständigkeit richtet sich folglich nach der EuGVVO. Uneinigkeit besteht im Schrifttum über die Frage, ob neben dem allgemeinen Gerichtsstand auch der Vertrags- oder Deliktsgerichtsstand einschlägig ist. Für eine deliktische Qualifikation[606] könnte sprechen, dass die Haftung wegen Masseschmälerung an eine von der Rechtsordnung missbilligte Handlung anknüpft, die sich nachteilig auf die

600 *Weller*, ZGR 2012, 606 (615); *Brödermann*, ZIP 1996, 491 (492).

601 EuGH Urt. v. 10.9.2015, Rs. C-47/14 (Holterman Ferho Exploitatie BV u.a./Friedrich Leopold Freiherr Spies von Büllesheim), ECLI:EU:C:2015:574 = NZA 2016, 183 Rn. 53; Schlussanträge GA *Cruz Villalón* v. 7.5.2015, Rs. C-47/14 (Holterman Ferho Exploitatie BV u.a./Friedrich Leopold Freiherr Spies von Büllesheim), ECLI:EU:C:2015:309 = BeckRS 2015, 80611 Rn. 46; vgl. dazu oben E.II.3.b)bb)(3)(a).

602 Zur gerichtlichen Zuständigkeit (allerdings bzgl. der ZPO) nach deutschem materiellen Gesellschaftsrecht vgl. MünchKommGmbHG/*Fleischer*, § 43 GmbHG Rn. 334; zum Aktienrecht vgl. Spindler/Stilz/*Fleischer*, § 93 AktG Rn. 306; MünchKommAktG/*Spindler*, § 93 AktG Rn. 337.

603 Baumbach/Hueck (2017)/*Haas*, § 64 GmbHG Rn. 3.

604 Baumbach/Hueck (2017)/*Haas*, § 64 GmbHG Rn. 4; MünchKommGmbHG/*Müller*, § 64 GmbHG Rn. 1.

605 Baumbach/Hueck (2017)/*Haas*, § 64 GmbHG Rn. 33; MünchKommGmbHG/*Müller*, § 64 GmbHG Rn. 176; ausführlich MünchKommBGB/*Kindler*, Art. 6 EuInsVO Rn. 16; *Wedemann*, IPRax 2015, 505 (508); zur EuInsVO a.F. vgl. EuGH Urt. v. 4.12.2014, Rs. C-295/13 (G. T. GmbH), ECLI:EU:C:2014:2410 = EuZW 2015, 141.

606 Zum Deliktsgerichtsstand nach Art. 7 Nr. 2 EuGVVO s.u. E.II.3.c).

Gläubigergesamtheit auswirkt.[607] Allerdings werden Gesetzesverstöße stets von der Rechtsordnung missbilligt, was nicht zwangsläufig zur deliktischen Qualifikation eines Anspruchs führt.[608] Außerdem beruht die Pflicht des Geschäftsführers auf Ersatz der Auszahlung auf der rechtsgeschäftlichen Selbstbindung gegenüber der Gesellschaft und damit auf einer vertraglich begründeten Organpflicht.[609] Demnach ist dieser Anspruch dem Vertragsgerichtsstand zuzuordnen.[610] Der Erfüllungsort richtet sich danach, ob zwischen Organmitglied und Gesellschaft ein Dienstleistungsvertrag[611] oder ein sonstiger Vertrag besteht. Im ersten Fall sind die Gerichte am tatsächlichen Verwaltungssitz international und örtlich zuständig,[612] im zweiten ist der Erfüllungsort anhand der *lex causae* zu bestimmen. Bei deutschem Gesellschaftsstatut kann der Kläger zwischen den Gerichten am Satzungs- und am Verwaltungssitz wählen.[613]

(4) Klagen der Muttergesellschaft gegen die Tochtergesellschaft

Weiter ist zu klären, ob der Gerichtsstand gemäß Art. 7 Nr. 1 EuGVVO auch für Klagen der Muttergesellschaft gegen die Tochtergesellschaft eröffnet ist. Die Zuständigkeit richtet sich nach der Rechtsnatur des Klagegegenstandes. Nimmt eine Mutter im Vertragskonzern ihre Tochter aufgrund einer Pflichtverletzung in die Haftung und ergibt sich diese Pflicht aus dem Beherrschungs- oder Gewinnabführungsvertrag, so ist der Anspruch als vertraglich einzustufen und am Erfüllungsort, wie dargestellt[614] dem Verwaltungs- oder Satzungssitz der Tochtergesellschaft, geltend zu machen. Dies gilt beispielsweise für eine Klage des herrschenden Unternehmens, wenn die beherrschte Gesellschaft der Verpflichtung im Gewinnabführungsvertrag, ihren ganzen Gewinn an das herrschende Unternehmen abzuführen, nicht nachkommt.[615]

---

607 OLG Karlsruhe, Urt. v. 22.12.2009 – 13 U 102/09, EuZW 2010, 359 (360); ebenso Baumbach/Hueck (2017)/*Haas*, § 64 GmbHG Rn. 38.

608 *Weber*, S. 430.

609 *Weber*, S. 430.

610 MünchKommGmbHG/*Müller*, § 64 GmbHG Rn. 176; *Weber*, S. 429; a.A. Rauscher/*Leible*, Art. 7 EuGVVO Rn. 110; *Wais*, IPRax 2011, 138 (142).

611 S.o. E.II.3.b)aa)(4)(c).

612 S.o. E.II.3.b)bb)(3)(b).

613 Dazu schon oben E.II.3.b)bb)(1)(a); MünchKommBGB/*Kindler*, IntGesR Rn. 604; *Weber*, S. 338.

614 Dazu schon oben E.II.3.b)bb)(1)(a).

615 Zum Inhalt eines Gewinnabführungsvertrages nach deutschem Recht vgl. Spindler/Stilz/*Veil*, § 291 AktG Rn. 34 ff.; MünchKommAktG/*Altmeppen*, § 291 AktG Rn. 144.

(5) Zwischenergebnis: Vertragsgerichtsstand für Klagen aus Konzerninnenhaftungsansprüchen liegt in der Regel am Satzungs- und Verwaltungssitz der abhängigen Gesellschaft

Der Vertragsgerichtsstand des Art. 7 Nr. 1 EuGVVO ist im Rahmen der Konzerninnenhaftung in einer Vielzahl von Fallkonstellationen und unterschiedlichen Konzernstrukturen eröffnet. Im Einzelfall hängt die konkrete Zuständigkeit von der Qualifikation des materiellrechtlichen Haftungsregimes im europäischen internationalen Zivilverfahrensrecht ab. Der die internationale und örtliche Zuständigkeit begründende Erfüllungsort ist in der Regel anhand der *lex causae* gemäß Art. 7 Nr. 1 lit. a, c EuGVVO oder autonom gemäß Art. 7 Nr. 1 lit. b UAbs. 2 EuGVVO zu lokalisieren. Bestimmt sich der Erfüllungsort anhand des deutschen Gesellschaftsstatuts, liegt er in der Regel am satzungsmäßigen und am tatsächlichen Sitz der abhängigen Gesellschaft. Dem Kläger steht ein Wahlrecht zwischen den Gerichten an beiden Orten zu. Bei autonomer Anknüpfung (insbesondere im Rahmen der Geschäftsführerhaftung) besteht eine Zuständigkeit am tatsächlichen Sitz der Gesellschaft.

cc) Der Vertragsgerichtsstand bei Klagen im Konzern-Außenverhältnis

Im Folgenden wird näher untersucht, ob der Vertragsgerichtsstand bei Klagen von konzernexternen Dritten (z.B. Gläubigern) gegen ein konzernangehöriges Unternehmen eröffnet ist. Die Konzernaußenhaftung betrifft insbesondere Haftungsansprüche von Gläubigern der abhängigen Gesellschaft gegen die Muttergesellschaft. Hierbei sind die Gläubiger des abhängigen Unternehmens nicht direkt am Konzern beteiligt.[616] Sie stehen weder in einer vertraglichen noch in einer vertragsähnlichen Beziehung zum herrschenden und im Rahmen der Konzernaußenhaftung in Anspruch genommenen Unternehmen.[617] Ein Vertrag besteht – wenn überhaupt – nur mit dem primär haftenden Tochterunternehmen und nicht mit der in Form des Haftungsdurchgriffs in Anspruch genommenen Obergesellschaft.[618] Der EuGH hat in seiner Rechtsprechung den Grundsatz der Relativität der Schuldverhältnisse betont.[619] Rechtswirkungen

---

616 *Haubold*, IPRax 2000, 375 (381).

617 *Haubold*, IPRax 2000, 375 (381).

618 Paulus/Peiffer/Peiffer/*Paulus*, Art. 7 EuGVVO Rn. 17; *Haubold*, IPRax 2000, 375 (381).

619 EuGH Urt. v. 17.6.1992, Rs. C-26/91 (Handte), ECLI:EU:C:1992:268 = JZ 1995, 90 Rn. 17; EuGH Urt. v. 7.2.2013, Rs. C-543/10 (Refcomp), ECLI:EU:C:2013:62 = EuZW 2013, 316 Rn. 37; ebenso Schlussanträge GA *Jääskinen* v. 18.10.2012, Rs. C-543/10 (Refcomp), ECLI:EU:C:2012:637 = BeckRS 2012, 82244 Rn. 44; ausnahmsweise anders

von Vertragsverhältnissen sind grundsätzlich auf die beteiligten Parteien beschränkt.[620]

Daher bestand im Schrifttum Uneinigkeit darüber, ob im Rahmen der Konzernaußenhaftung überhaupt eine freiwillig eingegangene Verpflichtung und damit ein Vertrag i.S.v. Art. 7 Nr. 1 EuGVVO vorliegt. Hierzu hat sich der Gerichtshof in der nachstehend dargestellten Rs. *ÖFAB*[621] geäußert.

(1) EuGH Rs. *ÖFAB*

Dem Vorabentscheidungsersuchen des schwedischen Berufungsgerichts für das untere Norrland liegt folgender Sachverhalt zugrunde: Die schwedische Investorin *Östergötlands Fastigheter AB* (*ÖFAB*) nahm Herrn *Koot* und die *Evergreen Investments BV* (*Evergreen*), beide mit Sitz in den Niederlanden, für Verbindlichkeiten der *Copperhill Mountain Lodge AB* (*Copperhill*), eine AG mit Sitz in Schweden, in Anspruch. Herr *Koot* war Verwaltungsrat der *Copperhill. Evergreen* hielt zunächst 40 %, später 90 % der Aktien von *Copperhill. Copperhill* beauftragte im Rahmen der Errichtung eines Hotels in Schweden zwei örtliche Handwerksbetriebe mit Ausschachtungsarbeiten und dem Verlegen von Fliesen in Badezimmern. Aufgrund finanzieller Schwierigkeiten konnte *Copperhill* die Handwerkerrechnungen nur teilweise begleichen. Die Restforderungen erwarb schließlich die *ÖFAB* und stützte die Haftung der Beklagten u.a. auf die Grundsätze der Durchgriffshaftung nach schwedischem Gesellschaftsrecht.

Das vorlegende Gericht ließ durch den EuGH u.a. prüfen, ob eine derartige Forderung unter den Vertrags- oder Deliktsgerichtsstand der EuGVVO zu subsumieren ist.

Im Ergebnis bejaht der Gerichtshof die Zuständigkeit am Gerichtsstand des Art. 7 Nr. 2 EuGVVO. Nach allgemeinen Ausführungen zum *forum delicti commissi*[622] qualifiziert der EuGH die im Verfahren streitgegenständliche Haftung als deliktisch, da sie nicht auf eine freiwillige Verpflichtung gestützt wurde, die eine dieser Parteien gegenüber der anderen eingegangen ist.[623] Damit ist für

---

aber EuGH Urt. v. 14.11.2013, Rs. C-478/12 (Maletic), ECLI:EU:C:2013:735 = EuZW 2014, 33 Ls. m.Anm. *Müller*, EuZW 2014, 34 (35).

620 Zum deutschen Sachrecht vgl. Jauernig/*Mansel*, § 241 BGB Rn. 4.

621 EuGH Urt. v. 18.7.2013, Rs. C-147/12 (ÖFAB), ECLI:EU:C:2013:490 = EuZW 2013, 703.

622 EuGH Urt. v. 18.7.2013, Rs. C-147/12 (ÖFAB), ECLI:EU:C:2013:490 = EuZW 2013, 703 Rn. 30–34.

623 EuGH Urt. v. 18.7.2013, Rs. C-147/12 (ÖFAB), ECLI:EU:C:2013:490 = EuZW 2013, 703 Rn. 36.

Haftungsklagen gegen Geschäftsführer und Anteilseigner[624] bei der Einordnung als vertraglich oder deliktisch maßgeblich, ob die Verfahrensparteien auch Vertragsparteien sind.[625]

(2) Die vertragliche Qualifikation der Konzernaußenhaftung im Lichte der *ÖFAB*-Rechtsprechung

Nachfolgend wird untersucht, wie die Konzernaußenhaftung im Lichte der Abgrenzung von Vertrag und Delikt in der EuGH Rs. *ÖFAB* zu qualifizieren ist.

Für eine vertragliche Qualifikation der Konzernaußenhaftung könnte sprechen, dass der Vertragsbegriff im Unionsrecht weit auszulegen ist.[626] So hat der EuGH in der Rs. *Brogsitter* entschieden, dass ein Anspruch, der nach nationalem Recht deliktischer Natur ist, im internationalen Zivilverfahrensrecht als Anspruch aus einem Vertrag i.S.d. Art. 7 Nr. 1 EuGVVO zu verstehen ist, „wenn das vorgeworfene Verhalten als Verstoß gegen die vertraglichen Verpflichtungen angesehen werden kann, wie sie sich anhand des Vertragsgegenstands ermitteln lassen".[627] Allerdings ist zu beachten, dass der EuGH die Haftung an einen Vertrag zwischen den Parteien, nicht aber zwischen einer Partei und einem Dritten anknüpft.[628] Jedoch könnte für die Qualifikation des Haftungsanspruchs maßgeblich sein, dass (zumindest im Vertragskonzern) eine Vertragskette besteht, nämlich zwischen Gläubiger und Tochtergesellschaft einerseits sowie zwischen Tochtergesellschaft und Muttergesellschaft andererseits.[629] Dies würde dem Kapitalschutz und dem Schutz der Vertragsgläubiger der abhängigen Gesellschaft Rechnung tragen.[630] So könnte es genügen, dass sich die haftende Obergesellschaft freiwillig gegenüber der abhängigen Gesellschaft gebunden hat.[631]

---

624 Die Diktion „Anteilseigner" wählte der EuGH in der Entscheidung *ÖFAB* zur Beschreibung der Beteiligung der *Evergreen Investments BV* an der *Copperhill Mountain Lodge AB*; der Begriff hat somit keinen Bezug zu § 2 MitBestG.

625 *Wedemann*, ZEuP 2014, 861 (874).

626 S.o. E.II.3.b)aa)(2).

627 EuGH Urt. v. 13.3.2014, Rs. C-548/12 (Brogsitter), ECLI:EU:C:2014:148 = EuZW 2014, 383 Rn. 29.

628 EuGH Urt. v. 13.3.2014, Rs. C-548/12 (Brogsitter), ECLI:EU:C:2014:148 = EuZW 2014, 383 Rn. 22; vgl. dazu Paulus/Peiffer/Peiffer/*Paulus*, Art. 7 EuGVVO Rn. 20.

629 Die Eröffnung des Vertragsgerichtstandes wegen einer Vertragskette verneint EuGH Urt. v. 17.6.1992, Rs. C-26/91 (Handte), ECLI:EU:C:1992:268 = JZ 1995, 90 Rn. 17 und betont damit die Relativität der Schuldverhältnisse im internationalen Zivilverfahrensrecht.

630 *Martiny*, FS Geimer, 641 (665).

631 *Weber*, S. 252; *Altmeppen*, FS Röhricht, 3 (22 f.).

Gegen eine vertragliche Qualifikation spricht aber, dass bei einer Klage des Gläubigers der Tochter gegen die Mutter keinerlei vertragliche Beziehung zwischen Kläger und Beklagtem besteht. Die vertragliche Natur der Primärpflicht führt für sich allein nicht zu einer vertraglichen Einordnung,[632] insbesondere im Lichte der Relativität der Schuldverhältnisse.[633] Bejaht man auch bei einer Haftung „übers Eck"[634] den Vertragsgerichtsstand, würde dieser alle Klagen umfassen, die gegen Personen angestrebt werden, die für die Erfüllung einer vertraglich begründeten Verpflichtung haften, auch ohne selbst Vertragspartner zu sein.[635] Der Rechtsgrund für die (ggf. subsidiäre) Haftung wäre dabei völlig unerheblich und im Ergebnis käme es zu einer umfassenden Zuständigkeit am Vertragsgerichtsstand bei Klagen gegen das herrschende Unternehmen. Zwar ist der Begriff „Vertrag oder Anspruch aus einem Vertrag" nicht zu eng auszulegen,[636] allerdings ist fraglich, ob der Unionsgesetzgeber einen derart ausufernden Gerichtsstand schaffen wollte. Insbesondere stellt die EuGVVO in Erwägungsgrund Nr. 16 Satz 2 klar, dass die Verordnung das Ziel verfolgt, ein *forum* zu schaffen, das für den Beklagten vorhersehbar ist.[637] Welche Verträge eine Tochtergesellschaft mit Dritten abschließt und wo die vertraglichen Pflichten zu erfüllen sind, ist für die Muttergesellschaft allerdings nicht ohne weiteres erkennbar. Damit wäre sie bei einer vertraglichen Qualifikation an für sie unvorhersehbaren Erfüllungsortgerichtsständen gerichtspflichtig. Gegen eine vertragliche Qualifikation spricht außerdem, dass eine ähnliche Dreieckskonstellation, nämlich der Vertrag mit Schutzwirkung für Dritte nach deutschem Recht, unionsrechtlich als deliktisch und somit außervertraglich qualifiziert wird.[638] Auch der EuGH folgt in seiner Entscheidung in der Rs. *ÖFAB* der Auffassung, dass die Parteien des Verfahrens

---

632 MünchKommBGB/*Kindler*, IntGesR Rn. 771.

633 Dazu EuGH Urt. v. 17.6.1992, Rs. C-26/91 (Handte), ECLI:EU:C:1992:268 = JZ 1995, 90 Rn. 17 ff.

634 Paulus/Peiffer/Peiffer/*Paulus*, Art. 7 EuGVVO Rn. 18.

635 Kritisch Rauscher/*Leible*, Art. 7 EuGVVO Rn. 11.

636 EuGH Urt. v. 20.1.2005, Rs. C-27/02 (Engler), ECLI:EU:C:2005:33 = NJW 2005, 811 Rn. 48; so schon in den Schlussanträgen GA *Jacobs* v. 8.7.2004, Rs. C-27/02 (Engler), ECLI:EU:C:2004:414 = Slg. 2004, I-484 Rn. 38; vgl. auch Musielak/Voit/*Stadler*, Art. 7 EuGVVO Rn. 2.

637 So auch EuGH Urt. v. 17.6.1992, Rs. C-26/91 (Handte), ECLI:EU:C:1992:268 = JZ 1995, 90 Rn. 18 f.

638 MünchKommBGB/*Martiny*, Art. 1 Rom I-VO Rn. 16; MünchKommBGB/*von Hein*, Einleitung IPR Rn. 129; *Mankowski*, IPRax 2018, 233 (237); *Dutta*, IPRax 2009, 293 (294 ff.); a.A. MünchKommBGB/*Spellenberg*, Art. 12 Rom I-VO Rn. 57; von Staudinger/*Magnus*, Art. 1 Rom I-VO Rn. 38.

auch Parteien des Vertrages sein müssen, um den Vertragsgerichtsstand zu eröffnen[639] und qualifiziert die Durchgriffshaftung als deliktisch.[640] Damit richtet sich die internationale Zuständigkeit für Konzernaußenhaftungsansprüche nicht nach Art. 7 Nr. 1 EuGVVO.[641]

Etwas anderes ergibt sich auch nicht für die klageweise Geltendmachung eines Anspruchs auf Sicherheitsleistung der ehemaligen Konzernmutter nach Beendigung eines Gewinnabführungs- und Beherrschungsvertrages durch den Gläubiger des bisher beherrschten Unternehmens gemäß § 303 Abs. 1 Satz 1 AktG. Schließlich besteht auch hier kein Vertrag zwischen klagendem Gläubiger und der früheren herrschenden Gesellschaft.[642]

Denkbar ist allenfalls, dass ein Gläubiger als Rechtsnachfolger einen an ihn abgetretenen oder von ihm gepfändeten Konzerninnenhaftungsanspruch der Tochtergesellschaft gegen die Muttergesellschaft am Vertragsgerichtsstand geltend macht.[643]

dd) Zwischenergebnis: Vertragsgerichtsstand eröffnet schutzwürdiger Tochtergesellschaft bei konzerninterner Haftung oftmals einen Klägergerichtsstand; Ansprüche aus Konzernaußenhaftung sind nicht erfasst

Der Gerichtsstand des Erfüllungsortes ist nicht nur allgemein,[644] sondern auch im Rahmen der Konzerninnenhaftung von großer praktischer Bedeutung. Er ermöglicht der abhängigen Gesellschaft in vielen Fällen, das herrschende Unternehmen an ihrem eigenen Sitz in Anspruch zu nehmen. Dies ist aufgrund der schwächeren Position der beherrschten Gesellschaft gegenüber der

639 *Wedemann*, ZEuP 2014, 861 (873).

640 EuGH Urt. v. 18.7.2013, Rs. C-147/12 (ÖFAB), ECLI:EU:C:2013:490 = EuZW 2013, 703 Rn. 33, 36 ff.; ebenso EuGH Urt. v. 17.10.2013, Rs. C-519/12 (OTP Bank), ECLI:EU:C:2013:674 = IPRax 2014, 528 Rn. 23 f.; *Kindler*, IPRax 2014, 486 (488 f.).

641 Ebenso MünchKommBGB/*Kindler*, IntGesR Rn. 771; Paulus/Peiffer/Peiffer/*Paulus*, Art. 7 EuGVVO Rn. 20, 39, 173; *Haubold*, IPRax 2000, 375 (381); a.A. *Kulms*, IPRax 2000, 488 (493); *Martiny*, FS Geimer, 641 (665); zumindest bei Existenz eines Gewinnabführungs- und Beherrschungsvertrages seien Ansprüche aufgrund einer Durchgriffshaftung vertraglich zu qualifizieren meint Rauscher/*Leible*, Art. 7 EuGVVO Rn. 26; vgl. auch *Kindler*, FS Ulmer, 305 (315 f.); *Weber*, S. 251 f.; a.A. Magnus/Mankowski/*Mankowski*, Art. 7 Brussels Ibis Regulation Rn. 69.

642 Im Ergebnis ebenso *Bruhns*, S. 205.

643 In diese Richtung, allerdings hinsichtlich der Existenzvernichtungshaftung *Wedemann*, ZEuP 2014, 861 (877).

644 So MünchKommZPO/*Gottwald*, Art. 7 EuGVVO Rn. 1.

Konzernmutter zu begrüßen. Problematisch ist allerdings, dass bislang die Qualifizierung aller konzerninternen Haftungstatbestände im europäischen internationalen Zivilverfahrensrecht noch nicht rechtssicher vom EuGH erfolgt ist. Insbesondere bei Haftungsklagen im qualifiziert faktischen Konzern besteht das Risiko, dass am unzuständigen Gericht Klage erhoben wurde, sofern der EuGH die Qualifikation anders beurteilt als die sich ohnehin in einer schwächeren Position als die beklagte Muttergesellschaft befindende Klägerin. Daher wäre es aus Gründen der Rechtssicherheit zu begrüßen, wenn der Gesetzgeber für die Konzerninnenhaftung einen eigenen Gerichtsstand kodifiziert. Dieser sollte aufgrund des Schutzzwecks des materiellen Konzernrechts (insbesondere Schutz des abhängigen Unternehmens, der Gläubiger und Minderheitsaktionäre) am Satzungs- und Verwaltungssitz des abhängigen Unternehmens belegen sein.

Der Vertragsgerichtsstand ist somit in einer Vielzahl von Haftungskonstellationen im Rahmen der Konzerninnenhaftung eröffnet. Im Rahmen der Konzernaußenhaftung ergibt sich die gerichtliche Zuständigkeit dagegen nicht aus Art. 7 Nr. 1 EuGVVO.

c) Deliktsgerichtsstand (Art. 7 Nr. 2 EuGVVO)

Der Deliktsgerichtsstand gemäß Art. 7 Nr. 2 EuGVVO (ex Art. 5 Nr. 3 EuGVVO a.F.) begründet die internationale und örtliche Zuständigkeit des Gerichts am Deliktsort. Der Kläger muss zur Begründung des Gerichtsstandes die unerlaubte Handlung lediglich schlüssig behaupten.[645] Ob diese tatsächlich vorliegt, prüft das Gericht im Rahmen der Begründetheit.[646] Im Folgenden wird zunächst die unerlaubte Handlung (s.u. aa)(1)) sowie der Ort des schädigenden Ereignisses (s.u. aa)(2)) allgemein dargestellt, bevor anschließend die Rolle des Deliktsgerichtsstandes bei Klagen im Konzern-Innen- (s.u. bb)) und Konzern-Außenverhältnis (s.u. cc)) näher untersucht wird.

aa) Allgemeines

(1) Unerlaubte Handlung

Der verordnungsautonom[647] zu bestimmende Begriff der unerlaubten Handlung bezeichnet jede Handlung, welche zu einer Schadenshaftung führt, die nicht an

645 Sogenannte doppelrelevante Tatsache, vgl. Saenger/*Dörner*, Art. 7 EuGVVO Rn. 28, 7.
646 *Rauscher*, Internationales Privatrecht, Rn. 1831.
647 S.o. E.I.1.

einen Vertrag anknüpft.[648] Darüber hinaus fordert der Gerichtshof, dass zwischen dem geltend gemachten Schaden und dem ihm zugrunde liegenden Ereignis ein ursächlicher Zusammenhang feststellbar ist.[649] Somit ist der Deliktsbegriff vom Vertragsbegriff i.S.v. Art. 7 Nr. 1 EuGVVO negativ abzugrenzen und damit deutlich weiter gefasst als deliktisch eingeordnete Tatbestände des deutschen nationalen Rechts.[650] Auch verschuldensunabhängige Ansprüche können daher vom Gerichtsstand der unerlaubten Handlung erfasst sein.[651] Sofern wegen desselben Schadens auch konkurrierende vertragliche Ansprüche bestehen, kann der Kläger am Deliktsgerichtsstand dennoch nur deliktisch zu qualifizierende Ansprüche geltend machen.[652] Um den Beklagten umfassend in Anspruch zu nehmen, steht dem Kläger daher ausschließlich der allgemeine Gerichtsstand gemäß Art. 4 Abs. 1 EuGVVO[653] zur Verfügung.[654]

(2) Ort des schädigenden Ereignisses

International und örtlich zuständig ist gemäß Art. 7 Nr. 2 EuGVVO das Gericht des Ortes, an dem das schädigende Ereignis eingetreten ist oder einzutreten droht. Der Schaden tritt nach Auffassung des EuGH dabei sowohl am Handlungs- als auch am Erfolgsort ein.[655] Sollten diese Orte bei einem Distanzdelikt

---

648 EuGH Urt. v. 27.9.1988, Rs. 189/87 (Kalfelis), ECLI:EU:C:1988:459 = NJW 1988, 3088 Ls. 2 a).

649 EuGH, Urt. v. 18.7.2013, Rs. C-147/12 (ÖFAB), ECLI:EU:C:2013:490 = NZG 2013, 1073 Rn. 34; EuGH Urt. v. 16.7.2009, Rs. C-189/08 (Zuid Chemie), ECLI:EU:C:2009:475= EuZW 2009, 608 Rn. 28; BGH Urt. v. 24.6.2014 – VI ZR 315/13, RIW 2015, 307 Rn. 20; *Kindler*, IPRax 2014, 486 (489).

650 *Rauscher*, Internationales Privatrecht, Rn. 1833; vgl. auch MünchKommZPO/*Gottwald*, Art. 7 EuGVVO Rn. 48 ff.; Musielak/Voit/*Stadler*, Art. 7 EuGVVO Rn. 17.

651 Musielak/Voit/*Stadler*, Art. 7 EuGVVO Rn. 17; *Haubold*, IPRax 375 (382).

652 EuGH Urt. v. 27.9.1988, Rs. 189/87 (Kalfelis), ECLI:EU:C:1988:459 = NJW 1988, 3088 Rn. 19; auch eine Annexkompetenz für deliktische Ansprüche am Vertragsgerichtsstand gemäß Art. 7 Nr. 1 EuGVVO wird im Lichte des EuGH-Urteils mit der wohl h.M. zu verneinen sein; vgl. Paulus/Peiffer/Peiffer/*Paulus*, Art. 7 EuGVVO Rn. 48 ff.; MünchKommZPO/*Gottwald*, Art. 7 EuGVVO Rn. 14; Musielak/Voit/*Stadler*, Art. 7 EuGVVO Rn. 5; a.A. Rauscher/*Leible*, Art. 7 EuGVVO Rn. 101.

653 S.o. E.II.3.a).

654 Musielak/Voit/*Stadler*, Art. 7 EuGVVO Rn. 17; vgl. auch Paulus/Peiffer/Peiffer/*Paulus*, Art. 7 EuGVVO Rn. 48 ff.

655 EuGH Urt. v. 16.6.2016, Rs. C-12/15 (Universal Music), ECLI:EU:C:2016:161 = EuZW 2016, 583 Rn. 28; EuGH Urt. v. 30.11.1976, Rs. 21/76 (Bier), ECLI:EU:C:1976:166 = NJW 1977, 493.

auseinanderfallen, steht dem Geschädigten grundsätzlich ein Wahlrecht zwischen beiden Orten zu.[656]

Der Handlungsort ist der Ort, an dem der Schädiger tatsächlich gehandelt und das schädigende Ereignis ausgelöst hat.[657] Bei Unterlassungsdelikten liegt der Handlungsort an dem Ort, an dem die entsprechende Handlung hätte vorgenommen werden müssen.[658]

Am Ort des Eingriffs in die geschützten Rechtsgüter, mithin am Ort des Schadenseintritts, liegt dagegen der Erfolgsort.[659] Probleme bei der Bestimmung des Gerichtsstandes können sich insbesondere bei sogenannten Streudelikten ergeben, sofern der Schaden an mehreren Erfolgsorten eingetreten ist.[660] Dies ist insbesondere bei Pressedelikten im Printbereich und Internet der Fall, da hier eine die Persönlichkeitsrechte des Geschädigten verletzende Nachricht theoretisch weltweit abrufbar bzw. zugänglich ist und somit weltweit Erfolgsorte bestehen. Der EuGH hat sich in seiner Rechtsprechung ausführlich zu diesem Problem im Rahmen des Art. 7 Nr. 2 EuGVVO bzw. Art. 5 Nr. 3 EuGVVO a.F. geäußert und in Bezug auf Persönlichkeitsrechtsdelikte in Printmedien die sogenannte Mosaiktheorie bzw. *Shevill*-Doktrin entwickelt.[661] Danach kann der Kläger am Handlungsort alle Schäden und an den jeweiligen Erfolgsorten nur den im jeweiligen Mitgliedstaat des angerufenen Gerichts eingetretenen Schaden einklagen.[662] Diese Rechtsprechung lässt sich nach Ansicht des Gerichtshofs auch auf Persönlichkeitsrechtsverletzungen im Internet übertragen, allerdings kann

---

656 EuGH Urt. v. 28.1.2015, Rs. C-375/13 (Kolassa), ECLI:EU:C:2015:37 = NJW 2015, 1581 Rn. 45; EuGH Urt. v. 5.6.2014, Rs. C-360/12 (Coty Germany), ECLI:EU:C:2014:1318 = EuZW 2014, 664 Rn. 46.

657 MünchKommZPO/*Gottwald*, Art. 7 EuGVVO Rn. 56; *Rauscher*, Internationales Privatrecht, Rn. 1836.

658 Paulus/Peiffer/Peiffer/*Paulus*, Art. 7 EuGVVO Rn. 189; EuGH Urt. v. 18.7.2013, Rs. C-147/12 (ÖFAB), ECLI:EU:C:2013:490 = EuZW 2013, 703 Rn 53 f.

659 Musielak/Voit/*Stadler*, Art. 7 EuGVVO Rn. 19; MünchKommZPO/*Gottwald*, Art. 7 EuGVVO Rn. 57.

660 *Rauscher*, Internationales Privatrecht, Rn. 1841.

661 EuGH Urt. v. 7.3.1995, Rs. C-68/93 (Shevill), ECLI:EU:C:1995:61 = NJW 1995, 1881 Ls. 1; Musielak/Voit/*Stadler*, Art. 7 EuGVVO Rn. 20; zur Mosaiktheorie ausführlich *Krüger/Pförtner*, JA 2018, 409 ff.

662 EuGH Urt. v. 7.3.1995, Rs. C-68/93 (Shevill), ECLI:EU:C:1995:61 = NJW 1995, 1881 Ls. 1.

der Geschädigte den Gesamtschaden neben dem Handlungsort auch am Ort des Mittelpunktes seiner Interessen einklagen.[663]

bb) Der Deliktsgerichtsstand bei Klagen im Konzern-Innenverhältnis (Existenzvernichtungshaftung)

Im Folgenden wird die gerichtliche Zuständigkeit für Haftungsklagen wegen unerlaubter Handlung im Konzerninnenverhältnis näher untersucht. Wie bereits dargestellt ist der Deliktsgerichtsstand negativ vom Vertragsgerichtsstand abzugrenzen.[664] Daher sind Ansprüche, die im internationalen Zivilverfahrensrecht vertraglich zu qualifizieren sind, nicht gleichzeitig auch deliktischer Natur. Folglich ist für die oben bereits untersuchte Konzerninnenhaftung für Verluste des abhängigen Unternehmens im Vertragskonzern (im deutschen Recht § 302 AktG) der Deliktsgerichtsstand gemäß Art. 7 Nr. 2 EuGVVO nicht eröffnet.[665] Dies gilt ebenso für vertraglich einzuordnende Schadensersatzansprüche der abhängigen Gesellschaft wegen nachteiliger Weisungen der Obergesellschaft (im deutschen Recht §§ 311, 317 AktG)[666] und für die Geschäftsführer- bzw. Organhaftung.[667]

Im Rahmen der Existenzvernichtungshaftung der Obergesellschaft für Verluste des abhängigen Unternehmens im qualifiziert faktischen GmbH- und AG-Konzern ergibt sich dagegen eine Zuständigkeit aus Art. 7 Nr. 2 EuGVVO.[668] Nachfolgend wird daher die Frage geklärt, wo Handlungs- und Erfolgsort[669] liegen.

---

663 EuGH Urt. v. 25.10.2011, Rs. C-509/09 (eDate Advertising), ECLI:EU:C:2011:685 = EuZW 2011, 962 Ls. 1; Musielak/Voit/*Stadler*, Art. 7 EuGVVO Rn. 20; im deutschen Internationalen Privatrecht ist im Rahmen der kollisionsrechtlichen Bestimmung des Erfolgsortes nach Art. 40 Abs. 1 EGBGB zu beachten, dass nach Ansicht des BGH eine differenzierte Betrachtung und eine Abwägung notwendig ist, vgl. BGH Urt. v. 2.3.2010 – VI ZR 23/09, NJW 2010, 1752 Ls. 1.

664 S.o. E.II.3.c)aa)(1).

665 Zur vertraglichen Qualifikation s.o. E.II.3.b)bb)(1)(a).

666 S.o. E.II.3.b)bb)(2); vgl. zur Konzernhaftung als unerlaubte Handlung ablehnend *Kindler*, FS Ulmer, 305 (317).

667 S.o. E.II.3.b)bb)(3); vgl. auch *Kindler*, IPRax 2016, 115 (118).

668 S.o. E.II.3.b)bb)(1)(b) und (c).

669 Dazu allgemein oben E.II.3.c)aa)(2).

(1) Handlungsort im Rahmen der Existenzvernichtungshaftung

Zunächst ist der Handlungsort des existenzvernichtenden Eingriffs zu bestimmen. Das schadensursächliche Geschehen ist in der Herbeiführung der Zahlungsunfähigkeit der Tochtergesellschaft infolge eines Vermögensentzugs durch die Obergesellschaft zu sehen. Die strategischen unternehmerischen Entscheidungen des herrschenden Unternehmens werden in der Regel an seinem tatsächlichen Verwaltungssitz getroffen. Damit wird wohl dort auch der Handlungsort liegen.[670] Folglich wird sich in vielen Fällen im Mitgliedstaat des allgemeinen Gerichtsstands gemäß Art. 4 Abs. 1 EuGVVO auch eine Zuständigkeit gemäß Art. 7 Nr. 2 Alt. 1 EuGVVO ergeben.

Zum Handlungsort führt der EuGH in der Rs. *ÖFAB*[671] in Bezug auf die Konzernaußenhaftung aus, dass im Wege der Durchgriffshaftung in Anspruch genommene Anteilseigner und Geschäftsführer ihre Pflicht zur Kontrolle der finanziellen Lage der Gesellschaft verletzt und die Ziehung von Konsequenzen aus der Unterkapitalisierung unterlassen hätten.[672] Der Ort, an dem zu handeln war, liegt nach Ansicht des Gerichtshofs an dem Ort, an den der Geschäftsbetrieb und die damit verbundene finanzielle Lage des Unternehmens anknüpfen.[673] Denn dort befänden sich die Informationen, die zur Wahrnehmung der den Anteilseignern und Geschäftsführern obliegenden Pflichten benötigt werden.[674] Dies war im Verfahren der Sitz der abhängigen Gesellschaft, sodass sich dort der eine gerichtliche Zuständigkeit begründende Handlungsort befinde.[675] Ob der EuGH diese Erwägungen auf die Existenzvernichtungshaftung im Rahmen der Konzerninnenhaftung übertragen wird, erscheint fraglich, wäre aber

670 Ebenso MünchKommBGB/*Kindler*, IntGesR Rn. 653; *Kindler*, FS Ulmer, 305 (318); *Haubold*, IPRax 2000, 375 (382); in Bezug auf die konzernrechtliche Außenhaftung MünchKommAktG/*Ego*, B. Europäische Niederlassungsfreiheit Rn. 671; *Bachmann*, IPRax 2009, 140 (145), der als Handlungsort ebenso den Ort versteht, an dem die Obergesellschaft hätte Handeln müssen, um schädigende Folgen für die Tochtergesellschaft abzuwehren.

671 Zum Sacherhalt s.o. E.II.3.b)cc)(1).

672 EuGH Urt. v. 18.7.2013, Rs. C-147/12 (ÖFAB), ECLI:EU:C:2013:490 = EuZW 2013, 703 Rn. 53.

673 EuGH Urt. v. 18.7.2013, Rs. C-147/12 (ÖFAB), ECLI:EU:C:2013:490 = EuZW 2013, 703 Rn. 55.

674 EuGH Urt. v. 18.7.2013, Rs. C-147/12 (ÖFAB), ECLI:EU:C:2013:490 = EuZW 2013, 703 Rn. 54.

675 EuGH Urt. v. 18.7.2013, Rs. C-147/12 (ÖFAB), ECLI:EU:C:2013:490 = EuZW 2013, 703 Rn. 54 f.

zu begrüßen. Schließlich würde dies einen vorhersehbaren Gerichtsstand mit einer besonderen Sach- und Beweisnähe schaffen.[676] Unklar bleibt nach der Entscheidung des EuGH aber, ob sich der Handlungsort stets am Sitz der Gesellschaft befindet oder vielmehr der Interessensmittelpunkt maßgeblich ist.[677] Was unter dem Begriff der „finanziellen Lage" und dem „Geschäftsbetrieb" konkret zu verstehen ist, wird der Gerichtshof in Zukunft noch näher ausführen müssen, sofern er sich für eine eigenständige Handlungsortsbestimmung entscheidet.[678]

(2) Erfolgsort der Existenzvernichtungshaftung

Weiter ist der Erfolgsort im Rahmen der Existenzvernichtungshaftung zu bestimmen. Der Erfolgsort liegt grundsätzlich am Ort des Schadenseintritts.[679]

Im Rahmen der Haftung wegen existenzvernichtenden Eingriffs könnte auf den Ort abzustellen sein, an dem das Vermögen der abhängigen Gesellschaft geschädigt wurde. Knüpft man den Erfolgsort an den (reinen) Vermögensschaden an, so stellt sich das Problem, dass eine Gesellschaft in der Regel zwar an ihrem Sitz über einen Großteil ihres Vermögens verfügt,[680] sich weitere Vermögenswerte, Bankkonten etc. aber auch an anderen Orten und in anderen Staaten befinden können. Auf einen Vermögensmittelpunkt abzustellen ist nach Ansicht des EuGH bei reinen Vermögensschäden nicht möglich.[681] Ein Gerichtsstand am Sitz des Klägers kann sich nur für den Fall ergeben, dass der deliktische Schaden unmittelbar auf einem Bankkonto des Klägers an seinem Sitz eingetreten ist.[682] Folgt man der Mosaikbetrachtung des EuGH,[683] führt dies zu einer gerichtlichen Zuständigkeit an allen Orten, an denen Vermögen der Gesellschaft belegen und geschädigt worden ist. Die klagende Tochtergesellschaft müsste ihren

676 Ebenso *Wedemann*, ZEuP 2014, 861 (880 f.).

677 Kritisch zur Formulierung des EuGH vgl. *Landbrecht*, EuZW 2013, 703 (707 f.); *Wedemann*, ZEuP 2014, 861 (879).

678 Ebenso *Wedemann*, ZEuP 2014, 861 (879).

679 MünchKommBGB/*Kindler*, IntGesR Rn. 649.

680 Schmidt/*Brinkmann*, Art. 4 EuInsVO Rn. 10.

681 EuGH Urt. v. 10.6.2004, Rs. C-168/02 (Kronhofer), ECLI:EU:C:2004:364 = EuZW 20014, 477 Rn. 21; EuGH Urt. v. 16.6.2016, Rs. C-12/15 (Universal Music), ECLI:EU:C:2016:449 = NJW 2016, 2167 Rn. 35; *Bachmann*, IPRax 2009, 140 (144); a.A. *Zimmer*, IPRax 1998, 187 (190); a.A. in Bezug auf die konzernrechtliche Außenhaftung MünchKommAktG/*Ego*, B. Europäische Niederlassungsfreiheit Rn. 671.

682 EuGH Urt. v. 28.1.2015, Rs. C-375/13 (Kolassa), ECLI:EU:C:2015:37 = NJW 2015, 1581 Rn. 55.

683 EuGH Urt. v. 7.3.1995, Rs. C-68/93 (Shevill), ECLI:EU:C:1995:61 = NJW 1995, 1881 Ls. 1; s.o. E.II.3.c)aa)(2).

Gesamtschaden am Handlungsort geltend machen, die Kognitionsbefugnis an den jeweiligen Erfolgsorten würde sich dagegen nur auf den im entsprechenden Mitgliedstaat eingetretenen Schaden beschränken.[684] Dies wäre in der Praxis allerdings für die abhängige Gesellschaft mit hohen Rechtsverfolgungskosten verbunden und wenig zweckmäßig, sodass die Zuständigkeit am Erfolgsort der Tochtergesellschaft keinen geeigneten Gerichtsstand eröffnen würde.

Denkbar wäre es auch, die Rechtsprechung des EuGH in der Rs. *eDate Advertising* bezogen auf Persönlichkeitsrechtsverletzungen im Internet auf den vorliegenden Fall zu übertragen und damit am Ort, an dem die Tochtergesellschaft den Mittelpunkt ihrer Interessen hat, den Erfolgsort zur Geltendmachung des Gesamtschadens zu sehen.[685] Problematisch ist allerdings, dass unklar ist, ob der EuGH die Rechtsprechung zu Internetdelikten auch auf sonstige unerlaubte Handlungen übertragen wird. Bisher hat der Gerichtshof die *eDate*-Doktrin in erster Linie bei Persönlichkeitsrechtsverletzungen angewandt[686] und beispielsweise eine Übertragbarkeit auf Immaterialgüterrechte verneint.[687] Eine Anwendung im Rahmen der Existenzvernichtungshaftung wäre aber zu begrüßen. Dies würde zum einen dem Grundsatz der EuGVVO, in hohem Maße vorhersehbare Gerichtsstände zu schaffen,[688] Rechnung tragen und zum anderen zu einem sach- und beweisnahen Gerichtsstand führen.[689] Der Ort des Mittelpunktes der hauptsächlichen Interessen der Tochtergesellschaft ist im Einzelfall zu bestimmen. Im Interesse eines einheitlichen europäischen Rechtssystems wäre es sinnvoll, dies anhand der für Art. 3 Abs. 1 Satz 2 EuInsVO zum COMI entwickelten Kriterien zu tun. Auf einen entsprechenden Vorschlag des GA *Bobek* ist der Gerichtshof im Verfahren *Bolagsupplysningen*[690] ohne erkennbaren Grund mit keinem Wort

---

684 *Mankowski*, RIW 2015, 816 (823).

685 Vgl. EuGH Urt. v. 25.10.2011, Rs. C-509/09 (eDate Advertising), ECLI:EU:C:2011:685 = EuZW 2011, 962.

686 EuGH Urt. v. 17.10.2017, Rs. C-194/16 (Bolagsupplysningen), ECLI:EU:C:2017:766 = EuZW 2018, 91 Rn. 32.

687 EuGH Urt. v. 19.4.2012, Rs. C- 523/10 (Wintersteiger), ECLI:EU:C:2012:220 = EuZW 2012, 513 Rn. 24 ff.; zustimmend *Kindler*, GRUR 2018, 1107 (1112).

688 Erwägungsgrund Nr. 15 Satz 1 EuGVVO.

689 EuGH Urt. v. 25.10.2011, Rs. C-509/09 (eDate Advertising), ECLI:EU:C:2011:685 = EuZW 2011, 962 Rn. 48; EuGH Urt. v. 16.6.2016, Rs. C-12/15 (Universal Music), ECLI:EU:C:2016:449 = NJW 2016, 2167 Rn. 27.

690 EuGH Urt. v. 17.10.2017, Rs. C-194/16 (Bolagsupplysningen), ECLI:EU:C:2017:766 = EuZW 2018, 91.

eingegangen.[691] Dennoch ist eine Analogie zu bevorzugen. Somit liegt der Ort der hauptsächlichen Interessen dort, wo die abhängige Gesellschaft der Verwaltung ihrer Interessen nachgeht.[692] Dies wird in der Regel der satzungsmäßige Sitz sein, soweit sich nicht aus den konkreten Umständen des Einzelfalls etwas anderes ergibt.[693] Folglich sind die dortigen Gerichte international und örtlich für Klagen aufgrund einer Existenzvernichtungshaftung gemäß Art. 7 Nr. 2 Alt. 2 EuGVVO zuständig.

(3) Zwischenergebnis: Deliktsgerichtsstand bei Klagen aus Existenzvernichtungshaftung eröffnet

Zusammenfassend lässt sich feststellen, dass die abhängige Gesellschaft ihre Obergesellschaft wegen eines existenzvernichtenden Eingriffs jedenfalls am effektiven Verwaltungssitz des herrschenden Unternehmens verklagen kann. Ob ein Handlungsort auch am Satzungssitz des abhängigen Unternehmens zu verorten ist, hat der EuGH noch nicht entschieden. Es wäre aber zu begrüßen. Zu wünschen wäre ferner eine Erfolgsortzuständigkeit am COMI der abhängigen Gesellschaft. Auf Grundlage des Ubiquitätsprinzips steht ihr ein Wahlrecht zwischen Handlungs- und Erfolgsorten zu.[694]

cc) Der Deliktsgerichtsstand bei Klagen im Konzern-Außenverhältnis

Wie bereits dargestellt[695] ist für Klagen Dritter gegen ein Organ oder die Muttergesellschaft der Vertragsgerichtsstand nicht eröffnet. In Außenhaftungsfällen steht vielmehr der Gerichtsstand der unerlaubten Handlung im Vordergrund.[696] Im Folgenden werden die verschiedenen Spielarten der konzernrechtlichen Durchgriffshaftung im Lichte einer Geltendmachung am Deliktsgerichtsstand näher untersucht.

Die konzernrechtliche Durchgriffshaftung ist eine Ausnahme von dem im deutschen Gesellschaftsrecht und in weiteren Mitgliedstaaten für juristische

---

691 Schlussanträge GA *Bobek* v. 13.7.2017, Rs. C-194/16 (Bolagsupplysningen), ECLI:EU:C:2017:554 = BeckRS 2017, 116694 Rn. 106 ff.; ebenfalls für eine Analogie zum COMI *Hau*, GRUR 2018, 163 (164).

692 MünchKommBGB/*Kindler*, Art. 3 EuInsVO Rn. 14.

693 Ausführlich MünchKommBGB/*Kindler*, Art. 3 EuInsVO Rn. 14 ff.; für eine Zuständigkeit am Sitz der Gesellschaft vgl. auch *Kindler*, FS Ulmer, 305 (318); *Stadler*, FS Geimer, 715 (726).

694 *Kindler*, IPRax 2016, 115 (118).

695 S.o. E.II.3.b)cc)(2).

696 *Knöfel*, EuZA 2016, 348 (366).

Personen geltenden Trennungsprinzip.[697] Das Prinzip beruht auf der Selbstständigkeit der juristischen Person im Verhältnis zu ihren Gesellschaftern.[698] Auf den Konzern übertragen führt das Trennungsprinzip dazu, dass jede konzernangehörige Gesellschaft ihren Gläubigern gegenüber grundsätzlich nur für eigene Schulden haftet und juristisch selbstständig ist.[699] Dies kann bei missbräuchlicher Gestaltung zu unangemessenen Haftungslagen führen, sodass es in bestimmten Fallkonstellationen im Sinne des Gläubigerschutzes zu einer Durchgriffshaftung des herrschenden Unternehmens als Ausnahme zum Trennungsprinzip kommen muss.[700]

(1) „Durchgriffshaftung" im Vertragskonzern

Im Vertragskonzern besteht wie, bereits dargestellt,[701] eine vertraglich zu qualifizierende Pflicht des herrschenden Unternehmens, Verluste der Konzerntochtergesellschaft zu übernehmen. Inhaber dieses Ausgleichsanspruchs ist allerdings allein die Tochtergesellschaft, nicht ihre Gläubiger.[702] Sie können sich den Anspruch gegebenenfalls zwar pfänden und überweisen lassen,[703] jedenfalls wäre der Anspruch dann nicht deliktisch, sondern weiterhin vertraglich zu qualifizieren.[704] Somit besteht mangels Durchgriffshaftung keine Zuständigkeit am Deliktsgerichtsstand gemäß Art. 7 Nr. 2 EuGVVO.

---

697 S.o. C.II.; vgl. zum Trennungsprinzip im Unionsrecht *Kindler*, FS Säcker, 393 (394).

698 Zum deutschen Recht vgl. MünchKommAktG/*Heider*, § 1 AktG Rn. 47; Baumbach/Hueck (2017)/*Fastrich*, § 13 GmbHG Rn. 5.

699 MünchKommAktG/*Heider*, § 1 AktG Rn. 65; *Kessler/Schulz*, NVwZ 2017, 577 (578); *Weck*, NZG 2016, 1374 (1375).

700 *Kessler/Schulz*, NVwZ 2017, 577 (578); vgl. auch *Kindler*, FS Säcker, 393 (397 ff.); dazu grundsätzlich *Thomale*, AcP 218 (2018), 685 ff. mit Verweis auf *Thomale*, Kapital als Verantwortung (in Vorbereitung).

701 S.o. E.II.3.b)bb)(1)(a).

702 Vgl. zum Ausgleichsanspruch im deutschen materiellen Gesellschaftsrecht MünchKommAktG/*Heider*, § 1 AktG Rn. 66; MünchKommAktG/*Altmeppen*, § 302 AktG Rn. 78.

703 Hüffer/Koch/*Koch*, § 302 AktG Rn. 16; Emmerich/Habersack/*Emmerich*, § 302 AktG Rn. 44.

704 Schließlich stützt sich der dann gepfändete Anspruch weiterhin auf den Gewinnabführungs- und Beherrschungsvertrag, *Wedemann*, ZEuP 2014, 861 (877); außerdem hat der EuGH anerkannt, dass nach einer Legalzession der besondere Gerichtsstand für Klagen gegen den Versicherer gemäß Art. 11 Abs. 1 EuGVVO auch dem Zessionar offen steht, vgl. EuGH Urt. v. 18.5.2018, Rs. C-340/16 (KABEG), ECLI:EU:C:2017:576 = IPRax 2018, 158 Rn. 39.

(2) Durchgriffshaftung im faktischen Konzern

Für Ansprüche eines Gläubigers gegen Anteilseigner und Geschäftsführer eines abhängigen zahlungsunfähigen Unternehmens hat der Gerichtshof in der Rs. *ÖFAB*[705] entschieden, dass die Durchgriffshaftung deliktisch zu qualifizieren ist, sofern die Verfahrensparteien nicht gleichzeitig auch Vertragsparteien sind. Der Handlungsort lag nach Auffassung des EuGH in der Rechtssache am Sitz der beherrschten Gesellschaft.[706] Die Bestimmung des Erfolgsortes unterblieb im Verfahren. Dieser sollte wie bereits dargestellt[707] bei Vermögensschädigungen durch die Muttergesellschaft am Mittelpunkt der hauptsächlichen Interessen (COMI) liegen.

Die Entscheidung des EuGH kann allerdings nicht pauschal auf alle Arten der Durchgriffshaftung im faktischen Konzern übertragen werden. Vielmehr ist die rechtliche Grundlage des Haftungsanspruchs im anwendbaren materiellen Recht maßgeblich. Nachfolgend wird zunächst die Entscheidung des EuGH in der Rs. *OTP Bank* zur Qualifikation des Haftungsdurchgriffs nach ungarischem Recht dargestellt (s.u. (a)) und sodann die Qualifikation des Einzelausgleichs nach deutschem Recht untersucht (s.u. (b)).

(a) Qualifikation des Haftungsdurchgriffs auf den Publizitätsverweigerer nach ungarischem Recht – EuGH Rs. *OTP Bank*

Im Verfahren *OTP Bank*[708] hatte sich der EuGH mit einer Durchgriffshaftung nach ungarischem Recht zu befassen. Dem Vorabentscheidungsersuchen lag eine Klage der *OTP Bank* auf Darlehensrückzahlung zugrunde. Aufgrund der Insolvenz der Darlehensschuldnerin, einer Gesellschaft ungarischen Rechts, nahm die Klägerin die Mehrheitsgesellschafterin, die *Hochtief Solutions AG*, in Anspruch. Den Haftungsdurchgriff begründete die Bank damit, dass die Beklagte eine Beteiligung an der nun insolventen Schuldnerin, die die *Hochtief Solutions AG* allerdings erst mehrere Jahre nach Abschluss des Darlehens erworben hatte, nicht öffentlich gemacht hat. Das ungarische Recht begründet in diesen Fällen eine Haftung des Publizitätsverweigerers auf Schadensersatz. Der Gerichtshof lehnte den Vertragsgerichtsstand mit der Begründung ab, dass zwischen den

---

705 EuGH Urt. v. 18.7.2013, Rs. C-147/12 (ÖFAB), ECLI:EU:C:2013:490 = EuZW 2013, 703.

706 EuGH Urt. v. 18.7.2013, Rs. C-147/12 (ÖFAB), ECLI:EU:C:2013:490 = EuZW 2013, 703 Rn. 54 f.; vgl. oben E.II.3.c)bb)(1).

707 S.o. E.II.3.c)bb)(2).

708 EuGH Urt. v. 17.10.2013, Rs. C-519/12 (OTP Bank), ECLI:EU:C:2013:674 = IPRax 2014, 528; dazu ausführlich *Kindler*, IPRax 2014, 486 ff.

Parteien kein Vertragsverhältnis besteht[709] und hält damit an der Abgrenzung zwischen Vertrags- und Deliktsgerichtsstand der Entscheidung *ÖFAB* fest.[710] Ob im Verfahren der Gerichtsstand nach Art. 7 Nr. 2 EuGVVO eröffnet war, hatte der EuGH nicht zu entscheiden.[711]

Für eine Zuständigkeit am Deliktsgerichtsstand ist es erforderlich, dass zwischen dem Schaden der Klägerin und der unterlassenen Offenlegung des Beteiligungserwerbs durch die Beklagte ein ursächlicher Zusammenhang besteht.[712] Dies ist im hier dargestellten Fall wohl zu verneinen, da die Beklagte erst Jahre nach Abschluss des Darlehensvertrages Anteile an der insolventen Darlehnsschuldnerin erworben hatte.[713] Das *forum delicti commissi* ist mithin nicht eröffnet.

(b) Qualifikation des Einzelausgleichs nach deutschem Recht

Nach deutschem Recht kann ein Gläubiger einer abhängigen Gesellschaft im Wege des Einzelausgleichs gemäß §§ 317 Abs. 4, 309 Abs. 4 Satz 3 AktG Schadensersatz vom herrschenden Unternehmen verlangen. Die Haftung der Obergesellschaft besteht unabhängig davon, ob diese ihren Sitz in Deutschland oder im Ausland hat.[714] Zwischen dem Gläubiger der Tochtergesellschaft und der in Anspruch genommenen Muttergesellschaft existiert allerdings in der Regel kein Vertragsverhältnis mit Bezug zum geltend gemachten Schadensersatzanspruch. Daher knüpft die Durchgriffshaftung nach deutschem materiellem Gesellschaftsrecht nicht an ein vertragliches Schuldverhältnis an und ist deliktisch einzuordnen. Der Gerichtsstand gemäß Art. 7 Nr. 2 EuGVVO ist für Ansprüche aus §§ 317 Abs. 4, 309 Abs. 4 Satz 3 AktG eröffnet.[715]

Hinsichtlich der Bestimmung von Handlungs- und Erfolgsort ist auf die unerlaubte Handlung des herrschenden Unternehmens, die pflichtwidrige Einflussnahme auf die Tochtergesellschaft, und das Unterlassen, die Nachteile wieder auszugleichen, abzustellen.[716] Damit liegt der Handlungsort an dem Ort, von

---

709 EuGH Urt. v. 17.10.2013, Rs. C-519/12 (OTP Bank), ECLI:EU:C:2013:674 = IPRax 2014, 528 Rn. 23 f.

710 EuGH Urt. v. 18.7.2013, Rs. C-147/12 (ÖFAB), ECLI:EU:C:2013:490 = EuZW 2013, 703 Rn. 33.

711 EuGH Urt. v. 17.10.2013, Rs. C-519/12 (OTP Bank), ECLI:EU:C:2013:674 = IPRax 2014, 528 Rn. 27.

712 EuGH Urt. v. 18.7.2013, Rs. C-147/12 (ÖFAB), ECLI:EU:C:2013:490 = EuZW 2013, 703 Rn. 34; *Kindler*, IPRax 2014, 486 (489).

713 *Kindler*, IPRax 2014, 486 (489).

714 MünchKommAktG/*Altmeppen*, § 317 AktG Rn. 111.

715 Ebenso MünchKommAktG/*Altmeppen*, § 317 AktG Rn. 111; a.A. *Bruhns*, S. 206 f.

716 *Bachmann*, IPRax 2009, 140 (144); *Maul*, NZG 1999, 741 (744).

dem aus die Muttergesellschaft ihre tatsächliche Leitungsmacht ausübt, mithin an ihrem effektiven Verwaltungssitz[717] und an dem Ort, an dem der deliktische Unterlassungstäter hätte handeln müssen, in der Regel am tatsächlichen Sitz des abhängigen Unternehmens.[718] Der Erfolgsort sollte am COMI der Tochtergesellschaft zu verorten sein.[719] Die Schäden im Vermögen der Gläubiger stellen dagegen bloße Folgeschäden der unerlaubten Handlung dar, die keinen Erfolgsort begründen.[720]

(3) Existenzvernichtungshaftung

Eine Durchgriffsaußenhaftung wegen existenzvernichtenden Eingriffs[721] hat der BGH in der Entscheidung *Trihotel*[722] zugunsten einer reinen Innenhaftung der Muttergesellschaft gegenüber der Tochtergesellschaft aufgegeben.[723] Denkbar ist lediglich die Pfändung und Überweisung des Konzerninnenhaftungsanspruchs[724] gegen die Muttergesellschaft durch den Gläubiger.[725] Dieser Anspruch wäre weiterhin am ursprünglichen Deliktsgerichtsstand[726] geltend zu machen, da die Pfändung des Anspruchs keinen Einfluss auf die gerichtliche Zuständigkeit für dessen klageweise Geltendmachung hat.[727]

---

717 MünchKommAktG/*Ego*, B. Europäische Niederlassungsfreiheit Rn. 671.

718 *Bachmann*, IPRax 2009, 140 (144); siehe auch EuGH Urt. v. 18.7.2013, Rs. C-147/12 (ÖFAB), ECLI:EU:C:2013:490 = EuZW 2013, 703 Rn. 53 f.; dazu oben E.II.3.c)bb)(1).

719 Vgl. dazu bereits oben E.II.3.c)bb)(2); a.A. MünchKommAktG/*Ego*, B. Europäische Niederlassungsfreiheit Rn. 671, der den Sitz des abhängigen Unternehmens als Erfolgsort versteht.

720 *Haubold*, IPRax 2000, 375 (382).

721 Zur Rechtsprechung vor *Trihotel* vgl. Michalski/Heidinger/Leible/Schmidt/*Lieder*, § 13 GmbHG Rn. 422 ff.

722 BGH Urt. v. 16.7.2007 – II ZR 3/04, NJW 2007, 2689; dazu ausführlich *Kindler*, Grundkurs, § 14 Rn. 95 ff.

723 BGH Urt. v. 16.7.2007 – II ZR 3/04, NJW 2007, 2689 Ls. 2; MünchKommAktG/*Heider*, § 1 AktG Rn. 85; Michalski/Heidinger/Leible/Schmidt/*Lieder*, § 13 GmbHG Rn. 425 ff.; Bamberger/Roth/*Schöpflin*, § 21 BGB Rn. 24; vgl. auch E.II.3.b)bb)(1)(b)(aa).

724 Dazu oben E.II.3.b)bb)(1)(b).

725 Bamberger/Roth/*Schöpflin*, § 21 BGB Rn. 24; *Wedemann*, ZEuP 2014, 861 (876 f.).

726 S.o. E.II.3.c)bb).

727 Im Ergebnis *Wedemann*, ZEuP 2014, 861 (877).

(4) Sicherheitsleistung gemäß § 303 Abs. 1 Satz 1 AktG

Für Klagen auf Sicherheitsleistung bei Beendigung eines Gewinnabführungs- und Beherrschungsvertrages nach deutschem materiellen Aktienrecht ergibt sich keine gerichtliche Zuständigkeit aus Art. 7 Nr. 2 EuGVVO.[728] Die Beendigung einer Beherrschungssituation stellt schon keine missbräuchliche unerlaubte Handlung dar, die zu einer Schadenshaftung führt, sondern ist gesetzlich in § 296 AktG explizit vorgesehen und rechtlich zulässig.[729]

dd) Zwischenergebnis: Deliktsgerichtsstand erfasst Fälle der Konzerninnen- und insbesondere der Konzernaußenhaftung; Erfolgsort ist am COMI der Tochtergesellschaft zu verorten

Der Deliktsgerichtsstand gemäß Art. 7 Nr. 2 EuGVVO ist im Rahmen der Konzernhaftung von besonderer Relevanz. Einerseits kann an diesem Gerichtsstand der Konzerninnenhaftungsanspruch wegen eines existenzvernichtenden Eingriffs geltend gemacht werden und andererseits ist das *forum delicti commissi* für verschiedene Konstellationen der Durchgriffshaftung eröffnet. Problematisch ist allerdings, dass der EuGH bisher keine klare Linie bei der Bestimmung von Handlungs- und Erfolgsort in Konzernstreitigkeiten verfolgt. Die bisherige Rechtsprechung, insbesondere zum Erfolgsort, vermag Konzernsachverhalte nur eingeschränkt sachgerecht zu lösen. Es wäre zu begrüßen, wenn der EuGH in Zukunft den Erfolgsort bei Haftungsklagen gegen die Obergesellschaft am COMI der geschädigten Tochtergesellschaft verortet.

d) Streitigkeiten aus dem Betrieb einer Niederlassung (Art. 7 Nr. 5 EuGVVO)

Im Folgenden wird der Gerichtsstand der Niederlassung gemäß Art. 7 Nr. 5 EuGVVO näher untersucht.[730] Ein Schwerpunkt liegt auch hier auf Klagen mit Konzernbezug.

Der besondere Gerichtsstand der Niederlassung eröffnet dem Kläger die Möglichkeit, den Beklagten am Ort von dessen Niederlassung statt an dessen

---

728 Dies gilt ebenso für die Ausfallhaftung nach §§ 303, 322 AktG analog, vgl. MünchKommBGB/*Kindler*, IntGesR Rn. 770, 772; s.u. E.II.3.e)cc).

729 Zur Aufhebung eines Beherrschungsvertrages ausführlich Ziemons/Jaeger/*Servatius*, Konzernrecht Rn. 231 ff.

730 Zur hier ausgeklammerten Zuständigkeit nach EuInsVO vgl. ausführlich MünchKommBGB/*Kindler*, Art. 3 EuInsVO Rn. 58 ff.; *Deyda*, S. 35 ff.; *Albers*, S. 298 ff.

allgemeinem Gerichtsstand[731] in Anspruch zu nehmen, sofern die Klage einen Bezug zum Betrieb der Niederlassung hat. Damit wird zugunsten des Klägers die Gerichtspflichtigkeit des Beklagten erweitert, wenn dieser außerhalb seines Sitzes durch Errichtung und Betrieb einer Niederlassung am Wirtschaftsleben teilnimmt. Dem Kläger soll so ein weiterer und möglicherweise sachnäherer Gerichtsstand zur Verfügung stehen.[732] Somit dient dieser besondere Gerichtsstand auch dem Gläubigerschutz.[733]

Darüber hinaus spielt die Niederlassung im Rahmen der Zuständigkeit nach der EuInsVO eine Rolle. Die Eröffnungszuständigkeit für Partikularinsolvenzverfahren liegt gemäß Art. 3 Abs. 2 Satz 1 EuInsVO am Ort der Niederlassung.[734]

Ein Unternehmen mit Sitz[735] in einem Mitgliedstaat kann gemäß Art. 7 Nr. 5 EuGVVO auch am Ort einer Zweigniederlassung, Agentur oder sonstigen Niederlassung in einem anderen Mitgliedstaat verklagt werden, sofern es sich um Streitigkeiten aus dem Betrieb ebendieser handelt und der räumliche Anwendungsbereich[736] des Art. 7 EuGVVO eröffnet ist. Im Folgenden werden zunächst allgemein der Begriff der Niederlassung im Sinne der Norm sowie die Merkmale einer betriebsbezogenen Streitigkeit dargestellt (s.u. aa)), bevor der Gerichtsstand der Niederlassung bei Klagen mit Konzernbezug – insbesondere in Bezug auf die Frage, ob eine Tochtergesellschaft eine Niederlassung der Muttergesellschaft sein kann – näher beleuchtet wird (s.u. bb) und cc)).

aa) Allgemeines

Neben der Voraussetzung, dass das beklagte Unternehmen seinen Sitz in einem Mitgliedstaat hat und in einem anderen Mitgliedstaat verklagt werden soll, muss es eine Niederlassung unterhalten und die Streitigkeit betriebsbezogen sein. Der Gerichtsstand wird daher vereinzelt als „verkleinerter Wohnsitzgerichtsstand" bezeichnet.[737] Er ist nur für Klagen gegen den Inhaber der Zweigniederlassung

---

731 S.o. E.II.3.a).

732 So *Müller-Froelich*, S. 133.

733 So auch *Weber*, S. 436 f.

734 Vgl. dazu ausführlich MünchKommBGB/*Kindler*, Art. 3 EuInsVO Rn. 53 ff.; Mankowski/Müller/Schmidt/*Mankowski*, Art. 3 EuInsVO Rn. 135 ff.; vgl. zur Tochtergesellschaft als Niederlassung der Muttergesellschaft gemäß EuInsVO a.F. ausführlich *Deyda*, S. 35 ff.

735 Dazu s.o. E.II.3.a)bb).

736 Dazu s.o. E.II.3.b)aa)(1).

737 Vgl. aufgrund der divergierenden Schutzerwägungen des allgemeinen Gerichtsstandes und dem der Niederlassung ablehnend Rauscher/*Leible*, Art. 7 EuGVVO Rn. 152; vgl.

und nicht für Klagen des Inhabers gegen Dritte eröffnet, gilt also nicht für Aktivprozesse des die Niederlassung unterhaltenden Unternehmens.[738] Ebenso wenig kann die Niederlassung das Stammhaus am Gerichtsstand nach Art. 7 Nr. 5 EuGVVO in Anspruch nehmen.[739] Es muss sich vielmehr um Streitigkeiten mit externen Parteien handeln.[740] Nachfolgend werden die einzelnen Voraussetzungen dargestellt.

(1) Begriff der Niederlassung

Die Begriffe „Zweigniederlassung" und „Agentur" stellen dabei nur Unterbegriffe der „Niederlassung" dar,[741] zwischen denen nicht differenziert wird.[742] Sie sind autonom auszulegen.[743] Unter den Begriffen ist ein Mittelpunkt der geschäftlichen Tätigkeit eines Unternehmens zu verstehen, der auf Dauer als Außenstelle des Stammhauses auftritt, eine eigene Geschäftsführung hat und sachlich so ausgestattet ist, dass sich Dritte, obgleich sie wissen, dass möglicherweise

auch *Müller-Froelich*, S. 133; Geimer/Schütze/*Geimer*, Art. 5 EuGVVO a.F. Rn. 299; MünchKommZPO/*Gottwald*, Art. 7 EuGVVO Rn. 74.

738 Geimer/Schütze/*Geimer*, Art. 5 EuGVVO a.F. Rn. 298; Rauscher/*Leible*, Art. 7 EuGVVO Rn. 154; Schlosser/Hess/*Schlosser*, Art. 7 EuGVVO Rn. 21; *Kropholler/von Hein*, Art 5 EuGVVO a.F. Rn. 101; Simons/Hausmann/*Ten Wolde/Knot/Weller*, Art. 5 Nr. 5 EuGVVO a.F. Rn. 5; *Nagel/Gottwald*, § 3 Rn. 98; Ausnahmen bestehen allerdings für Streitigkeiten aus Versicherungssachen, vgl. Art. 11 Abs. 2 EuGVVO.

739 Rauscher/*Leible*, Art. 7 EuGVVO Rn. 154; Paulus/Peiffer/Peiffer/*Paulus*, Art. 7 EuGVVO Rn. 240; *Kropholler/von Hein*, Art 5 EuGVVO a.F. Rn. 101; zwar hat sich der EuGH in zwei Klagen der vermeintlichen Niederlassung gegen das Stammhaus mit dem Niederlassungsgerichtsstand beschäftigt, die Vorlagefragen waren allerdings nicht darauf gerichtet, ob sich der Gerichtsstand auch auf solche Klagen bezieht, vgl. Schlosser/Hess/*Schlosser*, Art. 7 EuGVVO Rn. 21 und EuGH Urt. v. 6.10.1976, Rs. 14/76 (De Bloos), ECLI:EU:C1976:134 = NJW 1977, 490 sowie EuGH Urt. v. 22.11.1978; Rs. 33/78 (Somafer SA/Saar-Ferngas AG), ECLI:EU:C:1978:205 = RIW 1979, 56.

740 Vgl. *Nagel/Gottwald*, § 3 Rn. 100, der allerdings von externen „Kunden" spricht und dabei verkennt, dass Art. 7 Nr. 5 EuGVVO auch eine außervertragliche Haftung erfasst, vgl. EuGH Urt. v. 22.11.1978; Rs. 33/78 (Somafer SA/Saar-Ferngas AG), ECLI:EU:C:1978:205 = RIW 1979, 56 Rn. 13; so auch Simons/Hausmann/*Ten Wolde/Knot/Weller*, Art. 5 Nr. 5 EuGVVO a.F. Rn. 13.

741 *Müller-Froelich*, S. 139; Geimer/Schütze/*Geimer*, Art. 5 EuGVVO a.F. Rn. 304; Rauscher/*Leible*, Art. 7 EuGVVO Rn. 155.

742 Rauscher/*Leible*, Art. 7 EuGVVO Rn. 155.

743 Musielak/Voit/*Stadler*, Art. 7 EuGVVO Rn. 25.

Rechtsverhältnisse mit dem ausländischen Stammhaus begründet werden, nicht unmittelbar an das Stammhaus zu wenden brauchen.[744]

Wesentliches Kriterium ist somit, dass die Tätigkeit der Niederlassung von einiger Dauer oder zumindest auf Dauer angelegt[745] ist. Der Auftritt als Außenstelle des Stammhauses nur für die Dauer einer Ausstellung, Messe oder sonstigen vorübergehenden Veranstaltung ist damit nicht ausreichend.[746]

Außerdem wird eine Niederlassung wesentlich dadurch charakterisiert, dass sie der Aufsicht und Leitung des Stammhauses unterliegt.[747] Daran fehlt es wohl im Falle des Handelsvertreters gemäß § 84 ff. HGB, der seine Arbeitszeit im Wesentlichen frei bestimmen kann,[748] sowie von Alleinvertriebshändlern, die auf eigene Rechnung handeln und weder der Aufsicht noch der Leitung ihrer Lieferanten unterstehen.[749] Allerdings muss es sich nicht zwingend um eine rechtlich unselbstständige Niederlassung als Außenstelle des Stammhauses handeln, um die Zuständigkeit nach Art. 7 Nr. 5 EuGVVO zu begründen.[750] Unter welchen Voraussetzungen ein als selbstständige juristische Person organisiertes

---

744 EuGH Urt. v. 22.11.1978; Rs. 33/78 (Somafer SA/Saar-Ferngas AG), ECLI:EU:C:1978:205 = RIW 1979, 56, Ls. 2; EuGH Urt. v. 9.12.1987, Rs. 218/86 (SAR Schotte GmbH/Parfums Rothschild SARL), ECLI:EU:C:1987:536 = NJW 1988, 625 Rn. 10; EuGH Urt. v. 6.4.1995, Rs. C-439/93 (Lloyd's Register of Shipping/Société Campenon Bernard), ECLI:EU:C:1995:104 = EuZW 1995, 408 Rn. 18; EuGH Urt. v. 19.7.2012, Rs. C-154/11 (Mahamdia), ECLI:EU:C:2012:491 = IPRax 2013, 572 Rn. 48; vgl. auch *Weber*, S. 436; *Albers*, S. 81 ff.; Rauscher/*Leible*, Art. 7 EuGVVO Rn. 156; Schlosser/Hess/*Schlosser*, Art. 7 EuGVVO Rn. 20; Simons/Hausmann/*Ten Wolde/Knot/Weller*, Art. 5 Nr. 5 EuGVVO a.F. Rn. 6; MünchKommZPO/*Gottwald*, Art. 7 EuGVVO Rn. 74; *Kropholler/von Hein*, Art. 5 EuGVVO a.F. Rn. 103; *Nagel/Gottwald*, § 3 Rn. 99.

745 So *Albers*, S. 83.

746 Geimer/Schütze/*Geimer*, Art. 5 EuGVVO a.F. Rn. 305; Rauscher/*Leible*, Art. 7 EuGVVO Rn. 158; vgl. auch *Albers*, S. 83.

747 EuGH Urt. v. 6.10.1976, Rs. 14/76 (De Bloos), ECLI:EU:C1976:134 = NJW 1977, 490 Rn. 20/22; MünchKommZPO/*Gottwald*, Art. 7 EuGVVO Rn. 79.

748 EuGH Urt. v. 18.3.1981, Rs. C-139/80 (Blanckaert & Willems PVBA/Luise Trost), ECLI:EU:C:1981:70 = IPRax 1982, 64 Rn. 13; vgl. auch Simons/Hausmann/*Ten Wolde/Knot/Weller*, Art. 5 Nr. 5 EuGVVO a.F. Rn. 9.

749 EuGH Urt. v. 6.10.1976, Rs. 14/76 (De Bloos), ECLI:EU:C1976:134 = NJW 1977, 490, Ls. 2.

750 Vgl. außerdem Geimer/Schütze/*Geimer*, Art. 5 EuGVVO a.F. Rn. 309; Rauscher/*Leible*, Art. 7 EuGVVO Rn. 160; Simons/Hausmann/*Ten Wolde/Knot/Weller*, Art. 5 Nr. 5 EuGVVO a.F. Rn. 8.

Tochterunternehmen eine Niederlassung i.S.v. Art. 7 Nr. 5 EuGVVO darstellen kann, wird noch zu prüfen sein.[751]

(2) Betriebsbezogene Streitigkeit – Auslegung nach der EuGH-Entscheidung *Somafer/Saar-Ferngas*

Weiter ist gemäß Art. 7 Nr. 5 EuGVVO erforderlich, dass es sich bei der Klage um eine Streitigkeit aus dem Betrieb der Niederlassung handelt. Diese Voraussetzung ist ebenfalls verordnungsautonom auszulegen.[752] In der Rechtssache *Somafer* gegen *Saar-Ferngas*[753] hat der EuGH die betriebsbezogene Streitigkeit anhand von drei Fallgruppen definiert[754] und seine Auslegung in der jüngeren Rechtsprechung bestätigt.[755] Nachfolgend wird zunächst der Sachverhalt der EuGH-Entscheidung dargestellt (s.u. (a)) und sodann auf den im Urteil entwickelten Begriff der betriebsbezogenen Streitigkeit eingegangen (s.u. (b)).

(a) Sachverhalt EuGH Rs. *Somafer/Saar-Ferngas*

Die Firma *Établissements Somafer* mit Sitz in Uckange (Frankreich) sprengte im Jahr 1974 im Auftrag des saarländischen Innenministeriums einen Bunker, an dem Gasleitungen der *Saar-Ferngas AG* vorbeiführten. Die *Saar-Ferngas* nahm vor der Sprengung Sicherungsarbeiten an ihren Leitungen vor und verlangte Aufwendungsersatz von *Somafer*. Als *Somafer* die Forderungen nicht erfüllte, reichte *Saar-Ferngas* Klage beim Landgericht Saarbrücken auf Zahlung ein. *Somafer* bestritt die internationale Zuständigkeit. Für eine Zuständigkeit deutscher Gerichte trug die Klägerin u.a. vor, dass die Beklagte auf ihrem Briefkopf eine Vertretung für Deutschland mit Sitz in Beckingen (Saar) nebst telefonischer Erreichbarkeit angab. Damit betreibe *Somafer* eine Niederlassung oder Agentur in Deutschland bzw. begründe zumindest den Rechtsschein, eine solche Niederlassung oder Agentur in Deutschland eingerichtet zu haben. Folglich ergebe sich ein Gerichtsstand der Niederlassung nach Art. 5 Nr. 5 EuGVÜ. Die Beklagte

---

751 S.u. E.II.3.d)bb).

752 Allgemein zur Auslegung sekundären Unionsrechts s.o. E.I.1.

753 EuGH Urt. v. 22.11.1978; Rs. 33/78 (Somafer SA/Saar-Ferngas AG), ECLI:EU:C:1978:205 = RIW 1979, 56.

754 EuGH Urt. v. 22.11.1978; Rs. 33/78 (Somafer SA/Saar-Ferngas AG), ECLI:EU:C:1978:205 = RIW 1979, 56 Rn. 13; die Definition des EuGH bezeichnet als schwerfällig Geimer/Schütze/*Geimer*, Art. 5 EuGVVO a.F. Rn. 316.

755 Vgl. etwa EuGH Urt. v. 19.7.2012, Rs. C-154/11 (Ahmed Mahamdia/République algérienne démocratique et populaire), ECLI:EU:C:2012:491 = NZA 2012, 935 Rn. 48; siehe auch Schlussanträge GA *Tanchev* v. 12.1.2017, Rs. C-617/15 (Hummel Holding), ECLI:EU:C:2017:13 = BeckEuRS 2017, 492826 Rn. 40 ff.

wandte dagegen ein, die Vertretung in Deutschland sei von dem Geschäftssitz in Frankreich gänzlich abhängig, verfüge über keine eigenen Räume und sei auch nicht als Zweigniederlassung im deutschen Handelsregister eingetragen. Das OLG Saarbrücken legte als Berufungsinstanz dem EuGH die Frage der Auslegung des Gerichtsstandes der Niederlassung zur Vorabentscheidung vor. Der Gerichtshof erhielt so die Möglichkeit, u.a. zu der Zuständigkeitsvoraussetzung „Streitigkeit aus dem Betrieb einer Niederlassung" Stellung zu beziehen.

(b) Entscheidung EuGH Rs. *Somafer/Saar-Ferngas* – Zuständigkeitsvoraussetzung „Streitigkeit aus dem Betrieb einer Niederlassung"

Nach dem Urteil des Gerichtshofs liegt eine Streitigkeit mit Bezug zum Betrieb einer Niederlassung (1.) vor, wenn vertragliche oder außervertragliche Verpflichtungen in Bezug auf die eigentliche Führung der Niederlassung den Gegenstand des Klageverfahrens bilden.[756] Dies können etwa Streitigkeiten über Rechte und Pflichten in Zusammenhang mit der Vermietung des Grundstücks, auf dem sich die Niederlassung befindet, oder mit der vor Ort vorgenommenen Einstellung des dort beschäftigten Personals sein.[757]

Außerdem (2.) resultieren laut EuGH Rechtsstreitigkeiten über Verbindlichkeiten, welche die Niederlassung im Namen des Stammhauses eingegangen ist, aus dem Betrieb der Niederlassung.[758] Ursprünglich hatte der Gerichtshof noch das Erfordernis aufgestellt, dass der Erfüllungsort der Verbindlichkeit im Niederlassungsstaat liegen muss.[759] Er ist davon zwischenzeitlich aber wieder abgerückt.[760] Dem Wegfall dieser Voraussetzung ist

---

756 EuGH Urt. v. 22.11.1978; Rs. 33/78 (Somafer SA/Saar-Ferngas AG), ECLI:EU:C:1978:205 = RIW 1979, 56 Rn. 13.

757 Vgl. EuGH Urt. v. 22.11.1978; Rs. 33/78 (Somafer SA/Saar-Ferngas AG), ECLI:EU:C:1978:205 = RIW 1979, 56 Rn. 13; siehe auch Geimer/Schütze/*Geimer*, Art. 5 EuGVVO a.F. Rn. 317; Rauscher/*Leible*, Art. 7 EuGVVO Rn. 161.

758 EuGH Urt. v. 22.11.1978; Rs. 33/78 (Somafer SA/Saar-Ferngas AG), ECLI:EU:C:1978:205 = RIW 1979, 56 Rn. 13.

759 EuGH Urt. v. 19.7.2012, Rs. C-154/11 (Ahmed Mahamdia/République algérienne démocratique et populaire), ECLI:EU:C:2012:491 = NZA 2012, 935 Rn. 48; EuGH Urt. v. 22.11.1978; Rs. 33/78 (Somafer SA/Saar-Ferngas AG), ECLI:EU:C:1978:205 = RIW 1979, 56 Rn. 13.

760 Vgl. EuGH Urt. v. 6.4.1995, Rs. C-439/93 (Lloyds Register of Shipping/Campenon Bernard), ECLI:EU:C:1995:104 = EuZW 1995, 409 Rn. 22; vgl. dies begrüßend Paulus/Peiffer/Peiffer/*Paulus*, Art. 7 EuGVVO Rn. 235; anders allerdings die Entscheidung des EuGH Urt. v. 19.7.2012, Rs. C-154/11 (Ahmed Mahamdia/République algérienne démocratique et populaire), ECLI:EU:C:2012:491 = NZA 2012, 935 Rn. 48, in

zuzustimmen.[761] Der Wortlaut des Art. 7 Nr. 5 EuGVVO stellt keine Forderungen an den Erfüllungsort der streitgegenständlichen Verpflichtungen.[762] Darüber hinaus würde man bei einer solchen Auslegung den Niederlassungsgerichtsstand quasi[763] um seine praktische Wirksamkeit bringen, da am Erfüllungsort einer Verpflichtung ohnehin schon gemäß Art. 7 Nr. 1 EuGVVO ein besonderer Gerichtsstand besteht.[764] Den Erfüllungsort außer Acht zu lassen ist außerdem mit dem Sinn und Zweck vereinbar, dem Kläger einen weiteren Gerichtsstand zu eröffnen, soweit eine enge Verbindung zwischen dem Rechtsstreit und dem angerufenen Gericht besteht.[765] Eine enge Verbindung besteht nicht erst dann, wenn auch der Erfüllungsort im Mitgliedstaat des Ortes der Niederlassung liegt, sondern resultiert schon daraus, dass Dritte mit der Niederlassung verhandeln und ihr Aufträge erteilen.[766]

Schließlich sind (3.) Streitigkeiten über außervertragliche Verbindlichkeiten, die aus der Tätigkeit der Niederlassung im Namen des Stammhauses am Niederlassungsort folgen, aus dem Betrieb der Niederlassung i.S.v. Art. 7 Nr. 5 EuGVVO

der der Gerichtshof ohne nähere Ausführungen die Formulierung aus der Entscheidung *Somafer* (EuGH Urt. v. 22.11.1978; Rs. 33/78 (Somafer SA/Saar-Ferngas AG), ECLI:EU:C:1978:205 = RIW 1979, 56 Rn. 13) einschließlich dem Erfordernis des Erfüllungsortes im Mitgliedstaat der Niederlassung übernimmt, obwohl in der Entscheidung *Lloyds* (EuGH Urt. v. 6.4.1995, Rs. C-439/93 (Lloyds Register of Shipping/Campenon Bernard), ECLI:EU:C:1995:104 = EuZW 1995, 409 Rn. 22) nach dezidierter Begründung die Gegenauffassung vertreten wurde, sodass von einem Versehen statt von einer Änderung der Rechtsprechung ausgegangen werden muss.

761 So auch Rauscher/*Leible*, Art. 7 EuGVVO Rn. 161; Geimer/Schütze/*Geimer*, Art. 5 EuGVVO a.F. Rn. 313; Paulus/Peiffer/Peiffer/*Paulus*, Art. 7 EuGVVO Rn. 235; Schlosser/Hess/*Schlosser*, Art. 7 EuGVVO Rn. 20; *Müller-Froelich*, S. 171.

762 EuGH Urt. v. 6.4.1995, Rs. C-439/93 (Lloyds Register of Shipping/Campenon Bernard), ECLI:EU:C:1995:104 = EuZW 1995, 409 Rn. 16.

763 Die Vorschrift würde wohl nur noch einen weiteren Gerichtsstand begründen, wenn der Erfüllungsort der Verpflichtung zwar im Mitgliedstaat der Niederlassung aber in einem anderen Gerichtsbezirk liegt, sodass der Kläger zwischen dem örtlich zuständigen Gericht am Erfüllungsort und dem Ort der Niederlassung wählen könnte, so EuGH Urt. v. 6.4.1995, Rs. C-439/93 (Lloyds Register of Shipping/Campenon Bernard), ECLI:EU:C:1995:104 = EuZW 1995, 409 Rn. 17.

764 EuGH Urt. v. 6.4.1995, Rs. C-439/93 (Lloyds Register of Shipping/Campenon Bernard), ECLI:EU:C:1995:104 = EuZW 1995, 409 Rn. 17.

765 *Jenard*-Bericht, S. 22 f.; vgl. auch Rauscher/*Leible*, Art. 7 EuGVVO Rn. 152.

766 Vgl. EuGH Urt. v. 6.4.1995, Rs. C-439/93 (Lloyds Register of Shipping/Campenon Bernard), ECLI:EU:C:1995:104 = EuZW 1995, 409 Rn. 20 f.

entstanden.[767] Damit sind sowohl vertragliche Ansprüche wie auch Klagen aus unerlaubter Handlung umfasst, wobei der Handlungsort der unerlaubten Handlung wohl häufig dem Ort der Niederlassung entsprechen wird, sodass bereits der besondere Gerichtsstand des Art. 7 Nr. 2 EuGVVO eröffnet ist.[768]

(3) Maßgeblicher Zeitpunkt für das Bestehen der Niederlassung

Die zuständigkeitsbegründende Niederlassung muss im Zeitpunkt der Entstehung der vertraglichen oder außervertraglichen Verpflichtung bereits bestehen.[769] Nur dann kann die Streitigkeit aus dem Betrieb der Niederlassung hervorgehen. Darüber hinaus ist erforderlich, dass die Niederlassung zum Zeitpunkt der Klageerhebung noch besteht.[770] Eine Auflösung der Niederlassung nach Klageerhebung i.S.v. Art. 32 EuGVVO lässt die Zuständigkeit des angerufenen Gerichts nach den Regeln der *perpetuatio fori*[771] nicht mehr entfallen.[772]

bb) Die Tochtergesellschaft als Niederlassung der Muttergesellschaft und umgekehrt

Im Folgenden wird untersucht, inwieweit eine Tochtergesellschaft als Niederlassung einer Muttergesellschaft oder umgekehrt das Mutterunternehmen als Niederlassung des abhängigen Unternehmens i.S.d. Art. 7 Nr. 5 EuGVVO angesehen werden kann.

---

767 EuGH Urt. v. 22.11.1978; Rs. 33/78 (Somafer SA/Saar-Ferngas AG), ECLI:EU:C:1978:205 = RIW 1979, 56 Rn. 13.

768 Rauscher/*Leible*, Art. 7 EuGVVO Rn. 161.

769 Rauscher/*Leible*, Art. 7 EuGVVO Rn. 162; Paulus/Peiffer/Peiffer/*Paulus*, Art. 7 EuGVVO Rn. 247; Simons/Hausmann/*Ten Wolde/Knot/Weller*, Art. 5 Nr. 5 EuGVVO a.F. Rn. 14; a.A. MünchKommZPO/*Gottwald*, Art. 7 EuGVVO Rn. 84, der nur auf das Bestehen der Niederlassung im Zeitpunkt der Klageerhebung bzw. letzten mündlichen Verhandlung abstellt.

770 So MünchKommZPO/*Gottwald*, Art. 7 EuGVVO Rn. 84; Schlosser/Hess/*Schlosser*, Art. 7 EuGVVO Rn. 21; Simons/Hausmann/*Ten Wolde/Knot/Weller*, Art. 5 Nr. 5 EuGVVO a.F. Rn. 14; Rauscher/*Leible*, Art. 7 EuGVVO Rn. 162; Paulus/Peiffer/Peiffer/*Paulus*, Art. 7 EuGVVO Rn. 247; ebenso in Bezug auf das Vorhandensein einer Niederlassung gemäß Art. 3 Abs. 2 EuInsVO MünchKommInsO/*Thole*, Art. 3 EuInsVO Rn. 10 i.V.m. MünchKommInsO/*Thole*, Art. 3 EuInsVO a.F. Rn. 82.

771 Dazu allgemein *Rauscher*, Internationales Privatrecht, Rn. 1876; *Schack*, Rn. 450 ff.; zum deutschen Prozessrecht *Rosenberg/Schwab/Gottwald*, § 99 Rn. 34 ff.; *von Hoffmann/Thorn*, § 3 Rn. 69 ff.

772 Paulus/Peiffer/Peiffer/*Paulus*, Art. 7 EuGVVO Rn. 248; Simons/Hausmann/*Ten Wolde/Knot/Weller*, Art. 5 Nr. 5 EuGVVO a.F. Rn. 14.

Eine Tochtergesellschaft handelt typischerweise als selbstständige juristische Person für sich selbst und unterliegt in ihren täglichen Geschäften nicht der Aufsicht oder Leitung des herrschenden Unternehmens.[773] Sie ist weitgehend unabhängig und schließt selbstständig Verträge.[774] Andererseits besitzen ihre Gesellschafter ein Weisungsrecht (im deutschen Recht gemäß § 37 Abs. 1 GmbHG bzw. § 308 AktG). Daher ist zu untersuchen, ob eine abhängige – aber rechtlich selbstständige – Gesellschaft als Niederlassung angesehen werden kann. Der EuGH hat diese Frage bislang nicht abschließend geklärt.

In der Rs. *Schotte/Rothschild*[775] hat er sich allerdings mit dem umgekehrten Fall, also damit auseinandergesetzt, ob eine Muttergesellschaft, die den Rechtsschein, eine Zweigniederlassung zu sein, gesetzt hat, die Gerichtspflichtigkeit der Tochtergesellschaft am Sitz des Mutterunternehmens auslösen kann.

Im Folgenden wird zunächst dieses Urteil dargestellt und untersucht (s.u. (1)), bevor sodann allgemein auf den prozessualen Durchgriff im Konzernverbund im Lichte des Gerichtsstandes der Niederlassung ohne Setzen eines Rechtsscheins eingegangen wird (s.u. (2)).

(1) Mit Setzen eines Rechtsscheins – EuGH Rs. *Schotte/Rothschild*

(a) Sachverhalt

Vor dem OLG Düsseldorf forderte die *SAR Schotte GmbH* mit Sitz in Hemer (Deutschland) von der *Parfums Rothschild SARL* mit Sitz in Paris (Frankreich) die Zahlung von Rechnungen für durch die Klägerin an die Beklagte gelieferte Pumpenzerstäuber und weiteres Zubehör für Parfümerieartikel. Die Beklagte – eine hundertprozentige Tochtergesellschaft der *Rothschild GmbH* mit Sitz in Düsseldorf (Deutschland) – verweigerte die Zahlung aufgrund der angeblichen Mangelhaftigkeit der gelieferten Waren. Im Zuge der Vertragsverhandlungen stand die Klägerin mit der Muttergesellschaft der Beklagten in Düsseldorf in Kontakt. Das dortige Unternehmen schloss im Namen der Pariser Tochter die Verträge mit der *SAR Schotte GmbH*. Alle Schreiben der *Rothschild GmbH* waren von zwei Personen unterzeichnet. Die eine Person war Geschäftsführer

---

773 *Kindler*, FS Ulmer, 305 (319); *Kronke*, IPRax 1989, 81 (83); *Fawcett*, ELR 1984, 326 (337 f.); Rauscher/*Leible*, Art. 7 EuGVVO Rn. 160; *Kropholler/von Hein*, Art. 5 EuGVVO a.F. Rn. 107; *Nagel/Gottwald*, § 3 Rn. 101, *Müller-Froelich*, S. 153 ff.

774 So *Fawcett*, ELR 1984, 326 (337); *Müller-Froelich*, S. 153; *Schack*, GS Sonnenschein, S. 706 f.

775 EuGH Urt. v. 9.12.1987, Rs. 218/86 (Schotte/Rothschild), ECLI:EU:C:1987:536 = NJW 1988, 625.

der *Rothschild GmbH* und der Beklagten, die andere Person Geschäftsführer nur der Beklagten.

Ursprünglich hatte die Klägerin die *Rothschild GmbH* auf Zahlung der Rechnungsbeträge verklagt, diese bestritt jedoch, passivlegitimiert zu sein, da die Forderungen nur die Beklagte beträfen. Sodann erhob die Klägerin Klage vor dem LG Düsseldorf, wobei die Beklagte die internationale Zuständigkeit deutscher Gerichte bestritt. Dagegen wandte die Klägerin ein, dass sich die Zuständigkeit aus Art. 5 Nr. 5 EuGVÜ ergebe, da es sich bei der *Rothschild GmbH* mit Sitz in Düsseldorf um eine Niederlassung der Beklagten im Sinne des Übereinkommens handele. Nachdem sich das LG für unzuständig erklärte, legte das OLG Düsseldorf die folgende Frage zur Auslegung des Niederlassungsgerichtsstandes dem EuGH zur Entscheidung vor:

> *„Ist der Gerichtsstand einer Zweigniederlassung, einer Agentur oder einer sonstigen Niederlassung gemäß Artikel 5 Nr. 5 EuGVÜ auch dann gegeben, wenn eine juristische Person französischen Rechts (…) mit Sitz in Paris in einem anderen Vertragsstaat, hier: der Bundesrepublik Deutschland, zwar organisatorisch keine Niederlassung im Sinne einer unselbständigen Außenstelle eines Stammhauses unterhält, wenn sich in dem anderen Vertragsstaat aber eine gleichnamige selbständige juristische Person deutschen Rechts (…) mit identischer Geschäftsführung befindet, die im Namen der juristischen Person französischen Rechts verhandelt und Geschäfte abschließt und deren sich die juristische Person französischen Rechts wie einer Außenstelle bedient.“*

(b) Die Entscheidung des EuGH

Der Gerichtshof hat in seiner Entscheidung zunächst die Definition der Niederlassung aus seinem Urteil zu der Rs. *Somafer SA/Saar Ferngas AG*[776] bestätigt und sodann ausgeführt, dass ein prozessualer Durchgriff bei Vorliegen der folgenden einen Rechtsschein setzenden Voraussetzungen in Betracht kommt: Gleichnamigkeit beider selbstständigen Unternehmen, Identität der Geschäftsführung und Handeln im Namen des beklagten Unternehmens, das sich dem handelnden Unternehmen wie einer Außenstelle bedient.[777] Der EuGH folgt damit den

---

776 EuGH Urt. v. 9.12.1987, Rs. 218/86 (Schotte/Rothschild), ECLI:EU:C:1987:536 = NJW 1988, 625 Rn. 10 mit Verweis auf EuGH Urt. v. 22.11.1978; Rs. 33/78 (Somafer SA/Saar-Ferngas AG), ECLI:EU:C:1978:205 = RIW 1979, 56; vgl. auch oben E.II.3.d)aa) (2).

777 EuGH Urt. v. 9.12.1987, Rs. 218/86 (Schotte/Rothschild), ECLI:EU:C:1987:536 = NJW 1988, 625 Rn. 17; vgl. auch *Kindler*, FS Ulmer, 305 (320 f.); Herberger/Martinek/

Schlussanträgen des Generalanwalts *Slynn*.[778] Zwar wäre es – so der Generalanwalt – einfacher, für das Vorliegen einer Zweigniederlassung, Agentur oder sonstigen Niederlassung auf die Eigentumsverhältnisse der beteiligten Unternehmen abzustellen, da sich diese leicht bestimmen lassen.[779] Allerdings ist ein Dritter, bei dem aufgrund der geschäftlichen Tätigkeit eines Unternehmens der Eindruck entsteht, dass es sich um ein Stammhaus mit Außenstelle handelt, besonders schutzwürdig, sodass der Gerichtsstand der Niederlassung eröffnet sein kann.[780]

(c) Folgen der EuGH Rs. *Schotte/Rothschild*

Wenn nach den Ausführungen des EuGH eine Muttergesellschaft, die im Namen ihrer selbstständigen ausländischen Tochtergesellschaft gehandelt hat, durch Setzen eines Rechtsscheins als Niederlassung der Tochtergesellschaft angesehen werden kann, muss dies im Umkehrschluss erst recht für den – in der Praxis wohl häufigeren Fall[781] – gelten, dass sich die Mutter einer selbstständigen Tochter bedient.[782] Indizien für einen Rechtsschein können dabei die Gleichnamigkeit beider Gesellschaften, eine hundertprozentige Anteilsinhaberschaft, eine identische Geschäftsführung oder das Handeln im Namen des beklagten Unternehmens sein.[783] Wird bei einem Dritten der Eindruck erweckt, es bestehe kein Unterschied zwischen einem ausländischen Unternehmen und einer inländischen

Rüßmann u.a./*Engel*, Art. 23 Rom II-VO Rn. 10; *Kronke*, IPRax 1989, 81 (82); *Müller-Froelich*, S. 154; kritisch *Droz*, Rev. crit. dr. internat. privé 77 (1988), 737 (739).

778 Schlussanträge GA *Slynn* v. 28.10.1987, Rs. 218/86 (Schotte/Rothschild), ECLI:EU:C:1987:469 = Slg. 1987, 4910 (4915).

779 Schlussanträge GA *Slynn* v. 28.10.1987, Rs. 218/86 (Schotte/Rothschild), ECLI:EU:C:1987:469 = Slg. 1987, 4910 (4914).

780 Schlussanträge GA *Slynn* v. 28.10.1987, Rs. 218/86 (Schotte/Rothschild), ECLI:EU:C:1987:469 = Slg. 1987, 4910 (4913 f.).

781 So *Kronke*, IPRax 1989, 81 (83).

782 Vgl. *Kindler*, FS Ulmer, 305 (320); *Weber*, S. 437 f.; Paulus/Peiffer/Peiffer/*Paulus*, Art. 7 EuGVVO Rn. 244 f.; Rauscher/*Leible*, Art. 7 EuGVVO Rn. 160; Geimer/Schütze/*Geimer*, Art. 5 EuGVVO a.F. Rn. 309; MünchKommZPO/*Gottwald*, Art. 7 EuGVVO Rn. 82; MünchKommAktG/*Ego*, B. Europäische Niederlassungsfreiheit Rn. 673; Simons/Hausmann/*Ten Wolde/Knot/Weller*, Art. 5 Nr. 5 EuGVVO a.F. Rn. 10; Schlosser/Hess/*Schlosser*, Art. 7 EuGVVO Rn. 20; *Haubold*, IPRax 2000, 375 (382 f.); *Geimer*, RIW 1988, 220; *Kronke*, IPRax 1989, 81 (83); vgl. auch *Schack*, GS Sonnenschein, 706 f.; *Müller-Froelich*, S. 159 ff.; *Ebenroth/Wilken*, JZ 1116 (1118); einschränkend *Maul*, AG 1998, 404 (409).

783 Vgl. EuGH Urt. v. 9.12.1987, Rs. 218/86 (Schotte/Rothschild), ECLI:EU:C:1987:536 = NJW 1988, 625 Rn. 17; *Kindler*, FS Ulmer, 305 (320 f.); *Kronke*, IPRax 1989, 81 (83).

juristischen Person, sondern Personenidentität, so greift der Gerichtsstand der Niederlassung.[784] Letztlich ist es somit ohne Bedeutung, wie die für den Kläger oft schwer zu durchschauenden Rechtsverhältnisse[785] innerhalb der Unternehmensgruppe ausgestaltet sind.[786] Es ist einzig auf den gesetzten Rechtsschein abzustellen.[787] Die Betriebsbezogenheit der Klage folgt sodann aus dem Umstand, dass die Hauptschuld von der abhängigen Gesellschaft begründet wurde.[788]

(2) Ohne Setzen eines Rechtsscheins

Wenn eine Muttergesellschaft keinen Rechtsschein hervorruft, die Niederlassung einer ihrer Tochtergesellschaften zu sein, ist der Niederlassungsgerichtsstand nicht einschlägig. Schließlich stellt die Konzernmutter keine Außenstelle des abhängigen Unternehmens dar. Umstritten ist dagegen, ob aufgrund konzernrechtlicher Abhängigkeit der Tochtergesellschaft auch ohne Setzen eines Rechtsscheins der Niederlassungsgerichtsstand eröffnet sein kann. Wesentliches Merkmal einer Niederlassung ist, dass sie der Aufsicht und Leitung des Stammhauses unterliegt.[789]

Insofern wird vertreten, dass eine naturgemäß rechtlich selbstständige Tochtergesellschaft, die unabhängig am Rechtsverkehr teilnimmt, grundsätzlich keine Zweigniederlassung der Muttergesellschaft darstellen könne.[790] Trotz konzernmäßiger Verflechtung und Weisungsgebundenheit, etwa aufgrund eines Beherrschungsvertrages gemäß § 291 AktG, handele es sich bei der Tochtergesellschaft um ein von der Mutter zu unterscheidendes Rechtssubjekt.[791] Daher könne die Tochtergesellschaft nur dann eine Niederlassung darstellen, wenn die

---

784 So *Kulms*, IPRax 2000, 488 (490).

785 So MünchKommAktG/*Ego*, B. Europäische Niederlassungsfreiheit Rn. 673; *Kropholler/von Hein*, Art. 5 EuGVVO a.F. Rn. 108.

786 Rauscher/*Leible*, Art. 7 EuGVVO Rn. 160.

787 Entscheidend ist dabei der objektive Empfängerhorizont, vgl. Paulus/Peiffer/Peiffer/*Paulus*, Art. 7 EuGVVO Rn. 254.

788 MünchKommBGB/*Kindler*, IntGesR Rn. 773; EuGH Urt. v. 22.11.1978; Rs. 33/78 (Somafer SA/Saar-Ferngas AG), ECLI:EU:C:1978:205 = RIW 1979, 56 Rn. 13.

789 EuGH Urt. v. 6.10.1976, Rs. 14/76 (De Bloos), ECLI:EU:C1976:134 = NJW 1977, 490 Rn. 20/22; MünchKommZPO/*Gottwald*, Art. 7 EuGVVO Rn. 79.

790 So MünchKommZPO/*Gottwald*, Art. 7 EuGVVO Rn. 81; Schlosser/Hess/*Schlosser*, Art. 7 EuGVVO Rn. 20; *Kropholler/von Hein*, Art. 5 EuGVVO a.F. Rn. 107; *Nagel/Gottwald*, § 3 Rn. 101; Simons/Hausmann/*Ten Wolde/Knot/Weller*, Art. 5 Nr. 5 EuGVVO a.F. Rn. 7; *Weber*, S. 437; *Müller-Froelich*, S. 165; *Fawcett*, ELR 1984, 326 (338).

791 So *Maul*, AG 1998, 404 (409); vgl. auch *Müller-Froelich*, S. 165.

Tochtergesellschaft als Niederlassung des Stammhauses hervortritt und etwa durch Namensgleichheit einen Rechtsschein setzt.[792]

Eine – wenn auch nur vereinzelt vertretene – Gegenauffassung wendet dagegen ein, dass bei einer weiten Auslegung des Begriffs „sonstige Niederlassung" die rechtliche Selbstständigkeit nicht allein entscheidendes Kriterium für eine Abgrenzung sein könne.[793] Vielmehr sei auf die im konkreten Einzelfall erfolgte Ausgestaltung der Niederlassung abzustellen. Nicht der im Rechtsverkehr erweckte Eindruck sei maßgeblich, sondern die konzerninterne Realität.[794] So könne etwa eine selbstständige Tochtergesellschaft, die wie eine Betriebsabteilung des Mutterunternehmens fungiere, auch ohne Setzen eines Rechtsscheins den Niederlassungsgerichtsstand eröffnen.[795] Die Muttergesellschaft würde in diesem Fall über die Tochtergesellschaft als Außenstelle mit Dritten in Kontakt treten.[796]

Diese Auffassung verkennt allerdings, dass Art. 7 Nr. 5 EuGVVO als eine Ausnahmebestimmung grundsätzlich eng auszulegen ist.[797] Außerdem widerspricht eine weite Auslegung dem Normzweck: Ein Vertragspartner oder Dritter soll die Möglichkeit erhalten, ein Unternehmen, welches die Vorzüge einer Niederlassung in einem anderen Staat nutzt, auch in genau diesem Staat in Anspruch zu nehmen.[798] Erkennt der Dritte aber, dass er eine Geschäftsbeziehung mit der

---

792 So MünchKommBGB/*Kindler*, IntGesR Rn. 773; MünchKommAktG/*Ego*, B. Europäische Niederlassungsfreiheit, Rn. 673; *Weber*, S. 437; vgl. ebenso den Wortlaut der Entscheidung EuGH Urt. v. 9.12.1987, Rs. 218/86 (Schotte/Rothschild), ECLI:EU:C:1987:536 = NJW 1988, 625 Rn. 15, der die Einordnung der Tochtergesellschaft als Niederlassung nur ausnahmsweise bei Setzen eines Rechtsscheins mit der Formulierung „selbst wenn die beiden Gesellschaften gesellschaftsrechtlich voneinander unabhängig sind" bejaht.

793 *Jaspert*, S. 68.

794 So *Zimmer*, IPRax 1998, 187 (191), der die Auffassung vertritt, dass ein Abstellen auf die konzerninterne Organisation neben dem Anwendungsmodell des Rechtsscheins möglich sei, da beide Varianten nicht im logischen Widerspruch stehen.

795 So *Jaspert*, S. 68 f.; vgl. auch Schlussanträge GA *Reischl* v. 15.9.1976, Rs. 14/76 (De Bloos), ECLI:EU:C:1976:120 = Slg. 1976, 1497 (1519); vgl. ferner Schlosser/Hess/*Schlosser*, Art. 7 EuGVVO Rn. 20, der eine prozessuale Durchgriffshaftung gemäß Art. 7 Nr. 5 EuGVVO allenfalls dann für möglich hält, wenn ein materiellrechtlicher Durchgriff zulässig wäre.

796 Vgl. *Weber*, S. 437.

797 Schlussanträge GA *Reischl* v. 15.9.1976, Rs. 14/76 (De Bloos), ECLI:EU:C:1976:120 = Slg. 1976, 1497 (1519); ebenso *Fawcett*, ELR 1984, 326 (338); dazu schon oben E.I.1.b).

798 Geimer/Schütze/*Geimer*, Art. 5 EuGVVO a.F. Rn. 296 f.

Muttergesellschaft in einem anderen Staat unterhält und das Tochterunternehmen rechtlich vollkommen selbstständig ist, muss er sich auch darauf einstellen, die Mutter an ihrem Sitz zu verklagen. Ohne Setzen eines Rechtsscheins ist der Dritte nicht schutzbedürftig. Andernfalls besteht die Gefahr exorbitanter Gerichtsstände, welche die EuGVVO gerade vermeiden möchte.[799]

Ein Tochterunternehmen stellt somit per Definition aufgrund seiner rechtlichen Selbstständigkeit keine Niederlassung dar und kann folglich nur in den engen Grenzen der Rs. *Schotte/Rothschild*[800] den Gerichtsstand der Niederlassung gemäß Art. 7 Nr. 5 EuGVVO begründen. In der Praxis wird die Unterscheidung zwischen beiden Auffassungen ohnehin selten zu unterschiedlichen Ergebnissen führen. Die Muttergesellschaft, die das Tochterunternehmen wie eine Betriebsabteilung eingegliedert hat, wird regelmäßig auch kraft Rechtsscheins am Sitz der Tochter gerichtspflichtig.[801]

cc) Umfasste Streitigkeiten

Im Folgenden werden die vom Niederlassungsgerichtsstand umfassten Streitigkeiten mit Konzernbezug näher untersucht. Die Arbeit widmet sich zunächst der Konzerninnenhaftung und geht sodann auf die Konzernaußenhaftung gegenüber Dritten ein.

(1) Konzerninnenhaftung

Bei Klagen aufgrund einer Konzerninnenhaftung nehmen sich konzernangehörige Gesellschaften untereinander in Anspruch. Dritte sind nicht verfahrensbeteiligt. So fallen Ansprüche einer Gesellschaft gegen ihre Gesellschafter, wie etwa die Haftung des herrschenden Unternehmens und seiner Organmitglieder gegenüber der Tochtergesellschaft gemäß §§ 302, 311 Abs. 1, 317 Abs. 1 AktG nach deutschem Recht, unter die Konzerninnenhaftung.[802] Ob für derartige Klagen der Gerichtsstand der Niederlassung gemäß Art. 7 Nr. 5 EuGVVO eröffnet ist, wird im Folgenden näher untersucht.

Problematisch ist insbesondere, ob solche Innenhaftungsansprüche in einem Bezug zum Betrieb der Niederlassung[803] stehen. Schließlich sollen nach dem Normzweck nur Klagen aufgrund einer Geschäftstätigkeit gegenüber Dritten

799 Vgl. Geimer/Schütze/*Geimer*, Art. 5 EuGVVO a.F. Rn. 298.
800 S.o. E.II.3.d)bb)(1)(c).
801 So auch *Weber*, S. 437.
802 Vgl. MünchKommBGB/*Kindler*, IntGesR Rn. 768.
803 S.o. E.II.3.d)aa)(2).

unter den Niederlassungsgerichtsstand fallen.[804] Gläubigern soll so der prozessuale Durchgriff auf das Stammhaus ermöglicht werden.[805] Im Rahmen der Konzerninnenhaftung macht sich allerdings die Muttergesellschaft aufgrund nachteiliger Einwirkungen auf die Tochtergesellschaft schadensersatzpflichtig (§§ 311, 317 AktG) bzw. ausgleichspflichtig (§ 302 AktG).[806] Es stehen sich damit zwei konzernangehörige Gesellschaften gegenüber.[807] Die Tochtergesellschaft benötigt den Schutz, der mit der Zuständigkeit am Ort der Niederlassung gewährt wird, nicht.[808] Schließlich kann und muss sich diese darauf einstellen, die Muttergesellschaft an deren Sitz in Anspruch zu nehmen. Andernfalls würde die Zuständigkeitsregel des Art. 7 Nr. 5 EuGVVO „zu einem reinen Klägergerichtsstand denaturiert".[809] Damit ist die Vorschrift des Art. 7 Nr. 5 EuGVVO teleologisch zu reduzieren[810] und die Betriebsbezogenheit bei Ansprüchen aus einer konzerninternen Haftung der Mutter- gegenüber der Tochtergesellschaft (sowie umgekehrt) abzulehnen.[811]

Allerdings wird diskutiert, ob dies auch für Klagen von Minderheitsaktionären der Tochtergesellschaft gegen die Muttergesellschaft gilt.[812] Aktionäre des beherrschten Unternehmens können bei Anwendung deutschen Sachrechts das herrschende Unternehmen beispielsweise im Vertragskonzern gemäß § 309 Abs. 4 Satz 1 und 2 AktG[813] oder im faktischen Konzern gemäß § 317 Abs. 1 Satz 2 AktG[814] in Anspruch nehmen. Für einen Gerichtsstand am Sitz der abhängigen Gesellschaft sprechen in diesem Fall aus Sicht der Minderheitsaktionäre allenfalls Praktikabilitätserwägungen: Die geographische Nähe, eine bekannte Gerichtssprache und eine den Aktionären vertrautere Verfahrensrechtsordnung.[815] Außerdem deutet Art. 216 des Entwurfs des Statuts über eine

---

804 *Kindler*, FS Ulmer, 305 (321).

805 *Weber*, S. 439; *Bruhns*, S. 328.

806 *Weber*, S. 439.

807 *Müller-Froelich*, S. 166.

808 MünchKommAktG/*Ego*, B. Europäische Niederlassungsfreiheit Rn. 676.

809 *Linke*, IPRax 1982, 46 (48 f.); ebenso *Bruhns*, S. 328; vgl. auch *Weber*, S. 439.

810 *Kindler*, FS Ulmer, 305 (321); MünchKommBGB/*Kindler*, IntGesR Rn. 768; *Bruhns*, S. 328.

811 MünchKommBGB/*Kindler*, IntGesR Rn. 768; *Kindler*, FS Ulmer, 305 (321); Schlosser/Hess/*Schlosser*, Art. 7 EuGVVO Rn. 21; *Bruhns*, S. 328.

812 Dies befürwortend *Bruhns*, S. 330; *Loussarn*, Colloque, S. 73; a.A. *Goldman*, Colloque, S. 7 (35).

813 MünchKommAktG/*Altmeppen*, § 309 AktG Rn. 124 ff.

814 MünchHdbGesR/*Krieger*, § 70 Rn. 133; *Schinkels*, IPRax 2008, 412 (413).

815 *Bruhns*, S. 329.

europäische Aktiengesellschaft in der Fassung von 1970 auf eine Zuständigkeit am Sitz der abhängigen Gesellschaft hin.[816] Diese Argumentation verfängt jedoch nicht: Der Wortlaut des Art. 216 ist nicht eindeutig und eine andere Auslegung ebenso vertretbar.[817] Außerdem lässt sich aus einer Tendenz des EU-Gesetzgebers bezüglich eines Gerichtsstandes am Sitz des Tochterunternehmens in einem Entwurf aus dem Jahre 1970 nicht automatisch ableiten, dass dies im Rahmen der EuGVVO ebenso zu sehen ist.

Gegen eine Zuständigkeit am Sitz des Tochterunternehmens spricht darüber hinaus, dass den Interessen der Minderheitsaktionäre bei einer Zuständigkeit am Sitz der Muttergesellschaft besser Rechnung getragen werden kann.[818] So ist bei derartigen Klagen zumeist das Recht am Sitz der Tochtergesellschaft anwendbar, welches unter Umständen die Aktionäre nicht ausreichend schützen könnte. Das zuständige Gericht könnte dann aufgrund eines *odre public* Verstoßes die *lex fori* zur Anwendung bringen.[819] Dagegen spricht allerdings, dass es fraglich und vom Einzelfall abhängig ist, ob das befasste Gericht am Sitz des herrschenden Unternehmens tatsächlich die *lex causae* zutreffend bewerten kann[820] und zugunsten der *lex fori* ausschließen wird.[821] Außerdem ist es dem Minderheitsaktionär oft mangels Kenntnis des ausländischen Rechts nur schwer möglich, das Urteil am Sitz der Muttergesellschaft zu überprüfen.[822]

Schlagendes Argument gegen ein *forum* am Sitz des Tochterunternehmens für Konzernhaftungsklagen im Innenverhältnis ist allerdings – wie oben dargestellt – die *ratio* des Art. 7 Nr. 5 EuGVVO.[823] Damit greift auch bei Klagen von Minderheitsaktionären der abhängigen Gesellschaft gegen das Mutterunternehmen nicht der Niederlassungsgerichtsstand, da dieser konzerninterne Streitigkeiten vom Telos her nicht erfasst.

(2) Konzernaußenhaftung

Im Unterschied zur Konzerninnenhaftung führt der vom Art. 7 Nr. 5 EuGVVO verfolgte Schutz außenstehender Dritter in Bezug auf die Konzernaußenhaftung

816 *Bruhns*, S. 329 mit Verweis auf *Goldman*, Colloque, S. 7 (35).

817 Wenngleich *Goldman*, Colloque, S. 7 (35) die Auslegung für vorzugswürdig hält, dass die Norm eine Zuständigkeit am Sitz des Tochterunternehmens vorsieht.

818 *Loussarn*, Colloque, S. 73; *Bruhns*, S. 329.

819 *Loussarn*, Colloque, S. 73; *Bruhns*, S. 329.

820 *Mage*, S. 145, ebenso *Bruhns*, S. 329.

821 So auch *Bruhns*, S. 329 f.

822 So *Mage*, S. 145.

823 Im Ergebnis ebenso *Bruhns*, S. 330.

konzernangehöriger Gesellschaften häufig zur gerichtlichen Zuständigkeit am Sitz der Tochtergesellschaft.[824] Dies setzt allerdings – wie dargestellt[825] – stets das Hervorrufen eines Rechtsscheins einer unselbstständigen Außenstelle aus Sicht der Gläubiger voraus.[826] Gläubiger, die über die Konzernbeziehung unterrichtet sind und bei denen daher kein Rechtsschein hervorgerufen wird, sind folglich nicht schutzwürdig. Ihnen steht damit konsequenterweise kein Gerichtsstand am Sitz der abhängigen Gesellschaft zur Verfügung.[827]

Außerdem muss es sich bei dem Haftungsanspruch um eine aus dem Betrieb der vermeintlichen Niederlassung resultierende Streitigkeit handeln.[828] Dies kann daraus folgen, dass die Haftung aus der Führung der „Niederlassung" hervorgeht.[829]

Vom Gerichtsstand umfasst sind u.a. Klagen der Kunden oder sonstiger Geschäftspartner aus einem Vertrag, den die Tochtergesellschaft im Namen der Muttergesellschaft abgeschlossen hat.[830] Auch Klagen aus unerlaubter Handlung können eine gerichtliche Zuständigkeit am Sitz der abhängigen Gesellschaft auslösen.[831]

Uneinigkeit besteht im Schrifttum darüber, ob auch im Rahmen der Durchgriffshaftung der Niederlassungsgerichtsstand eröffnet ist. Im Rahmen der Durchgriffshaftung haftet die Konzernmutter für Verbindlichkeiten der (abhängigen) Gesellschaft gegenüber Gläubigern. Aufgrund besonderer Verpflichtungsgründe, wie z.B. unzulässige Rechtsausübung oder Rechtsmissbrauch, kann sich die haftende Obergesellschaft nicht auf die haftungsrechtliche

---

824 MünchKommBGB/*Kindler*, IntGesR, Rn. 773; *Kindler*, FS Ulmer, 305 (321) Fn. 113; MünchKommAktG/*Ego*, B. Europäische Niederlassungsfreiheit Rn. 675; *Bruhns*, S. 330; einschränkend *Weber*, S. 439 f.; *Kulms*, IPRax 2000, 488 (490); zur materiellrechtlichen Vertrauenshaftung der Muttergesellschaft für Verbindlichkeiten der Tochtergesellschaft vgl. *Fleischer*, ZHR 163 (1999), 461 (471 ff.) sowie *Lutter*, FS Knobbe-Keuk, 229 (235 ff.).

825 S.o. E.II.3.d)bb)(2).

826 *Bruhns*, S. 330; MünchKommBGB/*Kindler*, IntGesR Rn. 773; MünchKommAktG/*Ego*, B. Europäische Niederlassungsfreiheit Rn. 675; s.o. E.II.3.d)bb)(2).

827 MünchKommAktG/*Ego*, B. Europäische Niederlassungsfreiheit Rn. 675; *Goette*, DStR 1997, 503 (504).

828 S.o. E.II.3.d)aa)(2).

829 MünchKommBGB/*Kindler*, IntGesR Rn. 773; *Goette*, DStR 1997, 503 (504).

830 Schlosser/Hess/*Schlosser*, Art. 7 EuGVVO Rn. 21.

831 Schlosser/Hess/*Schlosser*, Art. 7 EuGVVO Rn. 21.

Verselbstständigung der abhängigen Gesellschaft berufen.[832] Sie ist aufgrund eigener Handlungen Ansprüchen der Gläubiger ausgesetzt und nicht aufgrund von (Fehl-)Verhalten der Tochter.[833] Der Niederlassungsgerichtsstand ermöglicht demgegenüber nur einen prozessualen Durchgriff auf die Mutter aufgrund einer Handlung der Tochtergesellschaft im Außenverhältnis.[834] Nach a.A. könne die Haftung zumindest indirekt auf die Tätigkeit der Tochtergesellschaft zurückgeführt werden, da ohne die Existenz der abhängigen Gesellschaft keine Ansprüche ihrer Gläubiger gegen die Muttergesellschaft bestünden.[835] Diese Auffassung verkennt allerdings den bereits dargestellten Zweck des Art. 7 Nr. 5 EuGVVO, bei Ansprüchen aus dem Außenverhältnis zwischen Tochterunternehmen und Gläubigern einen prozessualen Durchgriff auf das Stammhaus zu ermöglichen.[836] Im Rahmen der hier untersuchten Haftungstatbestände resultiert die Haftung der Muttergesellschaft aus einer Verletzung der Rücksichtnahmepflichten auf die Belange der Tochtergesellschaft und somit aus einer Pflichtverletzung im Konzerninnenverhältnis.[837]

Folglich ist der Niederlassungsgerichtsstand nicht bei Ansprüchen der Gläubiger der Tochtergesellschaft gegen das Mutterunternehmen aufgrund einer Durchgriffshaftung einschlägig.[838]

dd) Zusammenfassung: Gerichtsstand der Niederlassung bei Klagen mit Konzernbezug von geringer Relevanz

Eine Muttergesellschaft kann am Sitz ihrer abhängigen Tochtergesellschaft durchaus im Rahmen des Niederlassungsgerichtsstandes gemäß Art. 7 Nr. 5 EuGVVO für betriebsbezogene Klagen gerichtspflichtig werden. Es ist allerdings erforderlich, dass die Tochtergesellschaft bei Dritten (mithin dem Kläger) als Niederlassung des herrschenden Unternehmens auftritt. Entsprechendes gilt

---

832 Roth/*Altmeppen*, § 13 GmbHG Rn. 131; Michalski/Heidinger/Leible/Schmidt/*Lieder*, § 13 GmbHG Rn. 377; *Koch*, § 35 Rn. 27 f.; *Windbichler*, Gesellschaftsrecht, § 24 Rn. 30.

833 *Weber*, S. 440; Lutter/*Wagner*, Europäische Auslandsgesellschaften, 223 (259).

834 *Weber*, S. 439 f.

835 Magnus/*Mankowski*, Art. 7 Brussels Ibis Regulation Rn. 445; im Ergebnis ebenso *Altmeppen*, FS Röhricht, 3 (23).

836 *Weber*, S. 439; Lutter/*Wagner*, Europäische Auslandsgesellschaften, 223 (258 f.).

837 Überzeugend *Weber*, S. 440.

838 *Weber*, S. 439 f.; Lutter/*Wagner*, Europäische Auslandsgesellschaften, 223 (258 f.); Eidenmüller/*Rehm*, Ausländische Kapitalgesellschaften, § 5 Rn. 123; vgl. auch *Müller-Froelich*, S. 166 ff.

auch, wenn das Mutterunternehmen den Eindruck erweckt, eine Außenstelle der Tochter zu sein. Dieser Rechtsschein kann sich insbesondere aus den in der Rs. *Schotte/Rothschild* vom EuGH genannten Umständen, namentlich der Identität der Geschäftsführung, der Gleichnamigkeit beider selbstständigen Unternehmen und des Handelns im Namen des beklagten Unternehmens, ergeben.[839] Der Gerichtsstand greift dabei nur bei Klagen aus Ansprüchen der Konzernaußenhaftung unter Ausklammerung der Durchgriffshaftung und hat damit nur geringe Bedeutung bei Klagen mit Konzernbezug.

e) Streitgenossenschaft (Art. 8 Nr. 1 EuGVVO)

Nachfolgend werden verschiedene Konstellationen diskutiert, in denen der Gerichtsstand der Streitgenossenschaft für Klagen mit Konzernbezug eröffnet sein könnte.

Art. 8 Nr. 1 EuGVVO schafft eine besondere internationale und örtliche Zuständigkeit für Klagen gegen eine Streitgenossenschaft auf Beklagtenseite. In Zusammenhang stehende Klagen sollen vor demselben Gericht verhandelt werden, um widersprüchliche Entscheidungen zu vermeiden.[840] Eine Konnexität ist nach autonomer Auslegung immer dann anzunehmen, wenn zu derselben Sach- und Rechtslage sich widersprechende Urteile verhindert werden sollen.[841] Liegt ein Sachzusammenhang vor, so sind die Gerichte am Sitz[842] eines der Beklagten für alle zusammenhängenden Klagen zuständig.

aa) Organhaftung

Der Gerichtsstand der Streitgenossenschaft könnte für Klagen aus Organhaftung eröffnet sein. Im Rahmen der Konzerninnenhaftung kann eine abhängige Gesellschaft sowohl gegen die Muttergesellschaft[843] als auch gegen die Organe

---

839 EuGH Urt. v. 9.12.1987, Rs. 218/86 (Schotte/Rothschild), ECLI:EU:C:1987:536 = NJW 1988, 625 Rn. 17; vgl. auch *Kindler*, FS Ulmer, 305 (320 f.); Herberger/Martinek/Rüßmann u.a./*Engel*, Art. 23 Rom II-VO Rn. 10; *Kronke*, IPRax 1989, 81 (82); *Müller-Froelich*, S. 154; kritisch *Droz*, Rev. crit. dr. internat. privé 77 (1988), 737 (739).

840 EuGH Urt. v. 27.9.1988, Rs. 189/87 (Kalfelis), ECLI:EU:C:1988:459 = NJW 1988, 3088 Rn. 12.

841 EuGH Urt. v. 13.7.2006, Rs. C-539/03 (Roche Nederland), ECLI:EU:C:2006:458 = EuZW 2006, 573 Rn. 22; MünchKommZPO/*Gottwald*, Art. 8 EuGVVO Rn. 9; Musielak/Voit/*Stadler*, Art. 8 EuGVVO Rn. 3.

842 Die Bestimmung des Sitzes erfolgt nach Art. 62 f. EuGVVO, dazu oben E.II.3.a)bb).

843 Z.B. im deutschen Recht gemäß § 317 Abs. 1 AktG.

des herrschenden Unternehmens[844] wegen nachteiliger Einflussnahme vorgehen. Je nach Ausgestaltung im anwendbaren Sachrecht kann sich eine gesamtschuldnerische Haftung gegenüber dem Tochterunternehmen ergeben.[845] Sofern die Klagen der Tochter- gegen ihre Muttergesellschaft und deren Organe an verschiedenen Gerichtsständen erhoben werden, besteht die Gefahr sich widersprechender Entscheidungen, da das beherrschte Unternehmen auf der Grundlage derselben Sach- und Rechtslage gegen die Anspruchsgegner vorgeht.[846] Somit ist der Gerichtsstand der Streitgenossenschaft im Falle der Organhaftung eröffnet.[847] Zuständig sind die Gerichte am Wohnsitz der Organe und am Sitz des herrschenden Unternehmens gemäß Art. 62 f. EuGVVO.[848]

bb) Unterlassungsansprüche

Der Gerichtsstand der Streitgenossenschaft könnte auch für Klagen aus Unterlassungsansprüchen eröffnet sein. Im Konzern ist es denkbar, dass Minderheitsaktionäre oder Gläubiger der Tochtergesellschaft gegen diese einen Unterlassungsanspruch bezüglich einer bestimmten Handlung klageweise geltend machen und gleichzeitig die herrschende Muttergesellschaft auf Unterlassung der Veranlassung der abhängigen Gesellschaft zu ebendieser Maßnahme verklagen. Wenn zwischen beiden Unterlassungsklagen ein Zusammenhang besteht, könnte der Gerichtsstand der Streitgenossenschaft eröffnet sein.

Die Verfahren betreffen beide ein und dieselbe zu beendende Maßnahme des abhängigen Unternehmens,[849] sodass es sich um dieselbe Sachlage handelt. Würde man einen einheitlichen Gerichtsstand verneinen, könnte ein Gericht der Tochtergesellschaft die Unterlassung der Maßnahme anordnen und ein anderes der Muttergesellschaft die Veranlassung der Tochtergesellschaft zu ebendieser Maßnahme erlauben. Damit besteht eindeutig die Gefahr sich widersprechender Entscheidungen. Ein Zusammenhang ist zu bejahen.[850] Vereinzelt wird gefordert, Art. 8 Nr. 1 EuGVVO im vorliegenden Fall aus Gründen der Rechtssicherheit

844 Z.B. im deutschen Recht gemäß §§ 117, 309 Abs. 2 AktG, § 317 Abs. 3 AktG.

845 Vgl. z.B. im deutschen Recht § 317 Abs. 3 AktG.

846 Zum Zusammenhang bei Gesamtschuldnern vgl. *Jenard*-Bericht, S. 26.

847 Ebenso MünchKommBGB/*Kindler*, IntGesR Rn. 777; MünchKommAktG/*Ego*, B. Europäische Niederlassungsfreiheit Rn. 678.

848 Dazu oben E.II.3.a)bb).

849 *Schinkels*, IPRax 2008, 412 (414).

850 Ebenso MünchKommBGB/*Kindler*, IntGesR Rn. 768; *Schinkels*, IPRax 2008, 412 (414 f.); a.A. OLG Stuttgart, Urt. v. 30.5.2007 – 20 U 12/06, IPRax 2008, 433.

und zur Vermeidung von *forum shopping* teleologisch zu reduzieren.[851] Allerdings ist es für eine Muttergesellschaft vorhersehbar, dass sie unter bestimmten Umständen ebenfalls am Sitz der Tochtergesellschaft in Anspruch genommen werden kann.[852] Auch ist es wie dargestellt sachdienlich, beide Unterlassungsklagen gemeinsam zu verhandeln, um widersprüchliche Entscheidungen zu vermeiden.

Somit ist der Gerichtsstand der Streitgenossenschaft eröffnet. Zuständig sind die Gerichte am Sitz der Tochter- oder der Muttergesellschaft gemäß Art. 63 EuGVVO.[853]

cc) Schuldbeitritt oder Bürgschaft der Muttergesellschaft

Auch sofern die Muttergesellschaft einer Schuld des Tochterunternehmens gegenüber ihren Gläubigern beitritt oder sich dafür verbürgt, könnte der Gerichtsstand der Streitgenossenschaft eröffnet sein. Dann könnte der Gläubiger Mutter- und Tochtergesellschaft gemeinsam an einem ihrer Sitze in Anspruch nehmen.

Zwischen den Klagen eines Gläubigers gegen die der Schuld beigetretene bzw. bürgende Mutter- und der ursprünglich allein haftenden Tochtergesellschaft müsste ein Zusammenhang bestehen, der bei getrennter Rechtsverfolgung zu sich widersprechenden Entscheidungen führen könnte. Der Gläubiger geht wegen derselben Forderung gegen beide Konzernmitglieder vor und der Haftung liegt derselbe Sachverhalt zugrunde. Damit besteht die Gefahr, dass zwei verschiedene Gerichte zu widersprüchlichen Ergebnissen kommen könnten. Ein Sachzusammenhang ist mithin gegeben.[854]

Bei Anwendung des deutschen materiellen Rechts greift der Gerichtsstand beispielsweise bei der im nationalen Recht als gesetzlicher Schuldbeitritt eingeordneten Ausfallhaftung gemäß §§ 303, 322 AktG analog.[855] Dies gilt ebenso in Bezug auf die Bürgschaftsverpflichtung als Alternative zur Sicherheitsleistung gemäß § 303 Abs. 3 AktG.[856] Somit sind für alle Fälle der Konzernaußenhaftung

---

851 OLG Stuttgart, Urt. v. 30.5.2007 – 20 U 12/06, IPRax 2008, 433.

852 *Schinkels*, IPRax 2008, 412 (415).

853 Dazu oben E.II.3.a)bb).

854 Ein Sachzusammenhang bei Klagen gegen Gesamtschuldner nach einem Schuldbeitritt ergibt sich schon aus den Gesetzgebungsmaterialien zum EuGVÜ, vgl. *Jenard*-Bericht, S. 26.

855 MünchKommBGB/*Kindler*, IntGesR Rn. 774, 770.

856 MünchKommBGB/*Kindler*, IntGesR Rn. 774; zum Sachzusammenhang bei Klagen gegen Schuldner und Bürgen vgl. OLG Karlsruhe Urt. v. 31.5.2017 – 13 U 130/16, BeckRS 2017, 130011 Rn. 21.

in Form eines Schuldbeitritts die Gerichte am Gerichtsstand der Streitgenossenschaft international und örtlich zuständig.[857] Dieser liegt am Sitz der Tochter- oder der Muttergesellschaft i.S.v. Art. 63 Abs. 1 EuGVVO.[858]

dd) Durchgriffshaftung im faktischen Konzern

Im Rahmen der Durchgriffshaftung haftet die Muttergesellschaft den Gläubigern der Tochtergesellschaft wegen unerlaubter Handlung auf Schadensersatz.[859] Gleichzeitig besteht der nicht mehr realisierbare Anspruch gegen die Tochtergesellschaft fort. Nachfolgend wird näher untersucht, ob die Haftung der Muttergesellschaft aus unerlaubter Handlung und die der Tochtergesellschaft (in der Regel) aus Vertrag im Zusammenhang stehen und deshalb am Gerichtsstand der Streitgenossenschaft geltend gemacht werden können.

Problematisch ist, dass die Muttergesellschaft in so einem Fall wegen nachteiliger Einwirkung auf das Tochterunternehmen aus Delikt haftet, während die Gläubiger einen vertraglichen Anspruch gegen die Tochtergesellschaft geltend machen. Der EuGH hat in einem Verfahren zu Patentrechtsverletzungen durch mehrere konzernangehörige Gesellschaften einen Zusammenhang verschiedener Klagen mit der Begründung verneint, dass die Verletzungshandlungen der Unternehmen nicht dieselben waren.[860] Dies gilt nach Auffassung des Gerichtshofs sogar in dem Fall, dass durch eine gemeinsame Geschäftspolitik im Konzern die Verletzungshandlungen aufgrund derselben Sachlage begangen wurden.[861]

Im Rahmen der Durchgriffshaftung werden Mutter- und Tochtergesellschaft keine identischen Verletzungshandlungen vorgeworfen. Schließlich haftet die Muttergesellschaft wegen einer unerlaubter Handlung und die Tochter wegen eines vertraglichen Anspruchs. Allerdings besteht die Gefahr, dass die für die Klage des Gläubigers gegen die Muttergesellschaft zuständigen Gerichte den vertraglichen Anspruch des Gläubigers anders beurteilen als die mit der Klage zwischen Gläubiger und Tochtergesellschaft befassten. Dadurch entstünden

---

857 MünchKommBGB/*Kindler*, IntGesR Rn. 774; vgl. auch MünchKommAktG/*Ego*, B. Europäische Niederlassungsfreiheit Rn. 678; vgl. auch *Bruhns*, S. 336 ff.

858 Dazu oben E.II.3.a)bb).

859 Im deutschen Recht z.B. gemäß §§ 317 Abs. 4, 309 Abs. 4 Satz 3 AktG; dazu oben E.II.3.c)cc)(2).

860 EuGH Urt. v. 13.7.2006, Rs. C-549/03 (Roche Nederland), ECLI:EU:C:2006:458 = EuZW 2006, 573 Rn. 27; vgl. auch Musielak/Voit/*Stadler*, Art. 8 EuGVVO Rn. 3.

861 EuGH Urt. v. 13.7.2006, Rs. C-549/03 (Roche Nederland), ECLI:EU:C:2006:458 = EuZW 2006, 573 Rn. 34; weniger strikt EuGH Urt. v. 1.12.2011, Rs. C-145/10 (Painer/Standard VerlagsGmbH), ECLI:EU:C:2011:798 = EuZW 2012, 182 Rn. 83.

widersprüchliche Entscheidungen, denn beide Ansprüche knüpfen an den Vertrag zwischen Gläubiger und Tochtergesellschaft an. Allein die unterschiedlichen Rechtsgrundlagen der Ansprüche lassen eine Konnexität nicht von vornherein ausscheiden.[862] Weiter spricht für eine Bejahung des Zusammenhangs, dass nach einer Ansicht auch von einer gemeinsamen Vorfrage abhängende Ansprüche in Zusammenhang stehen.[863] Daher ist es zur Vermeidung sich widersprechender Entscheidungen sachdienlich, im hier diskutierten Fall der Durchgriffshaftung einen Zusammenhang zu bejahen und den Gerichtsstand gemäß Art. 8 Nr. 1 EuGVVO zu eröffnen.[864] Zuständig sind damit die Gerichte am Sitz der Tochter- oder der Muttergesellschaft i.S.v. Art. 63 Abs. 1 EuGVVO.[865]

ee) *Zwischenergebnis: Art. 8 Nr. 1 EuGVVO ist bei verschiedenen Streitigkeiten mit Konzernbezug eröffnet*

Der Gerichtsstand der Streitgenossenschaft gemäß Art. 8 Nr. 1 EuGVVO ist in verschiedenen Fallkonstellationen mit Konzernbezug, insbesondere bei Klagen aus Organhaftung, Unterlassungsansprüchen, Durchgriffshaftung im faktischen Konzern und nach einem Schuldbeitritt oder bei einer Bürgschaft der Muttergesellschaft, eröffnet. Dies verschafft dem Kläger die zu begrüßende Möglichkeit, Ansprüche gegen mehrere Schuldner, insbesondere gegen Gesamtschuldner, am selben Gerichtsstand geltend zu machen. Eine entsprechende Auslegung von Art. 8 Nr. 1 EuGVVO führt zu Rechtssicherheit und verhindert sich widersprechende Entscheidungen.

f) *Arbeitssachen (Art. 20 ff. EuGVVO)*

Nachfolgend ist zu klären, ob der Gerichtsstand für Arbeitssachen gemäß Art. 20 ff. EuGVVO auch bei Konzernstreitigkeiten einschlägig sein kann.

Abschnitt 5 der EuGVVO enthält Sonderregelungen für Arbeitssachen und verdrängt mit Ausnahme der Art. 6, 7 Nr. 5 und 8 Nr. 1 EuGVVO innerhalb seines Anwendungsbereichs die allgemeinen Vorschriften. Für Klagen des Arbeitnehmers gegen den Arbeitgeber ergibt sich die Zuständigkeit aus Art. 21

---

862 EuGH Urt. v. 11.10.2007, Rs. C-98/06 (Freeport), ECLI:EU:C:2007:595 = EuZW 2007, 703 Rn. 47; a.A. noch EuGH Urt. v. 27.10.1998, Rs. C-51/97 (Réunion européenne), ECLI:EU:C:1998:509 = IPRax 2000, 210 Rn. 50.

863 MünchKommZPO/*Gottwald*, Art. 8 EuGVVO Rn. 10; Musielak/Voit/*Stadler*, Art. 8 EuGVVO Rn. 3.

864 Ebenso MünchKommBGB/*Kindler*, IntGesR Rn. 774; Eidenmüller/*Rehm*, § 5 Rn. 123.

865 Dazu oben E.II.3.a)bb).

EuGVVO. Gemäß Art. 22 Abs. 1 EuGVVO sind für Klagen gegen den Arbeitnehmer nur die Gerichte des Mitgliedstaates international zuständig, in dem der Arbeitnehmer seinen Sitz hat. Art. 23 EuGVVO beschränkt die Zulässigkeit von Gerichtsstandsvereinbarungen auf nachträgliche oder vorbeugende Prorogationen zugunsten des Arbeitnehmers. Sinn und Zweck des Abschnitts ist der Schutz des Arbeitnehmers als regelmäßig schwächere Partei im Verhältnis zum Arbeitgeber.[866]

Die Sonderregelungen erfassen nur individuelle Arbeitsverträge oder Ansprüche aus ihnen, Art. 20 Abs. 1 EuGVVO. Die Begriffe sind autonom auszulegen.[867] Wie sich aus dem Wortlaut der Norm ergibt, ist der Anwendungsbereich nur für vertraglich und nicht für deliktisch zu qualifizierende Ansprüche eröffnet.[868] Für Klagen aus unerlaubter Handlung bleibt es insofern bei den allgemeinen Regelungen, insbesondere wird Art. 7 Nr. 2 EuGVVO nicht verdrängt.[869] Der Begriff „Arbeitsvertrag" setzt voraus, dass es sich bei einer Vertragspartei um einen Arbeitnehmer handelt. Der EuGH ordnet eine Person als Arbeitnehmer ein, die während einer bestimmten Zeit für eine andere Person nach deren Weisung Leistungen erbringt, für die sie als Gegenleistung eine Vergütung erhält.[870]

Grundsätzlich ist die Relevanz des Gerichtsstandes für Arbeitssachen bei Klagen mit Konzernbezug eher gering. Nehmen sich verschiedene Konzerngesellschaften gegenseitig in Anspruch oder machen Dritte eine Durchgriffshaftung geltend, so fehlt es an einem vertraglichen Arbeitsverhältnis zwischen den Parteien. Dasselbe gilt, wenn ein Arbeitnehmer der Tochtergesellschaft gegen die Muttergesellschaft vorgeht.[871] Allerdings ist es abhängig vom anwendbaren

---

866 Musielak/Voit/*Stadler*, Art. 20 EuGVVO Rn. 1; Paulus/Peiffer/Peiffer/*Paulus*, Art. 20 EuGVVO Rn. 1; Franzen/Gallner/Oetker/*Krebber*, Art. 20 EuGVVO Rn. 3.

867 EuGH Urt. v. 10.9.2015, Rs. C-47/14 (Holterman Ferho Exploitatie BV u.a./Friedrich Leopold Freiherr Spies von Büllesheim), ECLI:EU:C:2015:574 = NZA 2016, 183 Rn. 37; zur autonomen Auslegung s.o. E.I.1.e).

868 Wohl h.M., vgl. Paulus/Peiffer/Peiffer/*Paulus*, Art. 20 EuGVVO Rn. 12; Rauscher/*Mankowski*, Art. 20 EuGVVO Rn. 7; Geimer/Schütze/*Geimer*, Art. 18 EuGVVO a.F. Rn. 12; Schlosser/Hess/*Schlosser*, Art. 20 EuGVVO Rn. 3; a.A. MünchKommZPO/*Gottwald*, Art. 20 EuGVVO Rn. 7; Braun/Wisskirchen/*Domke/Raus*, S. 611 Rn. 136; Saenger/*Dörner*, Art. 20 EuGVVO Rn. 5.

869 Paulus/Peiffer/Peiffer/*Paulus*, Art. 20 EuGVVO Rn. 12.

870 EuGH Urt. v. 10.9.2015, Rs. C-47/14 (Holterman Ferho Exploitatie BV u.a./Friedrich Leopold Freiherr Spies von Büllesheim), ECLI:EU:C:2015:574 = NZA 2016, 183 Rn. 41; dazu ausführlich *Kindler*, IPRax 2016, 115 ff.; Musielak/Voit/*Stadler*, Art. 20 EuGVVO Rn. 2; Paulus/Peiffer/Peiffer/*Paulus*, Art. 20 EuGVVO Rn. 36 f.

871 Rauscher/*Mankowski*, Art. 20 EuGVVO Rn. 8.

Sachrecht möglich, dass eine Muttergesellschaft gleichzeitig Organmitglied ihrer Tochtergesellschaft ist.[872] In diesem Fall ist die vom EuGH in der Rs. *Holterman Ferho Exploitatie u.a.* entwickelte Abgrenzung von Vertrags- und Arbeitnehmergerichtsstand heranzuziehen.[873] Sofern ein Organmitglied weisungsabhängig ist, handelt es sich um einen Arbeitnehmer und die Art. 20 ff. EuGVVO sind anwendbar.[874] An der Weisungsabhängigkeit wird es aber fehlen, sofern die Muttergesellschaft ein Organmitglied des abhängigen Unternehmens ist. Somit greift hier der Gerichtsstand für Arbeitssachen nicht.

Die Abgrenzung kann auch in Fällen einer sogenannten Drittanstellung im Konzern eine Rolle spielen. Damit wird die Konstellation bezeichnet, dass eine natürliche Person, die Organ einer Konzerngesellschaft ist, mit der Gesellschaft einen Dienst- bzw. Arbeitsvertrag abschließt, aber auch für weitere konzernangehörige Unternehmen tatsächlich tätig wird.[875] Neben Fragen der Zulässigkeit einer solchen Drittanstellung im anwendbaren materiellen Recht[876] ist im konkreten Einzelfall zu prüfen, ob das Organmitglied weisungsunabhängig oder als Arbeitnehmer zu verstehen ist. Der Gerichtsstand für Arbeitssachen ist allerdings auch für den Fall, dass es sich um einen Arbeitnehmer handelt, nur für Klagen zwischen der anstellenden Gesellschaft und dem Arbeitnehmer eröffnet. Mit den weiteren konzernangehörigen Gesellschaften besteht gerade kein Vertragsverhältnis.[877]

Der Gerichtsstand für Arbeitssachen in Konzernsachverhalten ist somit nur selten einschlägig. Eine Klage mit Bezug zu einem Anstellungsverhältnis ist vielmehr zumeist am Vertrags- bzw. Delikts- oder am allgemeinen Gerichtsstand zu erheben.

---

872 Im deutschen GmbH- und Aktienrecht ist dies nicht zulässig, vgl. § 6 Abs. 2 Satz 1 GmbHG bzw. § 76 Abs. 3 Satz 1 AktG; anders dagegen in England, wo auch Körperschaften als Direktoren einer Gesellschaft gemäß sec. 164 Companies Act 2006 eingetragen werden können; vgl. (allerdings zum Company Act 1985) *Schneider*, ZVglRWiss 102 (2003), 387 (404 ff.).

873 EuGH Urt. v. 10.9.2015, Rs. C-47/14 (Holterman Ferho Exploitatie BV u.a./Friedrich Leopold Freiherr Spies von Büllesheim), ECLI:EU:C:2015:574 = NZA 2016, 183; dazu ausführlich oben E.II.3.b)bb)(3)(a).

874 EuGH Urt. v. 10.9.2015, Rs. C-47/14 (Holterman Ferho Exploitatie BV u.a./Friedrich Leopold Freiherr Spies von Büllesheim), ECLI:EU:C:2015:574 = NZA 2016, 183 Rn. 51; dazu ausführlich oben E.II.3.b)bb)(3)(a).

875 *Deilmann/Dornbusch*, NZG 2016, 201.

876 Zur Zulässigkeit im deutschen Recht vgl. *Deilmann/Dornbusch*, NZG 2016, 201 (207 f.).

877 Vgl. auch Rauscher/*Mankowski*, Art. 20 EuGVVO Rn. 8.

g) *Ausschließlicher Gerichtsstand: Gesellschaftsinterne Streitigkeiten (Art. 24 Nr. 2 EuGVVO)*

Der ausschließliche Gerichtsstand nach Art. 24 Nr. 2 EuGVVO eröffnet für gesellschaftsinterne Streitigkeiten eine internationale Zuständigkeit im Mitgliedstaat des Gesellschaftssitzes und könnte für Streitigkeiten mit Konzernbezug einschlägig sein. Der Gesellschaftssitz ist abweichend von Art. 63 Abs. 1 EuGVVO[878] nach dem Kollisionsrecht der *lex fori* zu bestimmen. Ziel der Vorschrift ist ein Gleichlauf von *forum* und *ius* für bestimmte Binnenstreitigkeiten, um sich widersprechende Entscheidungen zu vermeiden.[879] Als Ausnahme zu den allgemeinen Zuständigkeitsregeln ist der ausschließliche Gerichtsstand restriktiv und eng anzuwenden.[880] Der sachliche Anwendungsbereich des Art. 24 Nr. 2 EuGVVO ist nur für Bestands- und Beschlussmängelstreitigkeiten eröffnet. Einen umfassenden Gerichtsstand der Mitgliedschaft schafft Art. 24 Nr. 2 EuGVVO nicht.[881]

Somit sind, anders als im Rahmen des § 22 ZPO, Streitigkeiten der Mitglieder einer Gesellschaft untereinander grundsätzlich ausgenommen, sofern nicht ein konkreter Organbeschluss angefochten wird und dies auch nur dann, wenn die Gültigkeit des Beschlusses nicht nur eine Vorfrage darstellt.[882] Damit sind auch konzernrechtliche Haftungsansprüche nicht vom Gerichtsstand für Gesellschaftssachen erfasst.[883] Zwar sind Verfahren mit Konzernbezug denkbar, etwa wenn gegen einen Beschluss über den Abschluss eines Beherrschungs- und Gewinnabführungsvertrages vorgegangen wird. Allerdings wurzelt ein solches Verfahren nicht in der Konzernierung selbst, sondern betrifft allein die Organbeschlüsse des konzernangehörigen Unternehmens.

Somit ist die Relevanz des ausschließlichen Gerichtsstandes gemäß Art. 24 Nr. 2 EuGVVO für Konzernstreitigkeiten sehr gering.

---

878 Dazu oben E.II.3.a)bb).

879 MünchKommZPO/*Gottwald*, Art. 24 EuGVVO Rn. 23; Paulus/Peiffer/Peiffer/*Paulus*, Art. 24 EuGVVO Rn. 65 f.

880 Paulus/Peiffer/Peiffer/*Paulus*, Art. 24 EuGVVO Rn. 67.

881 MünchKommZPO/*Gottwald*, Art. 24 EuGVVO Rn. 23; Paulus/Peiffer/Peiffer/*Paulus*, Art. 24 EuGVVO Rn. 67; *Bachmann*, IPRax 2009, 140 (141 f.).

882 EuGH Urt. v. 23.10.2014, Rs. C-302/13 (flyLAL-Lithuanian Airlines), ECLI:EU:C:2014:2319 = GRUR Int. 2014, 1172 Rn. 40; MünchKommZPO/*Gottwald*, Art. 24 EuGVVO Rn. 27; Paulus/Peiffer/Peiffer/*Paulus*, Art. 24 EuGVVO Rn. 96, 99.

883 Ebenso *Bachmann*, IPRax 2009, 140 (141 f.); MünchKommZPO/*Gottwald*, Art. 24 EuGVVO Rn. 29; zu Art. 16 Nr. 2 EuGVÜ schon *Bayer*, S. 137; vgl. auch Paulus/Peiffer/Peiffer/*Paulus*, Art. 24 EuGVVO Rn. 100.

h) Gerichtsstandsvereinbarungen (Art. 25 EuGVVO)

Art. 25 Abs. 1 EuGVVO eröffnet in den Grenzen des Abs. 4 den Parteien eines Gerichtsverfahrens eine Prorogationsbefugnis zugunsten mitgliedstaatlicher Gerichte unabhängig vom jeweiligen Wohnsitz. Gerichtsstandsvereinbarungen schaffen Rechtssicherheit und sind Ausfluss der Parteiautonomie.[884] Nicht nur bei allgemeinen Rechtsstreitigkeiten, sondern insbesondere auch bei solchen mit Konzernbezug spielt Art. 25 EuGVVO eine zunehmend wichtigere Rolle.[885] Im Folgenden werden zunächst die Voraussetzungen einer wirksamen Gerichtsstandsvereinbarung allgemein dargestellt (s.u. aa)), bevor ausgewählte Fragen mit Bezug zum Konzern, wie eine Gerichtsstandsvereinbarung in Gesellschaftsverträgen oder die konzerndimensionale Prorogation, diskutiert werden (s.u. bb)).

aa) Wirksamkeitsvoraussetzungen

Eine wirksame Gerichtsstandsvereinbarung führt gemäß Art. 25 Abs. 1 Satz 2 EuGVVO grundsätzlich zur ausschließlichen Zuständigkeit des in der Vereinbarung genannten Gerichts bzw. der Gerichte eines Mitgliedstaates. Im Folgenden werden ihre Voraussetzungen näher dargestellt.

(1) Anwendungsbereich des Art. 25 Abs. 1 EuGVVO

Für eine nach der EuGVVO wirksame Gerichtsstandsvereinbarung muss der sachliche Anwendungsbereich von Art. 25 Abs. 1 EuGVVO eröffnet sein. Die Norm erfasst rechtsgeschäftliche Gerichtsstandsvereinbarungen. Möglich ist sowohl die Prorogation als auch die Derogation von Gerichten.[886]

In räumlich-persönlicher Hinsicht kann nur die Zuständigkeit eines Gerichts oder der Gerichte eines Mitgliedstaates vereinbart werden. Zwar setzt der Wortlaut keinen Auslandsbezug voraus, allerdings verfolgt der Unionsgesetzgeber ausweislich der Erwägungsgründe Nr. 3 Satz 2 und Nr. 5 EuGVVO i.V.m. Art. 81 AEUV das Ziel, Zivilsachen mit grenzüberschreitendem Bezug einer gesetzlichen Regelung zuzuführen. Außerdem würde die Anwendung auf reine

---

884 *Weber*, S. 440 f.; Braun/Wisskirchen/*Domke/Raus*, S. 616 Rn. 160; MünchKommZPO/*Gottwald*, Art. 25 EuGVVO Rn. 67.

885 Vgl. z.B. EuGH Urt. v. 28.6.2017, Rs. C-436/16 (Georgios Leventis u.a./Malcon Navigation u.a.), ECLI:EU:C:2017:497 = NZG 2018, 226; Paulus/*Peiffer/Peiffer*, Art. 25 EuGVVO Rn. 2.

886 Musielak/Voit/*Stadler*, Art. 25 EuGVVO Rn. 1; *Rauscher*, Internationales Privatrecht, Rn. 1929.

Inlandssachverhalte zur Folge haben, dass nationale Regeln ohne erkennbaren Grund eingeschränkt würden.[887] Daher fordert die h.M. richtigerweise einen Auslandsbezug, sodass sich eine Gerichtsstandsvereinbarung nicht nach Art. 25 Abs. 1 EuGVVO sondern nach nationalem Recht richtet, wenn die Parteien ihren Wohnsitz im selben Staat haben und kein weiterer Berührungspunkt zum (nicht notwendigerweise EU-)Ausland besteht.[888] Die Voraussetzung ist allerdings sehr großzügig zu handhaben, sodass ein Auslandsbezug schon gegeben ist, wenn Parteien mit Sitz im selben Mitgliedstaat die Zuständigkeit eines Gerichts in einem anderen Mitgliedstaat vereinbaren.[889]

Der zeitliche Anwendungsbereich ist eröffnet, wenn das gerichtliche Verfahren gemäß Art. 66 Abs. 1 EuGVVO am oder nach dem 10.1.2015 eingeleitet worden ist.[890] Art. 25 EuGVVO erfasst daher auch Vereinbarungen über den Gerichtsstand, die vor dem Stichtag errichtet wurden.[891] Aus Vertrauensschutzgründen behält eine einmal rechtlich wirksam errichtete Gerichtsstandsvereinbarung allerdings auch nach Rechts- oder Tatsachenänderungen (z.B. Wegfall des Auslandsbezugs durch Umzug einer Partei) ihre Gültigkeit.[892]

(2) Anforderungen an eine Gerichtsstandsvereinbarung

Die Gerichtsstandsvereinbarung muss sich gemäß Art. 25 Abs. 1 Satz 1 EuGVVO auf eine bereits entstandene Rechtsstreitigkeit oder auf eine künftige Rechtstreitigkeit aus einem bestimmten Rechtsverhältnis beziehen. Das Bestimmtheitserfordernis soll vermeiden, dass eine Partei dadurch überrascht wird, dass die Zuständigkeit eines bestimmten Gerichts für sämtliche Rechtsstreitigkeiten begründet wird, die sich eventuell aus den Beziehungen mit ihrem Vertragspartner ergeben und ihren Ursprung in einer anderen Beziehung als derjenigen

---

887 MünchKommZPO/*Gottwald*, Vorb. zu Art. 1 EuGVVO Rn. 33.

888 MünchKommZPO/*Gottwald*, Vorb. zu Art. 1 EuGVVO Rn. 33 f.; Musielak/Voit/*Stadler*, Art. 25 EuGVVO Rn. 1; *Rauscher*, Internationales Privatrecht, Rn. 1936 ff.

889 Paulus/*Peiffer/Peiffer*, Art. 25 EuGVVO Rn. 18; *Rauscher*, Internationales Privatrecht, Rn. 1940; MünchKommZPO/*Gottwald*, Art. 25 EuGVVO Rn. 4; vgl. auch *Geimer*, IZPR, Rn. 1605.

890 Zum alten Recht vgl. Art. 23 EuGVVO a.F.; siehe auch Art. 23 LugÜ; vgl. zu Art. 66 EuGVVO allgemein ausführlich *Kindler*, FS Coester-Waltjen, 485 ff.

891 MünchKommZPO/*Gottwald*, Art. 66 EuGVVO Rn. 6; vgl. auch *Kindler*, FS Coester-Waltjen, 485 (497 f.).

892 *Rauscher*, Internationales Privatrecht, Rn. 1951; Paulus/*Peiffer/Peiffer*, Art. 25 EuGVVO Rn. 22 ff.; MünchKommZPO/*Gottwald*, Art. 25 EuGVVO Rn. 13, MünchKommZPO/*Gottwald*, Art. 66 EuGVVO Rn. 6.

haben, anlässlich derer die Begründung des Gerichtsstands vorgenommen wurde.[893]

Außerdem muss sich die Prorogation oder Derogation auf ein bestimmtes Gericht oder die Gerichte eines bestimmten Mitgliedstaates beziehen. Die Parteien können also entweder nur die internationale oder auch die örtliche Zuständigkeit festlegen. An die Bestimmtheit sind keine überhöhten Anforderungen zu stellen, sodass es genügt, wenn in der Vereinbarung nur objektive Kriterien zur Bestimmung des zuständigen Gerichts genannt sind.[894]

Schließlich muss die Gerichtsstandsvereinbarungen den Formerfordernissen des Art. 25 Abs. 1 Satz 3 lit. a–c oder Abs. 2 EuGVVO genügen. Zwischen den Parteien soll die Einigung über die gerichtliche Zuständigkeit zweifelsfrei feststehen, sodass die formellen Wirksamkeitsvoraussetzungen eng auszulegen sind.[895] Demnach ist eine Vereinbarung schriftlich oder mündlich mit schriftlicher Bestätigung (Abs. 1 Satz 3 lit. a), entsprechend den Gepflogenheiten zwischen den Parteien (Abs. 1 Satz 3 lit. b),[896] entsprechend geltender Handelsbräuche (Abs. 1 Satz 3 lit. c) oder elektronisch (Abs. 2) zu treffen.

Die materielle Wirksamkeit bestimmt sich ausweislich Art. 25 Abs. 5 EuGVVO unabhängig vom Hauptvertrag nicht nach der *lex causae*. Maßgeblich ist gemäß Art. 25 Abs. 1 Satz 1 a.E. EuGVVO vielmehr das Recht einschließlich des Kollisionsrechts am Ort des prorogierten Gerichts.[897]

(3) Prorogationsbeschränkungen

Trotz des Grundsatzes der Parteiautonomie ist die Wahl des Gerichtstandes zum Schutz der schwächeren Vertragspartei in bestimmten Konstellationen

---

893 EuGH Urt. v. 10.3.1992, Rs. C-214/89 (Powell Duffryn/Petereit), ECLI:EU:C:1992:115 = NJW 1992, 1671 Rn. 31.

894 EuGH Urt. v. 9.11.2000, Rs. C-387/98 (Coreck Maritime/Handelsveem u.a.), ECLI:EU:C:2000:606 = EuR 2001, 261; Paulus/*Peiffer/Peiffer*, Art. 25 EuGVVO Rn. 244, 246; MünchKommZPO/*Gottwald*, Art. 25 EuGVVO Rn. 65; *Rauscher*, Internationales Privatrecht, Rn. 1954.

895 Musielak/Voit/*Stadler*, Art. 25 EuGVVO Rn. 8; Paulus/*Peiffer/Peiffer*, Art. 25 EuGVVO Rn. 137.

896 Im Konzern ist jede Gesellschaft rechtlich getrennt zu behandeln, sodass Gepflogenheiten im Verhältnis zur Muttergesellschaft nicht automatisch auch im Verhältnis zum Tochterunternehmen gelten, vgl. OLG Brandenburg Urt. v. 26.6.2012 – 6 U 3/11, BeckRS 2012, 15696; Paulus/*Peiffer/Peiffer*, Art. 25 EuGVVO Rn. 201.

897 Erwägungsgrund Nr. 20 EuGVVO; *Kindler*, FS Coester-Waltjen, 485 (486 f.); Saenger/*Dörner*, Art. 25 EuGVVO Rn. 15; Musielak/Voit/*Stadler*, Art. 25 EuGVVO Rn. 5.

eingeschränkt. In Versicherungs-, Verbraucher- und Arbeitssachen ist gemäß Art. 15, 19 und 23 EuGVVO eine Gerichtsstandsvereinbarung nur in Ausnahmen möglich. Dies stellt Art. 25 Abs. 4 EuGVVO deklaratorisch klar[898] sowie, dass ausschließliche Zuständigkeiten gemäß Art. 24 EuGVVO[899] nicht abbedungen werden können.

bb) Gerichtsstandsvereinbarungen bei Klagen mit Konzernbezug

Bei Gerichtsstandsvereinbarungen mit Konzernbezug ist zwischen konzerninternen und konzernexternen Streitigkeiten zu unterscheiden. Im Innenverhältnis sind Klagen der Mutter- gegen die Tochtergesellschaft und umgekehrt denkbar.[900] Im Rahmen der Konzernaußenhaftung nimmt in der Regel ein Gläubiger im Wege des Haftungsdurchgriffs die Muttergesellschaft für Verbindlichkeiten der Tochtergesellschaft in Anspruch.[901] Nachfolgend werden die Möglichkeit einer Gerichtsstandsvereinbarung in Gesellschaftsverträgen für konzerninterne Streitigkeiten (s.u. (1)) und einer konzerndimensionalen Prorogation für konzernexterne Haftungsklagen (s.u. (2)) näher beleuchtet.

(1) Gerichtsstandsvereinbarungen in Gesellschaftsverträgen – Konzerninnenhaftung

Im Rahmen der Konzerninnenhaftung können die konzernangehörigen Gesellschaften eine Gerichtsstandsvereinbarung treffen. Im Vertragskonzern[902] ist dies im Gewinnabführungs- und Beherrschungsvertrag möglich.[903] Im (qualifiziert) faktischen Konzern[904] wird mangels Vertrags zwischen herrschendem und abhängigem Unternehmen dagegen meist keine Vereinbarung über den Gerichtsstand vor Entstehung einer Streitigkeit vorliegen. Eine nachträgliche Einigung kann aber jederzeit erfolgen. Im Folgenden wird näher untersucht, wie die Reichweite einer Gerichtsstandsklausel im Vertragskonzern zu beurteilen ist.

Die Parteien können aus einem bestimmten Rechtverhältnis resultierende künftige Rechtsstreitigkeiten einem bestimmten Gerichtsstand unterstellen. Die

---

898 MünchKommZPO/*Gottwald*, Art. 25 EuGVVO Rn. 68.

899 Dazu oben E.II.3.g).

900 Dazu oben E.II.3.b)bb) sowie E.II.3.c)bb).

901 Dazu oben E.II.3.c)cc).

902 S.o. C.I.2.a)aa).

903 MünchKommBGB/*Kindler*, IntGesR Rn. 769, 610; zur Gerichtsstandsvereinbarung im Gesellschaftsvertrag vgl. Roth/Altmeppen/*Roth*, § 3 GmbHG Rn. 44.

904 S.o. C.I.2.a)bb).

Klausel muss dabei dem Bestimmtheitsgrundsatz genügen.[905] Die Auslegung der Klausel ist dabei zwar Sache des nationalen Gerichts, der EuGH gibt allerdings Leitlinien vor.[906] Damit sind Reichweite und Inhalt grundsätzlich der Rechtsordnung zu entnehmen, welche durch die Kollisionsnormen im Mitgliedstaat des gewählten Gerichts berufen ist.[907] Maßgeblich kann daher neben dem Wortlaut etwa auch der Parteiwille sein.[908] Allerdings soll vermieden werden, dass eine Partei durch zu großzügige Anwendung der Gerichtsstandsvereinbarung überrascht wird.[909] Sofern im Gewinnabführungs- und Beherrschungsvertrag Klagen mit Bezug zum Konzernverhältnis einem bestimmten Gerichtsstand zugewiesen werden, ist es sowohl für die Mutter- als auch für die Tochtergesellschaft vorhersehbar, dass alle Konzernstreitigkeiten im Innenverhältnis am gewählten Gerichtstand geltend gemacht werden sollen. Daher bezieht sich die Vereinbarung etwa auf Klagen aus § 302 Abs. 1 AktG. Bei Anwendung deutschen Rechts sind außerdem neben vertraglichen im Zweifel auch deliktische Ansprüche miterfasst, sofern ein hinreichend enger Zusammenhang zwischen der deliktischen Haftung und dem Vertrag besteht.[910] Dasselbe gilt bei Anwendung englischen oder irischen Rechts.[911]

---

905 S.o. E.II.3.h)aa)(2).

906 EuGH Urt. v. 21.5.2015, Rs. C-352/13 (CDC Hydrogen Peroxide/Akzo Nobel u.a.), ECLI:EU:C:2015:335 = EuZW 2015, 884 Rn. 67; vgl. auch *Roth*, IPRax 2016, 318 (324 f.).

907 Paulus/*Peiffer/Peiffer*, Art. 25 EuGVVO Rn. 256; Saenger/*Dörner*, Art. 25 EuGVVO Rn. 20; kritisch Rauscher/*Mankowski*, Art. 25 EuGVVO Rn. 211.

908 Vgl. Rauscher/*Mankowski*, Art. 25 EuGVVO Rn. 208.

909 EuGH Urt. v. 21.5.2015, Rs. C-352/13 (CDC Hydrogen Peroxide/Akzo Nobel u.a.), ECLI:EU:C:2015:335 = EuZW 2015, 884 Rn. 68.

910 OLG München Urt. v. 8.3.1989 – 15 U 5989/88, RIW 1989, 901; MünchKommZPO/*Gottwald*, Art. 25 EuGVVO Rn. 64; Saenger/*Dörner*, Art. 25 EuGVVO Rn. 20; Rauscher/*Mankowski*, Art. 25 EuGVVO Rn. 212; mangels Vorhersehbarkeit erstreckt sich dagegen nach Ansicht des EuGHs eine Gerichtsstandsvereinbarung für Streitigkeiten aus Vertragsverhältnissen nicht auf Kartelldelikte, sofern das geschädigte Unternehmen bei Zustimmung zur Gerichtsstandsklausel keine Kenntnis vom Kartell hatte, vgl. EuGH Urt. v. 21.5.2015, Rs. C352/13 (CDC Hydrogen Peroxide/Akzo Nobel u.a.), ECLI:EU:C:2015:335 = EuZW 2015, 884 Rn. 69 f.

911 Paulus/*Peiffer/Peiffer*, Art. 25 EuGVVO Rn. 257; Rauscher/*Mankowski*, Art. 25 EuGVVO Rn. 214.

(2) Konzerndimensionale Gerichtsstandsvereinbarung – Konzernaußenhaftung

Ob im Rahmen der Konzernaußenhaftung eine Gerichtsstandsvereinbarung zwischen einer Tochtergesellschaft und ihrem Gläubiger auch im Rahmen des Haftungsdurchgriffs gegen die Muttergesellschaft Wirkung entfaltet, hängt von verschiedenen Aspekten ab. Nachfolgend wird zunächst die Entscheidung des EuGHs in der Rs. *Georgios Leventis u.a.* gegen *Malcon Navigation u.a.*[912] (s.u. (a)) und die Drittwirkung von Gerichtsstandsklauseln allgemein dargestellt (s.u. (b)), bevor sodann die Reichweite einer Gerichtsstandsvereinbarung im Rahmen der Konzernaußenhaftung näher untersucht wird (s.u. (c)).

(a) EuGH Rs. *Georgios Leventis u.a./Malcon Navigation u.a.*

Das Unternehmen *Malcon Navigation* mit tatsächlichem Sitz in Griechenland vercharterte ein Schiff an die Firma *Brave Bulk Transport*, ebenso mit Sitz in Griechenland. Beide einigten sich im Chartervertrag darauf, dass jeglicher Rechtsstreit aufgrund dieses Vertrags oder im Zusammenhang mit ihm in die ausschließliche Zuständigkeit des *High Court of Justice* in London fällt. Aufgrund der verspäteten Rückgabe des Schiffes klagte die *Malcon Navigation* gegen *Brave Bulk Transport* und ihre beiden Gesellschafter *Georgios Leventis* und *Nikolaos Vafeias* vor einem Gericht in Griechenland, um die Beklagten gesamtschuldnerisch nach griechischem Recht wegen unerlaubter Handlung in Anspruch zu nehmen. Die griechischen Instanzgerichte verneinten ihre Zuständigkeit in Bezug auf die Klage gegen *Brave Bulk Transport* aufgrund der Gerichtsstandsvereinbarung, bejahten sie aber gegenüber den natürlichen Personen, weil sich die Vereinbarung nicht auf sie beziehe. Der griechische Kassationsgerichtshof setzte schließlich das Verfahren aus und legte die Frage, ob sich eine Gerichtsstandsklausel zwischen zwei Gesellschaften auch auf gesamtschuldnerisch mithaftende Gesellschafter bezieht, dem EuGH zur Vorabentscheidung vor.

Der Gerichtshof bestätigte die Ansicht der griechischen Instanzgerichte, dass sich die Gerichtsstandsvereinbarung nicht auf Klagen gegen die Gesellschafter der *Brave Bulk Transport* bezieht.[913] Der EuGH begründete seine Entscheidung damit, dass eine Gerichtsstandsklausel ihre Wirkung nur zwischen den Parteien

912 EuGH Urt. v. 28.6.2017, Rs. C-436/16 (Georgios Leventis u.a./Malcon Navigation u.a.), ECLI:EU:C:2017:497 = NZG 2018, 226.

913 EuGH Urt. v. 28.6.2017, Rs. C-436/16 (Georgios Leventis u.a./Malcon Navigation u.a.), ECLI:EU:C:2017:497 = NZG 2018, 226 Ls.

entfaltet, die ihr zugestimmt haben.[914] Die Vereinbarung bestand im zu entscheidenden Fall nur zwischen den beiden Gesellschaften, nicht aber mit den gesamtschuldnerisch haftenden Dritten.[915] Die Gefahr von sich widersprechenden Entscheidungen sah der Gerichtshof bei Klagen gegen die Gesellschafter in Griechenland und gegen die Gesellschaft in England nicht und verweist auf die Mechanismen der Art. 29 ff. EuGVVO für im Zusammenhang stehende Verfahren.[916]

(b) Die Drittwirkung von Gerichtsstandsvereinbarungen

In seiner Entscheidung *Georgios Leventis u.a./Malcon Navigation u.a.* hat der EuGH den Grundsatz der Relativität von Gerichtsstandsvereinbarungen betont.[917] Die Einbeziehung Dritter ohne ausdrückliche Zustimmung ist nur in engen durch das materielle Recht bestimmten Ausnahmen zulässig.[918]

Eine Ausnahme bildet die wirksame Rechtsnachfolge in die Gerichtsstandsvereinbarung. Der Rechtsnachfolger muss weder seine Zustimmung erklären noch Kenntnis von der Vereinbarung gehabt haben.[919] Er muss nach anwendbarem Sachrecht in die Position seines Rechtsvorgängers vollständig eingerückt sein, was etwa bei einer Erbfolge, Abtretung, privaten Schuldübernahme,[920] *cessio legis* und Unternehmensverschmelzung oder -abspaltung der Fall ist.[921] Auch nach einem Übergang des Verwaltungs- und Verfügungsrechts über das Vermögen eines Schuldners auf den Insolvenzverwalter gemäß § 80 InsO ist der Insolvenzverwalter als Rechtsnachfolger an eine Gerichtsstandsvereinbarung zwischen Gläubiger und Schuldner grundsätzlich gebunden, sofern es sich nicht

914 EuGH Urt. v. 28.6.2017, Rs. C-436/16 (Georgios Leventis u.a./Malcon Navigation u.a.), ECLI:EU:C:2017:497 = NZG 2018, 226 Rn. 35.

915 EuGH Urt. v. 28.6.2017, Rs. C-436/16 (Georgios Leventis u.a./Malcon Navigation u.a.), ECLI:EU:C:2017:497 = NZG 2018, 226 Rn. 36 ff.

916 EuGH Urt. v. 28.6.2017, Rs. C-436/16 (Georgios Leventis u.a./Malcon Navigation u.a.), ECLI:EU:C:2017:497 = NZG 2018, 226 Rn. 41 f.

917 Zustimmend *Schlosser*, IPRax 2018, 22; *Deshayes*, IWRZ 2017, 279 (280); weiter verstehen den Wirkungskreis von Gerichtsstandsvereinbarungen dagegen französische Gerichte, vgl. *Corneloup*, IPRax 2017, 309 (310).

918 *Gottwald*, FS Geimer, 131 (132).

919 Rauscher/*Mankowski*, Art. 25 EuGVVO Rn. 151; MünchKommZPO/*Gottwald*, Art. 25 EuGVVO Rn. 54; Paulus/*Peiffer/Peiffer*, Art. 25 EuGVVO Rn. 119; Zöller/*Schultzky*, § 38 ZPO Rn. 13; *Deshayes*, IWRZ 2017, 279 (280).

920 Rauscher/*Mankowski*, Art. 25 EuGVVO Rn. 159.

921 Paulus/*Peiffer/Peiffer*, Art. 25 EuGVVO Rn. 119; Rauscher/*Mankowski*, Art. 25 EuGVVO Rn. 151 ff.

um insolvenzspezifische Ansprüche handelt, die der Disposition des Schuldners entzogen sind.[922]

Eine weitere Ausnahme stellt der Vertrag zugunsten Dritter dar, sofern das durch das Kollisionsrecht des angerufenen Gerichts berufene Sachrecht die Wirkung zugunsten des Dritten anerkennt.[923] Der Dritte erwirbt seinen materiellrechtlichen Anspruch grundsätzlich nur so, wie ihn die Vertragsparteien ausgestaltet haben.[924] Insbesondere gelten die Beschränkungen der klageweisen Durchsetzbarkeit.[925]

Im Rahmen des Schuldbeitritts tritt grundsätzlich keine Rechtsnachfolge ein.[926] Allerdings wird in der Zustimmung zum Schuldbeitritt in der Regel auch die Selbstbindung an eine zur Forderung gehörenden Gerichtsstandsvereinbarung zu sehen sein.[927] Denn wer einem Vertragswerk beitritt, will sich damit auch einer darin enthaltenen Gerichtsstandsklausel unterwerfen.[928] Natürlich kann der Schuldübernehmer diesbezüglich einen Vorbehalt erklären.[929]

Darüber hinaus tritt die Bindung Dritter nur ein, wenn diese ausdrücklich ihre Zustimmung zu einer Gerichtsstandsvereinbarung erklärt haben[930] oder nach anwendbarem Sachrecht wirksam vertreten worden sind.[931] Auch im Rahmen einer Vertragskette bindet eine Gerichtsstandsklausel zwischen Hersteller und Ersterwerber nicht den Endkunden im Verhältnis zum Produzenten.[932]

---

922 Nerlich/Römermann/*Wittkowski/Kruth*, § 80 InsO Rn. 55; Uhlenbruck/*Mock*, § 80 InsO Rn. 178.

923 *Gottwald*, FS Geimer, 131 (133); Paulus/*Peiffer/Peiffer*, Art. 25 EuGVVO Rn. 127; Rauscher/*Mankowski*, Art. 25 EuGVVO Rn. 157.

924 Rauscher/*Mankowski*, Art. 25 EuGVVO Rn. 157.

925 Paulus/*Peiffer/Peiffer*, Art. 25 EuGVVO Rn. 127.

926 Für das Verhältnis zwischen Gläubiger und beigetretenem Schuldner ist das Recht der übernommenen Forderung maßgeblich, vgl. Rauscher/*Mankowski*, Art. 25 EuGVVO Rn. 159.

927 Rauscher/*Mankowski*, Art. 25 EuGVVO Rn. 159; Paulus/*Peiffer/Peiffer*, Art. 25 EuGVVO Rn. 124.

928 *Geimer*, NJW 1986, 1438 (1439).

929 Paulus/*Peiffer/Peiffer*, Art. 25 EuGVVO Rn. 124.

930 EuGH Urt. v. 28.6.2017, Rs. C-436/16 (Georgios Leventis u.a./Malcon Navigation u.a.), ECLI:EU:C:2017:497 = NZG 2018, 226 Rn. 38; Musielak/Voit/*Stadler*, Art. 25 EuGVVO Rn. 4a; Paulus/*Peiffer/Peiffer*, Art. 25 EuGVVO Rn. 123.

931 Zur Vertretung vgl. Rauscher/*Mankowski*, Art. 25 EuGVVO Rn. 155.

932 EuGH Urt. v. 7.2.2013, Rs. C-543/10 (Refcomp), ECLI:EU:C:2013:62 = EuZW 2013, 316 Ls.; Paulus/*Peiffer/Peiffer*, Art. 25 EuGVVO Rn. 123; ebenso bei einer Vertragskette mit Konzernbezug *Corneloup*, IPRax 2017, 309 (310).

(c) Die Reichweite einer Gerichtsstandsvereinbarung im Konzern

Die Frage der Reichweite einer Gerichtsstandsvereinbarung im Konzern stellt sich in zwei Konstellationen. Einerseits könnte eine Gerichtsstandsvereinbarung zwischen einer Tochtergesellschaft und ihrem Gläubiger auch bei Klagen aus Ansprüchen der Durchgriffshaftung gegenüber der Muttergesellschaft Wirkung entfalten. Andererseits ist die Erstreckung der Reichweite einer konzerninternen Gerichtsstandsvereinbarung auf konzernexterne Gläubiger denkbar. Beide Situationen werden nachfolgend näher beleuchtet.

Im Rahmen der konzernrechtlichen Durchgriffshaftung ist umstritten, ob eine Gerichtsstandsvereinbarung eines konzernangehörigen Unternehmens mit einem Dritten weitere Gruppenmitglieder ebenfalls bindet. Nur weil eine Mutter- oder Tochtergesellschaft einer Gerichtsstandsklausel in Verträgen mit Dritten zustimmt, führt dies nicht automatisch zu einer Wirkung für und gegen die nicht am Vertrag beteiligte Tochter bzw. Mutter.[933] Eine Bindung tritt allerdings dann ein, wenn eine konzernangehörige Gesellschaft mit Vertretungsmacht für ein anderes (z.B. Mutter-)Unternehmen handelt,[934] da so das voluntative Element der Vereinbarung auch in Bezug auf das weitere Konzernmitglied vorliegt.

Geht ein Gläubiger der Tochtergesellschaft im faktischen Konzern gegen die deliktisch haftende Muttergesellschaft vor, so geschieht dies unabhängig vom Vertragsverhältnis zwischen Gläubiger und Tochterunternehmen, das eine Gerichtsstandsklausel enthalten kann. Selbst wenn man die Auffassung vertritt, dass der Haftungsanspruch dem Rechtsverhältnis zwischen Gläubiger und Tochter entspringt, so fehlt es regelmäßig an der Zustimmung der Muttergesellschaft zur Wahl des Gerichtsstandes. Zwar ist die deliktisch handelnde Muttergesellschaft weniger schutzwürdig, allerdings eröffnet der besondere Deliktsgerichtsstand[935] dem Kläger schon eine umfassende Zuständigkeit an sach- und beweisnahen Gerichtsständen, sodass hier keine Korrektur erforderlich ist.

Denkbar ist die Bindung einer Muttergesellschaft an die Gerichtsstandsvereinbarung nur im Falle des Schuldbeitritts, wenn darin die Zustimmung zur Vereinbarung zu sehen ist. Bei einer Ausfallhaftung analog §§ 303, 322 AktG als gesetzlicher Schuldbeitritt[936] ist dies allerdings im Ergebnis wohl zu verneinen, da der Schuldbeitritt hier nicht privatautonom erfolgt. Damit wirkt eine

---

933 Rauscher/*Mankowski*, Art. 25 EuGVVO Rn. 162; Paulus/*Peiffer/Peiffer*, Art. 25 EuGVVO Rn. 125.

934 Rauscher/*Mankowski*, Art. 25 EuGVVO Rn. 162.

935 Dazu oben E.II.3.c)cc).

936 Zur Ausfallhaftung vgl. MünchKommBGB/*Kindler*, IntGesR Rn. 770.

Gerichtsstandsvereinbarung zwischen abhängiger Gesellschaft und dem Gläubiger nicht auch gegen das herrschende Unternehmen als Zweitschuldner.[937]

Andererseits ist es möglich, dass eine Gerichtsstandsvereinbarung zwischen den konzernangehörigen Unternehmen (z.B. im Gewinnabführungs- und Beherrschungsvertrag oder in einer Satzung)[938] zumindest mittelbar auch Dritte bindet. So kann sich ein Gläubiger Konzerninnenhaftungsansprüche der Tochter- gegen die Muttergesellschaft abtreten lassen.[939] Der Zessionar tritt als Rechtsnachfolger in die Rechtsstellung des alten Gläubigers ein und übernimmt damit auch die Gerichtsstandsvereinbarung. Problematisch, aber aufgrund der zunehmenden europarechtlichen Vereinheitlichung der Kollisionsnormen im Ergebnis meist irrelevant, ist dabei, dass das Kollisionsrecht der *lex fori prorogati* auch das auf den Rechtsstreit anwendbare Sachrecht bestimmt. Ferner ist ein für den Kläger ausländischer Gerichtsstand mit erhöhtem Aufwand verbunden, sodass geringe Schäden wohl nicht geltend gemacht werden. Damit könnte es zu einer mittelbaren Enthaftung des Schädigers kommen.[940] Dies könnte die Geltendmachung der Gläubigeransprüche zumindest erschweren.[941] *De lege lata* ist dieses Ergebnis allerdings hinzunehmen, da Art. 25 EuGVVO keine Schutzbestimmung zugunsten des Zessionars enthält.

Einen Gewinnabführungs- und Beherrschungsvertrag als Vertrag zugunsten Dritter zu verstehen und damit eine vertragliche Prorogation des Gerichtsstandes auf Ansprüche Dritter zu übertragen, ist abzulehnen. Zwar stellt der Vertrag auch Pflichten gegenüber Gläubigern auf.[942] Allerdings regelt er in erster Linie die rechtliche Beziehung der Unternehmen zueinander und verschafft Dritten nur mittelbare Haftungsansprüche.[943]

Im Ergebnis ist daher eine konzerndimensionale Gerichtsstandsvereinbarung grundsätzlich zu verneinen. Eine Bindungswirkung bei Klagen mit

---

937 Ebenso Rauscher/*Mankowski*, Art. 25 EuGVVO Rn. 162; *Weber*, S. 507 f.; a.A. MünchKommBGB/*Kindler*, IntGesR Rn. 776.

938 Zur Zulässigkeit von Gerichtsstandsvereinbarungen in der Satzung einer Gesellschaft vgl. EuGH Urt. v. 10.3.1992, Rs. C-214/89 (Powell Duffryn/Wolfgang Petereit), ECLI:EU:C:1992:115 = NJW 1992, 1671; *Weber*, S. 450 ff.

939 In Bezug auf die Existenzvernichtungshaftung s.o. E.II.3.c)cc)(3).

940 *Basedow*, IPRax 1985, 133 (134).

941 *Weber*, S. 442.

942 Z.B. die Sicherung gegen Verlust der Vermögenssubstanz und die mittelbare Haftung gegenüber Gläubigern; vgl. MünchKommAktG/*Altmeppen*, § 302 AktG Rn. 1.

943 MünchKommAktG/*Altmeppen*, § 291 AktG Rn. 1; MünchKommAktG/*Altmeppen*, § 302 AktG. Rn. 1.

Konzernbezug kann lediglich durch Rechtsnachfolge oder im Falle wirksamer Vertretung eintreten.

cc) Zwischenergebnis: Gerichtsstandsvereinbarungen binden Dritte richtigerweise nur in engen Ausnahmen

Gerichtsstandsvereinbarungen gemäß Art. 25 EuGVVO schaffen Rechtssicherheit hinsichtlich der gerichtlichen Zuständigkeit. Auch im Konzern erweisen sie sich daher als probates Mittel zur Klärung von Zuständigkeitsfragen im Vorfeld. Nachteile können sich dadurch ergeben, dass eine Partei das für sich günstigere *forum* in der Vereinbarung durchsetzt und der Gegenseite die Geltendmachung von Ansprüchen dadurch zumindest erschwert. Daher ist es zu begrüßen, dass der EuGH in seiner Entscheidung *Georgios Leventis u.a./Malcon Navigation u.a.* eine Ausdehnung der Reichweite von Gerichtsstandsvereinbarungen auf Dritte nur in begrenztem Umfang zulässt und die Drittwirkung von der Zustimmung des Dritten abhängig macht. Bei Streitigkeiten mit Konzernbezug sind Gläubiger an eine konzerninterne Gerichtsstandsvereinbarung sowie das herrschende Unternehmen an eine Vereinbarung zwischen Tochtergesellschaft und ihren Gläubigern richtigerweise nur in eng begrenzten Ausnahmen gebunden. Es ist zu begrüßen, dass insoweit die die Parteiinteressen abstrakt berücksichtigenden allgemeinen und besonderen Gerichtsstände der EuGVVO berufen sind.

III. Zusammenfassung: Kompetenzrecht der EuGVVO erfasst Konzernsachverhalte umfassend

Die EuGVVO bestimmt die internationale und teilweise auch die örtliche Zuständigkeit mitgliedstaatlicher Gerichte für alle Klagen, die in ihren Anwendungsbereich fallen. Bei Konzernsachverhalten bestimmt sich daher die Zuständigkeit regelmäßig nach der Verordnung, sofern es sich nicht um eine insolvenzrechtliche Streitigkeit im Sinne der Bereichsausnahme des Art. 1 Abs. 2 lit. b EuGVVO handelt.

Richtet sich die Klage gegen eine konzernangehörige Gesellschaft, so ist unabhängig von ihrer Konzernierung jedenfalls der allgemeine Gerichtsstand im Mitgliedstaat des satzungsmäßigen Sitzes, der Hauptverwaltung oder der Hauptniederlassung des beklagten Unternehmens gemäß Art. 4 Abs. 1, 63 Abs. 1 EuGVVO eröffnet. Ebenso können die Parteien eine Gerichtsstandsvereinbarung treffen. Diese gilt allerdings in der Regel nur *inter partes*. Drittwirkung entfalten konzerninterne oder -externe Vereinbarungen nur dann, wenn der Dritte seine Zustimmung erklärt hat. Dies kann auch konkludent erfolgen, etwa im Fall eines freiwilligen Schuldbeitritts. Nur so sind die Parteiinteressen ausreichend geschützt. Der Gerichtsstand für gesellschaftsinterne Streitigkeiten gemäß Art. 24 Nr. 2 EuGVVO hat für Klagen mit konkretem Bezug zum Konzernverhältnis dagegen keine Relevanz. Einen umfassenden Gerichtsstand der Mitgliedschaft, vergleichbar mit § 22 ZPO, hat der Verordnungsgeber nicht geschaffen.

Im Rahmen von Streitigkeiten mit Konzernbezug spielt insbesondere bei Haftungsklagen das kompetente *forum* eine wichtige Rolle. Im Spannungsfeld von Sach- und Beweisnähe, Vorhersehbarkeit, Bestimmbarkeit, Rechtssicherheit, Schutz der schwächeren Partei, Vermeidung von sich widersprechenden Entscheidungen, Verhinderung von *forum shopping* und der Problematik von Klägergerichtsständen versucht der Unionsgesetzgeber mit den besonderen Gerichtsständen der EuGVVO einen angemessenen Ausgleich zu schaffen. Daher bestehen für verschiedene Haftungsklagen neben dem allgemeinen Gerichtsstand weitere Gerichtsstände. Die in diesem Kapitel herausgearbeiteten Zuständigkeiten werden nachfolgend nach Haftungsgrund untergliedert zusammenfassend dargestellt. Eine umfassende Bewertung folgt sodann im Abschnitt „F. Gesamtbetrachtung und Schlussfolgerung in Thesen".

1. Klagen im Innenverhältnis

Bei Streitigkeiten zwischen konzernangehörigen Unternehmen spielt die Konzerninnenhaftung des herrschenden Unternehmens gegenüber dem abhängigen Unternehmen eine große Rolle. Ob ein besonderer Gerichtsstand eröffnet ist, hängt von der Qualifikation der jeweiligen mitgliedstaatlichen Haftungsnorm des materiellen Rechts ab. Dabei stellt sich insbesondere die Frage, ob der Vertrags- oder Deliktsgerichtsstand gemäß Art. 7 Nr. 1 und 2 EuGVVO eröffnet sind. Der Gerichtsstand der Niederlassung gemäß Art. 7 Nr. 5 EuGVVO ist bei konzerninternen Streitigkeiten grundsätzlich nicht einschlägig.

a) Verlustübernahmepflicht im Vertragskonzern

Die Verlustübernahmepflicht der Muttergesellschaft für einen Jahresfehlbetrag des Tochterunternehmens im Vertragskonzern ergibt sich im deutschen Recht aus § 302 Abs. 1 AktG. Der Anspruch stellt die Kapitalerhaltung der Tochtergesellschaft sicher und setzt den Abschluss eines Gewinnabführungs- und Beherrschungsvertrages voraus, sodass er als vertraglich i.S.v. Art. 7 Nr. 1 EuGVVO zu qualifizieren ist. Der nach der *lex causae* zu bestimmende Erfüllungsort liegt bei deutschem Gesellschaftsstatut am tatsächlichen Verwaltungssitz der Gesellschaft. Aufgrund des engen Zusammenhangs zum Satzungssitz ist auch dort ein Erfüllungsort zu sehen. Gemäß Art. 7 Nr. 1 lit. a, c EuGVVO sind damit die Gerichte am tatsächlichen Verwaltungs- und Satzungssitz international und örtlich für die klageweise Geltendmachung von Ansprüchen gemäß § 302 Abs. 1 AktG zuständig.

b) Existenzvernichtungshaftung

Entzieht im qualifiziert faktischen GmbH-Konzern die Obergesellschaft ohne Ausgleich und ohne Berücksichtigung der Zweckbindung des Gesellschaftsvermögens der abhängigen Gesellschaft Vermögenswerte und bringt sie damit in eine Lage, in der sie ihre Verbindlichkeiten nicht mehr erfüllen kann, so haftet das herrschende Unternehmen im deutschen Recht nach § 826 BGB. Dieser Anspruch ist im Zuständigkeitsregime der EuGVVO als deliktisch zu qualifizieren und kann am Deliktsgerichtsstand gemäß Art. 7 Nr. 2 EuGVVO geltend gemacht werden. Der die internationale und örtliche Zuständigkeit begründende Handlungsort liegt am tatsächlichen Verwaltungssitz des herrschenden Unternehmens. Der Erfolgsort ist nach hier vertretener Auffassung am COMI der abhängigen Gesellschaft zu sehen.

c) Verlustübernahmepflicht im qualifiziert faktischen AG-Konzern

Im qualifiziert faktischen AG-Konzern trifft die herrschende Gesellschaft eine Ausgleichspflicht für Verluste des abhängigen Unternehmens im deutschen Recht analog § 302 Abs. 1 AktG. Diese Haftung stützt sich anders als im Vertragskonzern nicht auf einen Gewinnabführungs- und Beherrschungsvertrag, sondern ihr liegt nur eine vergleichbare Gefährdungssituation zugrunde. Daher ist der Delikts- und nicht der Vertragsgerichtsstand für derartige Klagen des abhängigen Unternehmens eröffnet. Der Handlungsort liegt wie im Rahmen der Existenzvernichtungshaftung am tatsächlichen Verwaltungssitz des herrschenden Unternehmens, während der Erfolgsort am COMI des beherrschten Unternehmens zu verorten ist.

d) Schadensersatz wegen nachteiliger Weisungen der Obergesellschaft

Erteilt das Mutterunternehmen nachteilige Weisungen zum Schaden der Tochtergesellschaft im Vertragskonzern, so führt dies im deutschen Recht zu einem Schadensersatzanspruch der abhängigen Gesellschaft aus § 309 Abs. 1, Abs. 2 Satz 1 AktG. Im faktischen Konzern ergibt sich eine Haftung des herrschenden Unternehmens aus § 317 Abs. 1 Satz 1 AktG. Beide Anspruchsgrundlagen sind als vertragliche Ansprüche im Sinne von Art. 7 Nr. 1 EuGVVO zu qualifizieren. International und örtlich zuständig sind die Gerichte am Erfüllungsort, mithin am Satzungs- und Verwaltungssitz des beherrschten Unternehmens.

Außerdem ist bei einer gesamtschuldnerischen Haftung des herrschenden Unternehmens und von dessen Organen, im deutschen Recht z.B. gemäß § 317 Abs. 1, Abs. 3 AktG, der Gerichtsstand der Streitgenossenschaft gemäß Art. 8 Nr. 1 EuGVVO eröffnet. Zuständig sind dann die Gerichte am Wohnsitz der Organe und am Sitz des herrschenden Unternehmens gemäß Art. 62 f. EuGVVO.

e) Geschäftsführer- und Organhaftung

Für Ansprüche aus Geschäftsführer- bzw. Organhaftung ist der Vertragsgerichtsstand grundsätzlich eröffnet, da die Haftung auf der freiwillig begründeten Rechtsstellung als Organ oder Geschäftsführer fußt und damit auf einem Vertrag im Sinne von Art. 7 Nr. 1 EuGVVO beruht. Besteht zwischen dem Organmitglied und der Gesellschaft ein Dienstleistungsvertrag, so sind die Gerichte am tatsächlichen Verwaltungssitz der Gesellschaft international und örtlich zuständig. Besteht kein Dienstleistungsvertrag, bestimmt sich der Erfüllungsort gemäß Art. 7 Nr. 1 lit. a, c EuGVVO nach der *lex causae*, sodass bei deutschem Gesellschaftsstatut der Satzungs- und der Verwaltungssitz als Erfüllungsorte zu sehen sind. Vor den dortigen Gerichten kann die klagende Gesellschaft ihre Organe in Anspruch nehmen.

f) Klagen der Mutter- gegen die Tochtergesellschaft

Für Klagen der Mutter- gegen die Tochtergesellschaft kann je nach Fallkonstellation ebenfalls der Vertragsgerichtsstand gemäß Art. 7 Nr. 1 lit. a, c EuGVVO eröffnet sein. Verletzt die Tochtergesellschaft im Vertragskonzern eine Pflicht aus dem Gewinnabführungs- und Beherrschungsvertrag, kann die Muttergesellschaft sie am Erfüllungsort, mithin am Satzungs- oder Verwaltungssitz der abhängigen Gesellschaft, in Anspruch nehmen.

2. Klagen im Außenverhältnis

Bei Streitigkeiten zwischen einem konzernangehörigen Unternehmen und konzernexternen Dritten (z.B. Gläubigern) spielen ebenso Haftungsansprüche eine große Rolle. Nachfolgend werden die besonderen Gerichtsstände für Klagen im Rahmen der Konzernaußenhaftung zusammenfassend dargestellt.

a) Durchgriffshaftung im Vertragskonzern

Ein direkter Haftungsdurchgriff aus eigenem Anspruch von Gläubigern der Tochtergesellschaft gegen die Muttergesellschaft ist im deutschen Sachrecht nicht möglich. Weder eine vertragliche noch außervertragliche Haftung der Muttergesellschaft kann von Gläubigern der Tochtergesellschaft schlüssig behauptet werden. Daher ist mangels materiellrechtlichen Direktanspruchs (zumindest im deutschen Gesellschaftsrecht) kein besonderer Gerichtsstand der EuGVVO eröffnet.

b) Durchgriffshaftung im faktischen Konzern

Im deutschen materiellen Recht kann der Gläubiger eines abhängigen Unternehmens im faktischen Konzern die Muttergesellschaft im Wege des Einzelausgleichs auf Schadensersatz gemäß §§ 317 Abs. 4, 309 Abs. 4 Satz 3 AktG in Anspruch nehmen. Derartige Klagen sind deliktisch im Sinne von Art. 7 Nr. 2 EuGVVO zu qualifizieren, sodass die internationale und örtliche Zuständigkeit am Handlungs- und Erfolgsort gegeben ist. Als Handlungsort sind der effektive Verwaltungssitz der Mutter- und der Tochtergesellschaft zu sehen, während der Erfolgsort am COMI der Tochtergesellschaft zu verorten ist.

c) Sonstige Ansprüche Dritter

Darüber hinaus ist es denkbar, dass Gläubiger einer Tochtergesellschaft Ansprüche im Rahmen einer Ausfallhaftung (im deutschen Recht gemäß §§ 303, 322 AktG analog) oder wegen einer Bürgschaftsverpflichtung (z.B. gemäß § 303 Abs. 3 AktG) gegen die Muttergesellschaft haben. In diesen Fällen ist in der Regel der Gerichtsstand der Streitgenossenschaft gemäß Art. 8 Nr. 1 EuGVVO eröffnet, wenn die Gläubiger Tochter- und Muttergesellschaft aufgrund desselben Sachverhaltes in Anspruch nehmen. Zuständig sind dann sowohl die Gerichte am Sitz der Tochter- als auch am Sitz der Muttergesellschaft i.S.v. Art. 63 Abs. 1 EuGVVO.

Außerdem kann eine Muttergesellschaft am Sitz ihrer abhängigen Tochtergesellschaft im Rahmen des Niederlassungsgerichtsstandes gemäß Art. 7 Nr. 5 EuGVVO gerichtspflichtig sein. Allerdings muss dem Dritten gegenüber der Rechtsschein erweckt werden, dass es sich bei der Tochtergesellschaft um eine Außenstelle des Stammhauses handelt.

F. Gesamtbetrachtung und Schlussfolgerung in Thesen

Die Frage der internationalen Zuständigkeit stellt sich bei Klagen mit Konzernbezug schwerpunktmäßig im Rahmen der Außen- und Innenhaftung der Muttergesellschaft. Unabhängig von der Art der Konzernierung (z.B. Vertragskonzern, faktischer Konzern) besitzt die Muttergesellschaft Leitungsmacht über die Tochtergesellschaften und kann ihr Weisungsrecht ausüben. Mit der Macht über das abhängige Unternehmen gehen allerdings auch Pflichten einher. Das herrschende Unternehmen darf die Konzernstruktur nicht dazu missbrauchen, abhängigen Unternehmen im Extremfall bis zur Insolvenz Vermögenswerte zu entziehen. Zum Schutz beherrschter Unternehmen, deren Gläubigern und Minderheitsaktionären besteht in den Mitgliedstaaten daher ein materiellrechtliches Haftungsregime, das durch pflichtwidriges Verhalten der Muttergesellschaft hervorgerufene Schäden kompensiert. Außerdem soll ein herrschendes Unternehmen dazu angehalten werden, sich rechts- und pflichtenkonform zu verhalten, um einer Sanktionierung und Haftung von vornherein zu entgehen. Der Schutz von Gläubigern, abhängigen Unternehmen und Minderheitsaktionären wird im mitgliedstaatlichen Sachrecht und ansatzweise im europäischen Gesellschaftsrecht durch verschiedene Schutzvorschriften realisiert.

1. Die Wertung, dass diese Personengruppen schutzwürdig sind, sollte auch auf das Kompetenzrecht übertragen werden. Während sich *de lege lata* hinsichtlich bestimmter Gruppen (z.B. Verbraucher, Versicherungsnehmer, Arbeitnehmer) bereits etabliert hat, dass diese im Sach-, Kollisions- und Zuständigkeitsrecht aufgrund ihrer Rolle als regelmäßig „schwächere Partei" besonders schützenswert sind, fehlt es an expliziten Kollisions- und Zuständigkeitsnormen im Gesellschafts- bzw. spezieller Konzernrecht. Dem Schutzgedanken ist daher bei Anwendung des bestehenden Zuständigkeitsregimes der EuGVVO Rechnung zu tragen.
2. Wie dargestellt lässt sich gut vertretbar, insbesondere durch eine teleologische Auslegung der besonderen Gerichtsstände gemäß Art. 7 Nr. 1 und 2 EuGVVO,[944] oftmals ein faktischer Klägergerichtsstand am tatsächlichen Sitz des abhängigen Unternehmens herleiten. Rechtssicherheit schafft dies allerdings nicht, da sich der Sitz des beherrschten Unternehmens als Erfüllungs-,

944 S.o. E.II.3.b)bb) und E.II.3.c)cc).

Handlungs- oder Erfolgsort zwar je nach Haftungsgrund argumentativ begründen lässt, es allerdings an einer abschließenden höchstrichterlichen Klärung dieser Frage bisher fehlt. Dies ist vor dem Hintergrund problematisch, dass internationale Verflechtungen von Gesellschaften und Konzernen zunehmend an Bedeutung gewinnen. Der Unionsgesetzgeber zeigt zwar Ansätze, Aspekte des Konzernrechts einer gesetzlichen Regelung zuzuführen, allerdings geht er etwa im Bereich der Konzerninsolvenz mit dem Gruppen-Koordinationsverfahren gemäß Art. 61 ff. EuInsVO nicht weit genug.[945]

3. *De lege ferenda* ist die Schaffung eines besonderen Gerichtsstands für Streitigkeiten mit Konzernbezug in der EuGVVO zu fordern, der die Konzerninnen- und Konzernaußenhaftung erfasst. International und örtlich zuständig sollten die Gerichte am COMI des abhängigen Unternehmens sein, um eine besonders sach- und beweisnahe Zuständigkeit zu schaffen.[946] Dies fördert außerdem ein einheitliches europäisches Rechtssystem und erlaubt die rechtsaktübergreifende Auslegung des Anknüpfungskriteriums. Hilfsweise könnte ein *forum* am Satzungs- und tatsächlichen Verwaltungssitz des Tochterunternehmens berufen werden.[947] Denkbar ist auch die Schaffung eines Gerichtsstandes der Mitgliedschaft nach dem Vorbild des deutschen § 22 ZPO, wobei dieser nur konzerninterne Klagen erfassen und damit Gläubiger der abhängigen Gesellschaft nicht ausreichend schützen würde.
4. Sollte dagegen der Unionsgesetzgeber untätig bleiben, liegt es am Europäischen Gerichtshof, den ausreichenden Schutz von Gläubigern, abhängigen Unternehmen und Minderheitsaktionären sicherzustellen. Es ist zu hoffen, dass der Gerichtshof das Dogma der engen Auslegung der besonderen Gerichtsstände im Bereich des Konzernrechts weiter aufweicht, um so zu einem faktischen Klägergerichtsstand für die abhängige Gesellschaft und deren Gläubiger sowie Minderheitsgesellschafter zu kommen. Dies würde die Rechtsdurchsetzung erleichtern und dazu führen, dass ein nach Sachrecht bestehender Haftungsanspruch auch prozessual ohne große Hürden für den Kläger durchgesetzt werden kann.

---

945 So bleibt z.B. ein Verstoß gegen den Gruppen-Koordinationsplan sanktionslos, vgl. *Parzinger*, NZI 2016, 63 (68); *Paulus*, NZI-Beilage 2018, 47; zum Koordinierungsverfahren ausführlich MünchKommBGB/*Kindler*, Vor Art. 56–77 EuInsVO Rn. 9 ff.; vgl. auch *Leandro*, 217 (225).

946 Vgl. oben E.II.3.c)bb)(2).

947 Vgl. oben E.II.3.b)bb)(1)(a).

Literaturverzeichnis

Albers, Christiane: Die Begriffe der Niederlassung und der Hauptniederlassung im Internationalen Privat- und Zivilverfahrensrecht, Jena 2010.

Altmeppen, Holger: Anwendung deutschen Gläubigerschutzrechts auf die EU-Scheinauslandsgesellschaft, IWRZ 2017, S. 107–115.

Altmeppen, Holger: Abschied vom „Durchgriff" im Kapitalgesellschaftsrecht, NJW 2007, S. 2657–2660.

Altmeppen, Holger: Existenzvernichtungshaftung und Scheinauslandsgesellschaften, in: *Crezelius, Georg/Hirte, Heribert/Vieweg, Klaus* (Hrsg.), Festschrift für Volker Röhricht zum 65. Geburtstag, Köln 2005; zitiert als: *Altmeppen*, FS Röhricht.

Bachmann, Gregor: Internationale Zuständigkeit bei Konzernsachverhalten, IPRax 2009, S. 140–145.

Bamberger, Heinz Georg/Roth, Herbert (Hrsg.): Kommentar zum Bürgerlichen Gesetzbuch: BGB, Band 1: §§ 1–487 BGB, CISG, 4. Auflage, München 2018; Band 3: §§ 1297 – 2385, Rom I-VO, Rom II-VO, EGBGB, 3. Auflage, München 2012; zitiert als: Bamberger/Roth/*Bearbeiter*.

Basedow, Jürgen: Das forum conveniens der Reeder im EuGVÜ, IPRax 1985, S. 133–137.

Baumbach, Adolf (Begr.)/*Hopt, Klaus Jürgen* (Hrsg.): Handelsgesetzbuch, 38. Auflage, München 2018; zitiert als: Baumbach/Hopt/*Bearbeiter*.

Baumbach, Adolf (Begr.)/*Hueck, Alfred* (Hrsg.): GmbHG, 21. Auflage, München 2017; zitiert als: Baumbach/Hueck (2017)/*Bearbeiter*.

Baumbach, Adolf (Begr.)/*Hueck, Alfred* (Hrsg.): GmbHG, 19. Auflage, München 2010; zitiert als: Baumbach/Hueck (2010)/*Bearbeiter*.

Bayer, Walter: Der grenzüberschreitende Beherrschungsvertrag, Heidelberg 1988.

Bayer, Walter/Schmidt, Jessica: BB-Gesetzgebungs- und Rechtsprechungsreport Europäisches Unternehmensrecht 2015/16, BB 2016, S. 1923–1934.

Beckmann, Roland Michael/Matusche-Beckmann, Annemarie: Versicherungsrechts-Handbuch, 3. Auflage, München 2015; zitiert als: Beckmann/Matusche-Beckmann/*Bearbeiter*.

Beck-online.Großkommentar Rom I-VO: *Gsell, Beate/Krüger, Wolfgang/Lorenz, Stephan/ Mayer, Jörg* (Gesamthrsg.), *Budzikiewicz, Christine/Weller, Marc-Philippe/Wurmnest, Wolfgang* (Hrsg.), Stand: 1.8.2017, München; zitiert als: BeckOGK/*Bearbeiter*.

Bode, Michael: Le groupe international de sociétés, Bern 2010.

Braun, Axel/Wisskirchen, Gerlind (Hrsg.): Konzernarbeitsrecht, München 2015; zitiert als: Braun/Wisskirchen/*Bearbeiter*.

Braun, Eberhard (Hrsg.): Insolvenzverordnung, 7. Auflage, München 2017; zitiert als: Braun/*Bearbeiter*.

Brödermann, Eckart: Der europäische GmbH-Gerichtsstand, ZIP 1996, S. 491–494.

Bruhns, Eva: Das Verfahrensrecht der internationalen Konzernhaftung, Berlin 2006.

Bürgers, Tobias/Körber, Torsten (Hrsg.): Aktiengesetz, 4. Auflage, München 2017; zitiert als: Bürgers/Körber/*Bearbeiter*.

Callies, Christian/Ruffert, Matthias (Hrsg.): EUV/AEUV – Das Verfassungsrecht der Europäischen Union mit Europäischer Grundrechtecharta; Kommentar, 5. Auflage, München 2016; zitiert als: Callies/Ruffert/*Bearbeiter*.

Carstens, Nis: Die internationale Zuständigkeit im europäischen Insolvenzrecht, Köln 2005.

Chiappetta, Francesco/Tombari, Umberto: Perspectives on Group Corporate Governance and European Law, ECFR 2012, S. 261–274.

Conac, Pierre-Henri: The Chapter on Groups of the European Model Company Act (EMCA), ECFR 2016, S. 301–322.

Corneloup, Sabine: Wirksamkeit und Drittwirkung von Gerichtsstandsvereinbarungen, IPRax 2017, S. 309–313.

Creifelds, Carl (Begr.)/*Weber, Klaus* (Hrsg.): Rechtswörterbuch, 22. Auflage, München 2017; zitiert als: *Creifelds*.

Dauner-Lieb, Barbara: Die Existenzvernichtungshaftung als deliktische Innenhaftung gemäß § 826 BGB – Besprechung der Entscheidung BGH DStR 2007, 1586 (TRIHOTEL), ZGR 2008, S. 34–47.

Deilmann, Barbara/Dornbusch, Gregor: Drittanstellung im Konzern, NZG 2016, S. 201–208.

Deshayes, Béatrice: Persönlicher Anwendungsbereich einer Gerichtsstandsklausel, IWRZ 2017, S. 279–281.

Deyda, Stephan: Der Konzern im europäischen internationalen Insolvenzrecht, Köln 2008.

Droz, Georges: Du 9 décembre 1987. – Cor de justice des Communautés européennes (6e Ch.) – MM. Due, Rev. crit. dr. internat. privé 77 (1988), S. 737–742.

Dutta, Anatol: Das Statut der Haftung aus Vertrag mit Schutzwirkung für Dritte, IPRax 2009, S. 293–299.

Ebenroth, Carsten Thomas/Boujong, Karlheinz/Joost, Detlev/Strohn, Lutz (Hrsg.): Handelsgesetzbuch, Band 1: §§ 1–324e, 3. Auflage, München 2014; zitiert als: Ebenroth/Boujong/Joost/Strohn/*Bearbeiter*.

Ebenroth, Carsten Thorsten/Wilken, Oliver: Entwicklungstendenzen im deutschen Internationalen Gesellschaftsrecht – Teil 3, JZ 1991, S. 1116–1123.

Eble, Maximilian: Auf dem Weg zu einem europäischen Konzerninsolvenzrecht – Die „Unternehmensgruppe" in der EuInsVO 2017, NZI 2016, S. 115–121.

Egler, Philipp: Seeprivatrechtliche Streitigkeiten unter der EuGVVO, Berlin 2011.

Eidenmüller, Horst (Hrsg.): Ausländische Kapitalgesellschaften im deutschen Recht, München 2004; zitiert als: Eidenmüller/*Bearbeiter*, Ausländische Kapitalgesellschaften.

Emmerich, Volker/Habersack, Mathias: Konzernrecht, 10. Auflage, München 2013.

Emmerich, Volker/Habersack, Mathias/Schürnbrand, Jan (Hrsg.): Aktien- und GmbH-Konzernrecht, 8. Auflage, München 2016; zitiert als: Emmerich/Habersack/*Bearbeiter*.

Erfurter Kommentar zum Arbeitsrecht: *Müller-Glöge, Rudi/Preis, Ulrich/Schmidt, Ingrid* (Hrsg.), 18. Auflage, München 2018; zitiert als: ErfK/*Bearbeiter*.

Fawcett, James: Methods of Carrying on Business and Article 5(5) of the Brussels Convention, ELR 1984, S. 326–338.

Ferrari, Franco: Zur autonomen Auslegung der EuGVVO, insbesondere des Begriffs des „Erfüllungsortes der Verpflichtung" nach Art. 5 Nr. 1 lit. b, IPRax 2007, S. 61–67.

Ferrari, Franco/Kieninger, Eva-Maria/Mankowski, Peter/Otte, Karten/Saenger, Ingo/Schulze, Götz/Staudinger, Ansgar: Internationales Vertragsrecht, 3. Auflage, München 2018; zitiert als: Ferrari/Kieninger/Mankowski/*Bearbeiter*.

Fleischer, Holger: Konzernrechtliche Vertrauenshaftung, ZHR 163 (1999), S. 461–486.

Fleischer, Holger: Europäisches Konzernrecht: Eine akzentuierte Annäherung, ZGR 2017, S. 1–37.

Fleischer, Holger/Schneider, Stephan/Thaten, Marlen: Kapitalmarktrechtlicher Anlegerschutz versus aktienrechtliche Kapitalerhaltung – wie entscheidet der EuGH?, NZG 2012, 801–809.

Flöther, Lucas (Hrsg.): Handbuch zum Konzerninsolvenzrecht, 2. Auflage, München 2018; zitiert als: Flöther/*Bearbeiter*.

Forum Europaeum on Company Groups: Eckpunkte für einen Rechtsrahmen zur erleichterten Führung von grenzüberschreitenden Unternehmensgruppen in Europa, ZGR 2015, S. 507–515.

Franzen, Martin/Gallner, Inken/Oetker, Hartmut (Hrsg.): Kommentar zum europäischen Arbeitsrecht, 2. Auflage, München 2018; zitiert als: Franzen/Gallner/Oetker/*Bearbeiter*.

Gebauer, Martin/Teichmann, Christoph (Hrsg.): Europäisches Privat- und Unternehmensrecht, zugleich Band 6 Enzyklopädie Europarecht, Baden-Baden 2016; zitiert als: Gebauer/Teichmann/*Bearbeiter*.

Geimer, Reinhold: Begriff der Zweigniederlassung nach dem EuGÜbk, RIW 1988, S. 220.

Geimer, Reinhold: Internationales Zivilprozessrecht, 7. Auflage, Köln 2014; zitiert als: *Geimer*, IZPR.

Geimer, Reinhold: Prorogation schweizerischer Gerichte, NJW 1986, S. 1438–1440.

Geimer, Reinhold/Schütze, Rolf (Hrsg.): Europäisches Zivilverfahrensrecht, 3. Auflage, München 2010; zitiert als: Geimer/Schütze/*Bearbeiter*.

Geimer, Reinhold/Schütze, Rolf (Hrsg.): Internationaler Rechtsverkehr in Zivil- und Handelssachen, Loseblatt-Handbuch, Stand: 55. EL, München 2018; zitiert: Geimer/Schütze/*Bearbeiter*, Int. Rechtsverkehr.

Goette, Wulf: Haftung im qualifiziert faktischen Konzern und internationale Zuständigkeit, DStR 1997, S. 503–505.

Goldmann, Berthold: Rapport, in: *Lalive, Pierre/Vischer, Frank* (Hrsg.), Colloque international sur le droit international privé des groupes de sociétés, Genève: 9–11 Mai 1973, S. 7–38; zitiert als: *Goldmann*, Colloque.

Gottwald, Peter: Zur Bindung Dritter an internationale Gerichtsstands- und Schiedsvereinbarungen, in: *Schütze, Rolf* (Hrsg.), Fairness Justice Equity, Festschrift für Reinhold Geimer zum 80. Geburtstag, München 2017, S. 131–137; zitiert als: *Gottwald*, FS Geimer.

Grabitz, Eberhard (Begr.)/*Hilf, Meinhard/Nettesheim, Martin* (Hrsg.): Das Recht der Europäischen Union, Band I: EUV/AEUV, 64. EL, München 2018; zitiert als: Grabitz/Hilf/Nettesheim/*Bearbeiter*.

Grigoleit, Hans Christoph (Hrsg.): Aktiengesetz, Kommentar, München 2013; zitiert als: Grigoleit/*Bearbeiter*.

Grundmann, Stefan: „Inter-Instrumental-Interpretation", Systembildung durch Auslegung im Europäischen Unionsrecht, RabelsZ 75 (2011), S. 882–932.

Habersack, Mathias: Die Aktionärsklage – Grundlagen, Grenzen und Anwendungsfälle, DStR 1998, S. 533–537.

Hau, Wolfgang: Klagemöglichkeiten juristischer Personen nach Persönlichkeitsrechtsverletzungen im Internet, GRUR 2018, S. 163–165.

Haubold, Jens: Internationale Zuständigkeit für gesellschaftsrechtliche und konzerngesellschaftsrechtliche Haftungsansprüche nach EuGVÜ und LugÜ, IPRax 2000, S. 375–384.

Hausmann, Rainer/Odersky, Felix: Internationales Privatrecht in der Notar- und Gestaltungspraxis, 3. Auflage, München 2017; zitiert als: Hausmann/ Odersky/*Bearbeiter*.

Heitmann, Steffen: Aufbruch in einen europäischen Rechtsraum, NJW 2001, S. 124–126.

Henssler, Martin/Strohn, Lutz: Gesellschaftsrecht, 3. Auflage, München 2016; zitiert als: Hennsler/Strohn/*Bearbeiter*.

Herberger, Maximilian/Martinek, Michael/Rüßmann, Helmut/Weth, Stephan/ Würdinger, Markus (Hrsg.): Juris Praxiskommentar BGB, Band 6 – Internationales Privatrecht und UN-Kaufrecht, 8. Auflage, Saarbrücken 2017; zitiert als: Herberger/Martinek/Rüßmann u.a./*Bearbeiter*.

Hess, Burkhard/Pfeiffer, Thomas/Schlosser, Peter: Study JLS/C4/2005/03, Report on the Application of Regulation Brussels I in the Member States, 2007, abrufbar unter: http://ec.europa.eu/civiljustice/news/docs/study_application_brussels_1_en.pdf (zuletzt aufgerufen 15.10.2018); zitiert als: Hess/ Pfeiffer/Schlosser/*Bearbeiter*, Study JLS/C4/2005/03.

Hölters, Wolfgang (Hrsg.): Aktiengesetz, 3. Auflage, München 2017; zitiert als: Hölters/*Bearbeiter*.

Hommelhoff, Peter: Ein Neustart im europäischen Konzernrecht, KSzW 2014, S. 63–68.

Hommelhoff, Peter: Zum revidierten Vorschlag für eine EG-Konzernrichtlinie, in: *Goerdeler, Reinhard/Hommelhoff, Peter/Lutter, Marcus/Wiedemann, Herbert* (Hrsg.), Festschrift für Hans-Joachim Fleck zum 70. Geburtstag am 30. Januar 1988, Berlin 1988, S. 125–150; zitiert als: *Hommelhoff*, FS Fleck.

Höpfner, Clemens/Rüthers, Bernd: Grundlagen einer europäischen Methodenlehre, AcP 209 (2009), S. 1–36.

Hopt, Klaus Jürgen: Konzernrecht: Die europäische Perspektive, ZHR 171 (2007), S. 199–240.

Hüffer, Uwe/Koch, Jens (Hrsg.): Aktiengesetz, 13. Auflage, München 2018; zitiert als: Hüffer/Koch/*Bearbeiter*.

Immenga, Ulrich: Abhängige Unternehmen und Konzerne im europäischen Gemeinschaftsrecht, RabelsZ 48 (1984), S. 48–80.

Immenga, Ulrich/Mestmäcker, Ernst-Joachim (Hrsg.): Wettbewerbsrecht, Band 2/Teil 1 GWB §§ 1–96, 130, 131, 5. Auflage, München 2014; zitiert: Immenga/ Mestmäcker/*Bearbeiter*.

Jaspert, Antje: EuGVÜ-Gerichtsstände und die Anspruchsdurchsetzung gegen ausländische herrschende Unternehmen, Bielefeld 1995.

Jauernig, Othmar (Begr.)/*Stürner, Rolf* (Hrsg.): Bürgerliches Gesetzbuch, Kommentar, 17. Auflage, München 2018; zitiert als: Jauernig/*Bearbeiter*.

Jenard, Paul: Report on the Convention on jurisdiction and the enforcement of judgments in civil and commercial matters vom 27.9.1968, ABl. 1979 C 59 S. 1–65; zitiert als: *Jenard*-Bericht.

Junker, Abbo: Die einheitliche europäische Auslegung nach dem EG-Schuldvertragsübereinkommen, RabelsZ 55 (1991), S. 674–696.

Kapp, Thomas: Kartellrecht: Haftung einer Muttergesellschaft für die von ihren Tochtergesellschaften begangenen Zuwiderhandlungen gegen Wettbewerbsregeln, CCZ 2009, S. 236–239.

Kessler, Alexander/Schulz, Paul-Martin: Konzernhaftung für Ewigkeitslasten im Umweltbereich, NVwZ 2017, S. 577–583.

Kindl, Johann/Meller-Hannich, Caroline/Wolf, Hans-Joachim: Gesamtes Recht der Zwangsvollstreckung, 3. Auflage, Baden-Baden 2016; zitiert als: Kindl/Meller-Hannich/Wolf/*Bearbeiter*.

Kindler, Peter: Der europäische Deliktsgerichtsstand und die gewerblichen Schutzrechte – Art.7 Nr. 2 Brüssel Ia-VO im Lichte der aktuellen Rechtsprechung, GRUR 2018, 1107–1115.

Kindler, Peter: Kapitalgesellschaftsrechtliche Durchgriffshaftung und EU-Recht, in: *Joost, Detlev/Oetker, Hartmut/Paschke, Marian* (Hrsg.), Festschrift für Franz Jürgen Säcker zum 70. Geburtstag, München 2011, S. 393–402; zitiert als: *Kindler*, FS Säcker.

Kindler, Peter: Gemeinschaftsrechtliche Grenzen der Konzernhaftung in der Einmann-GmbH, ZHR 1993, S. 1–30.

Kindler, Peter: Grundkurs Handels- und Gesellschaftsrecht, 8. Auflage, München 2016; zitiert als: *Kindler*, Grundkurs.

Kindler, Peter: Internationale Zuständigkeit bei der Geschäftsführerhaftung gegenüber der Gesellschaft, IPRax 2016, S. 115–119.

Kindler, Peter: Die Einpersonen-Kapitalgesellschaft als Konzernbaustein – Bemerkungen zum Kompromissvorschlag der italienischen Ratspräsidentschaft für eine Societas Unius Personae (SUP), ZHR 179 (2015), S. 330–380.

Kindler, Peter: Brussels I and the Principles of Autonomous Interpretation of EU Law, EuLF 2010, S. 252–256.

Kindler, Peter: Konzernhaftung zwischen Vertrag und Delikt – Die internationale Gerichtszuständigkeit bei Verstößen gegen gesellschaftsrechtliche Mitteilungspflichten, IPRax 2014, S. 486–489.

Kindler, Peter: Der europäische Vertragsgerichtsstand beim Warenkauf im Lichte der Rechtsprechung des Europäischen Gerichtshofes, in: *Arnold, Stefan/Lorenz, Stephan* (Hrsg.), Gedächtnisschrift für Hannes Unberath, München 2015, S. 253–267; zitiert als: *Kindler*, GS Unberath.

Kindler, Peter: Gesellschafterinnenhaftung in der GmbH und internationale Zuständigkeit nach der Verordnung (EG) Nr. 44/2001, in: *Habersack, Mathias/Hommelhoff, Peter/Hüffer, Uwe* (Hrsg.), Festschrift für Peter Ulmer zum 70. Geburtstag am 2. Januar 2003, Berlin 2003, S. 305–322; zitiert als: *Kindler*, FS Ulmer.

Kindler, Peter: Internationales Gesellschaftsrecht 2009: MoMiG, Trabrennbahn, Cartesio und die Folgen, IPRax 2007, S. 189–202.

Kindler, Peter: Italienisches Handels- und Wirtschaftsrecht, 2. Auflage, München 2014; zitiert als: *Kindler*, It. Handels- und Wirtschaftsrecht.

Kindler, Peter: Hauptfragen der Reform des Europäischen Internationalen Insolvenzrechts, KTS 2014, S. 25–44.

Kindler, Peter: Einführung in das italienische Recht, 2. Auflage, München 2008; zitiert als: *Kindler*, Einf. it. Recht.

Kindler, Peter: Einführung in das neue IPR des Wirtschaftsverkehrs, Frankfurt am Main 2009; zitiert als: *Kindler*, Einf. IPR Wirtschaftsverkehr.

Kindler, Peter: Vom Staatsangehörigkeits- zum Domizilprinzip: das künftige internationale Erbrecht der Europäischen Union, IPRax 2010, S. 44–50.

Kindler, Peter: Gerichtsstandsvereinbarung und Rechtshängigkeitssperre: Zum Schutz vor Torpedo-Klagen nach der Brüssel Ia-Verordnung in: *Hilbig-Lugani, Katharina/Jakob, Dominique/Mäsch, Gerald/Reuß, Philipp/Schmid, Christoph* (Hrsg.), Zwischenbilanz – Festschrift für Dagmar Coester-Waltjen zum 70. Geburtstag, Bielefeld 2015, S. 485–499; zitiert als: *Kindler*, FS Coester-Waltjen.

Kindler, Peter/Sakka, Samy: Die Neufassung der Europäischen Insolvenzverordnung, EuZW 2015, S. 460–466.

Kindler, Peter/Wendland, Matthias: Die internationale Zuständigkeit für Einzelstreitverfahren nach der neuen Europäischen Insolvenzverordnung, RIW 2018, S. 245–255.

Kliemt, Michael: Altersgrenzen für Vorstandsmitglieder – noch rechtskonform?, RdA 2015, S. 232–239.

Knöfel, Oliver: Grenzüberschreitende Organhaftung als Arbeitnehmerhaftung?, EuZA 2016, S. 348–367.

Koch, Jens: Gesellschaftsrecht, 10. Auflage, München 2017.

Koller, Ingo/Kindler, Peter/Roth, Wulf-Henning/Morck, Winfried (Hrsg.): Handelsgesetzbuch, 8. Auflage, München 2015; zitiert als: Koller/Kindler/Roth/Morck/*Bearbeiter*.

Kölling, Lars: Der qualifizierte faktische GmbH-Konzern, NZG 2000, S. 8–16.

Kränzle, Michael: Heimat als Rechtsbegriff?, Tübingen 2014.

Krebs, Christian: Internationale Zuständigkeit bei Geschäftsführerhaftung, GWR 2015, S. 450.

Kronke, Herbert: Der Gerichtsstand nach Art. 5 Nr. 5 EuGVÜ – Ansätze einer Zuständigkeitsordnung für grenzüberschreitende Unternehmensverbindungen, IPRax 1989, S. 81–84.

Kropholler, Jan: Internationales Einheitsrecht, Tübingen 1975; zitiert als: *Kropholler*, Internationales Einheitsrecht.

Kropholler, Jan: Internationales Privatrecht, 6. Auflage, Tübingen 2006; zitiert als: *Kropholler*, Internationales Privatrecht.

Kropholler, Jan/von Hein, Jan: Europäisches Zivilprozessrecht, 9. Auflage, Frankfurt am Main 2011.

Krüger, Christian/Pförtner, Friederike: Die Mosaiktheorie – (k)ein Ende in Sicht?, JA 2018, S. 409–413.

Kulms, Rainer: Qualifizierte faktische GmbH-Konzerne und Außenhaftung: (k)ein Fall für Art. 5 Nr. 1 EuGVÜ?, IPRax 2000, S. 488–493.

Landbrecht, Johannes: EuGVVO: Deliktsgerichtsstand bei Durchgriffshaftung, EuZW 2013, S. 703–708.

Leandro, Antonio: Regulation (EU) 2015/848 and groups of companies: choice between cooperation and coordination, in: *Leandro, Antonio/Meo, Giorgio/Nuzzo, Antonio* (Hrsg.), Crisi transfrontaliera di impresa: orizzonti internazionali ed europei, Bari 2018, S. 217–225.

Lehmann, Matthias: EuGH: Kein Anspruch aus Niederlassungsfreiheit auf konzernrechtliche Haftung ausländischer Muttergesellschaft, LMK 2013, 352735.

Leible, Stefan: Rom I und Rom II: Neue Perspektiven im Europäischen Kollisionsrecht, Bonn 2009; zitiert als: *Leible*, Rom I und Rom II.

Leible, Stefan/Reichert, Jochem (Hrsg.): Münchener Handbuch des Gesellschaftsrechts, Band 4: Aktiengesellschaft, 4. Auflage, München 2015, Band 6: Internationales Gesellschaftsrecht, 4. Auflage, München 2013; zitiert als: MünchHdbGesR/*Bearbeiter*.

Linke, Hartmut: Der „kleineuropäische" Niederlassungsgerichtsstand (Art. 5 Nr. 5 GVÜ), IPRax 1981. S. 46–49.

Linke, Hartmut/Hau, Wolfgang: Internationales Zivilverfahrensrecht, 7. Auflage, München 2018.

Loussarn, Yvon: Discussion, in: *Lalive, Pierre/Vischer, Frank* (Hrsg.), Colloque international sur le droit international privé des groupes de sociétés, Genève: 9–11 Mai 1973, S. 73; zitiert als: *Loussarn*, Colloque.

Lutter, Marcus: Haftung aus Konzernvertrauen?, in: *Schön, Wolfgang* (Hrsg.), Gedächtnisschrift für Brigitte Knobbe-Keuk, Köln 1997, S. 229–242; zitiert als: *Lutter*, GS Knobbe-Keuk.

Lutter, Marcus: Die Auslegung angeglichenen Rechts, JZ 1992, S. 593–607.

Lutter, Marcus: Europäisches Unternehmensrecht: Grundlagen, Stand und Entwicklung nebst Texten und Materialien zur Rechtsangeleichung, 4. Auflage, Berlin 1996; zitiert als: *Lutter*, 4. Auflage.

Lutter, Marcus: Der Vorschlag der EG-Kommission für eine neunte Richtlinie zur Angleichung des Konzernrechts, ZGR 1985, S. 444–465.

Lutter, Marcus: Europäisches Gesellschaftsrecht: Texte und Materialien zur Rechtsangleichung nebst Einführung und Bibliographie, 2. Auflage, Berlin 1984; zitiert als: *Lutter*, 2. Auflage.

Lutter, Marcus (Hrsg.): Europäische Auslandsgesellschaften in Deutschland, Köln 2005; zitiert als: Lutter/*Bearbeiter*, Europäische Auslandsgesellschaften.

Lutter, Marcus/Bayer, Walter/Schmidt, Jessica: Europäisches Unternehmens- und Kapitalmarktrecht, 6. Auflage, Berlin 2018.

Lutter, Marcus/Timm, Wolfram: Konzernrechtlicher Präventivschutz im GmbH-Recht, NJW 1982, S. 409–420.

Lüttringhaus, Jan: Vorboten des internationalen Arbeitsrechts unter Rom I: Das bei „mobilen Arbeitsplätzen“ anwendbare Recht und der Auslegungszusammenhang zwischen IPR und IZVR, IPRax 2011, S. 554–559.

Lüttringhaus, Jan: Übergreifende Begrifflichkeiten im europäischen Zivilverfahrens- und Kollisionsrecht – Grund und Grenzen der rechtsaktübergreifenden Auslegung, dargestellt am Beispiel vertraglicher und außervertraglicher Schuldverhältnisse, RabelsZ 77 (2013), S. 31–68.

Mage, Clarisse: Les groupes de sociétés en droit international privé, Nizza 1996.

Magnus, Ulrich/Mankowski, Peter (Hrsg.): European Commentaries on Private International Law ECPIL, Volume I: Brussels Ibis Regulation, Köln 2016; zitiert als: Magnus/Mankowski/*Bearbeiter*.

Mankowski, Peter: Eine Gerichtsstandsvereinbarung im Haftpflichtversicherungsvertrag entfaltet keine Derogationswirkung gegen den geschädigten Direktkläger, IPRax 2018, S. 233–238.

Mankowski, Peter: Arbeitnehmerbegriff i.S.d. EuGVVO – Abgrenzung der Gerichtsstände aus Arbeitsvertrag, vertraglichem Erfüllungsort und Delikt, RIW 2015, S. 816–823.

Mankowski, *Peter/Müller*, *Michael/Schmidt*, *Josef* (Hrsg.): EuInsVO 2015, München 2016; zitiert als: Mankowski/Müller/Schmidt/*Bearbeiter*.

Mansel, *Heinz-Peter*: Gesellschaften, Unternehmen und Kaufleute und ihr Niederlassungsaufenthalt im internationalen Vertragsrecht, in: *Brinkmann*, *Moritz/Effer-Uhe*, *Daniel Oliver/Völzmann-Stickelbrock*, *Barbara/Wesser*, *Sabine/Weth*, *Stephan* (Hrsg.), Dogmatik im Dienst von Gerechtigkeit, Rechtssicherheit und Rechtsentwicklung, Festschrift für Hanns Prütting zum 70. Geburtstag, Köln 2018, S. 51–62; zitiert als: *Mansel*, FS Prütting.

Martiny, *Dieter*: Internationale Zuständigkeit für „vertragliche" Streitigkeiten, in: *Schütze*, *Rolf* (Hrsg.), Einheit und Vielfalt des Rechts, Festschrift für Reinhold Geimer zum 65. Geburtstag, München 2002, S. 641–667; zitiert als: *Martiny*, FS Geimer.

Martiny, *Dieter*: Autonome und einheitliche Auslegung im Europäischen Internationalen Zivilprozessrecht, RabelsZ 45 (1981), S. 427–447.

Maul, *Silja*: Gerichtsstände und Vollstreckungsfragen bei konzernrechtlichen Ansprüchen gegenüber einem herrschenden Unternehmen im EG-Ausland, AG 1998, S. 404–413.

Michalski, *Lutz* (Begr.)/*Heidinger*, *Andreas/Leible*, *Stefan/Schmidt*, *Jessica* (Hrsg.): Kommentar zum Gesetz betreffend die Gesellschaften mit beschränkter Haftung (GmbH-Gesetz), Band I: Systematische Darstellungen, §§ 1–34 GmbHG, 3. Auflage, München 2017; zitiert als: Michalski/Heidinger/Leible/Schmidt/*Bearbeiter*.

Mock, *Sebastian*: Das (geplante) neue europäische Insolvenzrecht nach dem Vorschlag der Kommission zur Reform der EuInsVO, GPR 2013, S. 156–166.

Mock, *Sebastian*: Groups of Companies – Les groups de sociétés, in: *Schmidt-Kessel*, *Martin* (Hrsg.), German National Reports on the 20th International Congress of Comparative Law, Tübingen 2018, S. 307–395; zitiert als: *Mock*, 20th International Congress of Comparative Law.

Möllers, *Christoph*: Internationale Zuständigkeit bei der Durchgriffshaftung, Bielefeld 1987.

Moss, *Gabriel/Fletcher*, *Ian/Isaacs*, *Stuart*: Moss, Fletcher and Isaacs on the EU Regulation on Insolvency Proceedings, 3. Auflage, Oxford 2016.

Mülbert, *Peter*: Auf dem Weg zu einem Europäischen Konzernrecht?, ZHR 179 (2015), S. 645–667.

Mülhens, *Jörg*: Der sogenannte Haftungsdurchgriff im deutschen und englischen Recht, Tübingen 2006.

Müller, *Michael*: Internationale Zuständigkeit für gesellschaftsrechtliche Klagen – Gründungstheorie, NJW 2011, S. 3375.

Müller, Michael: EuGVVO: Begriff des anderen Vertragspartners beim Verbrauchergerichtsstand, EuZW 2014, S. 34–35.

Müller-Froelich, Thomas: Der Gerichtsstand der Niederlassung im deutsch-amerikanischen Rechtsverkehr, Frankfurt am Main 2008.

Münchener Kommentar zum Aktiengesetz: *Goette, Wulf/Habersack, Mathias* (Hrsg.), Band 1: §§ 1–75 AktG, 4. Auflage, München 2016; Band 5: §§ 278–328 AktG, SpruchG, ÖGesAusG, Österreichisches Konzernrecht, 4. Auflage, München 2015; Band 7: Europäisches Aktienrecht, 4. Auflage, München 2017; zitiert als: MünchKommAktG/*Bearbeiter*.

Münchener Kommentar zum Aktiengesetz: *Kropff, Bruno/Semler, Johannes* (Hrsg.), Band 8 §§ 278–328, 2. Auflage, München 2000; zitiert als: MünchKommAktG 2000/*Bearbeiter*.

Münchener Kommentar zum Bürgerlichen Gesetzbuch: *Säcker, Franz Jürgen/Rixecker, Roland/Oetker, Hartmut/Limperg, Bettina* (Hrsg.), Band 2: Schuldrecht – Allgemeiner Teil, 8. Auflage, München 2019; Band 3: Schuldrecht – Besonderer Teil I, 8. Auflage, München 2019; Band 11: Internationales Privatrecht I, 7. Auflage, München 2018; Band 12: Internationales Privatrecht II, 7. Auflage, München 2018; zitiert als: MünchKommBGB/*Bearbeiter*.

Münchener Kommentar zum Gesetz betreffend die Gesellschaften mit beschränkter Haftung: *Fleischer, Holger/Goette, Wulf* (Hrsg.), Band 1: §§ 1–34, 3. Auflage, München 2018; Band 2: §§ 35–52, 3. Auflage, München 2019; Band 3: §§ 53–88, 3. Auflage, München 2018; zitiert als: MünchKommGmbHG/*Bearbeiter*.

Münchener Kommentar zur Insolvenzordnung: *Kirchhoff, Hans-Peter/Eidenmüller, Horst/Stürner, Rolf* (Hrsg.), Band 4: EuInsVO 2000, Art. 102 und 102a EGInsO, EuInsVO 2015, Länderberichte, 3. Auflage, München 2016; zitiert als: MünchKommInsO/*Bearbeiter*.

Münchener Kommentar zur Zivilprozessordnung: *Krüger, Wolfgang/Rauscher, Thomas* (Hrsg.), Band 1: §§ 1–354 ZPO, 5. Auflage, München 2016; Band 3: §§ 946–1117, EGZPO, GVG, EGGVG, UKlaG, Internationales und Europäisches Zivilprozessrecht, 5. Auflage, München 2017; zitiert als: MünchKommZPO/*Bearbeiter*.

Musielak, Hans-Joachim/Voit, Wolfgang (Hrsg.): Zivilprozessordnung, 15. Auflage, München 2018; zitiert als: Musielak/Voit/*Bearbeiter*.

Nagel, Heinrich/Gottwald, Peter: Internationales Zivilprozessrecht, 7. Auflage, Köln 2013.

Nahm, Matthias: Die wirtschaftliche Bedeutung auslandskontrollierter Unternehmen in Deutschland 2015, WISTA 2017, S. 26–39.

Nerlich, Jörg/Römermann, Volker (Hrsg.) : Insolvenzordnung, Kommentar, 36. EL, München 2018; zitiert als: Nerlich/Römermann/*Bearbeiter*.

Neye, Hans-Werner: Gemeinschaftsrecht und verbundene Unternehmen, ZGR 1995, S. 191–207.

Palandt, Otto (Begr.): Bürgerliches Gesetzbuch mit Nebengesetzen, 78. Auflage, München 2019.

Parzinger, Josef: Die Neufassung der EuInsVO auf einen Blick, NZI 2016, S. 63–68.

Paulus, David: Außervertragliche Gesellschafter- und Organwalterhaftung im Lichte des Unionskollisionsrechts, München 2013.

Paulus, David/Peiffer, Evgenia/Peiffer, Max: Europäische Gerichtsstands- und Vollstreckungsverordnung (Brüssel Ia), München 2017; zitiert als: Paulus/Peiffer/Peiffer/*Bearbeiter*.

Philipp, Otmar: Europäischer Rechtsraum in Zivilsachen, EuZW 2002, S. 99.

Prinz, Ulrich/Winkeljohann, Norbert (Hrsg.): Beck'sches Handbuch der GmbH, Gesellschaftsrecht – Steuerrecht, 5. Auflage, München 2014; zitiert als: Prinz/Winkeljohann/*Bearbeiter*.

Prütting, Hanns/Gehrlein, Markus (Hrsg.): ZPO Kommentar, 10. Auflage, Köln 2018; zitiert als: Prütting/Gehrlein/*Bearbeiter*.

Prütting, Jens: Existenzvernichtungshaftung, JuS 2018, S. 409–414.

Rauscher, Thomas: Internationales Privatrecht – Mit internationalem Verfahrensrecht, 5. Auflage, Heidelberg 2017; zitiert als: *Rauscher*, Internationales Privatrecht.

Rauscher, Thomas: Nur ein Not-Sitz des Rechtsverhältnisses, Zum gewöhnlichen Aufenthalt im Personalstatut, in: *Hilbig-Lugani, Katharina/Jakob, Dominique/Mäsch, Gerald/Reuß, Philipp/Schmid, Christoph* (Hrsg.), Zwischenbilanz – Festschrift für Dagmar Coester-Waltjen zum 70. Geburtstag, Bielefeld 2015, S. 637–650; zitiert als: *Rauscher*, FS Coester-Waltjen.

Rauscher, Thomas: Zuständigkeitsfragen zwischen CISG und Brüssel I, in: *Lorenz, Stephan/Trunk, Alexander/Eidenmüller, Horst/Wendehorst, Christiane/Adolff, Johannes* (Hrsg.), Festschrift für Andreas Heldrich zum 70. Geburtstag, München 2005, S. 933–953, zitiert als: *Rauscher*, FS Heldrich.

Rauscher, Thomas (Hrsg.): Europäisches Zivilprozess- und Kollisionsrecht EuZPR/EuIPR, Band 1: Brüssel Ia-VO, 4. Auflage, Köln 2015; zitiert als: Rauscher/*Bearbeiter*.

Reich, Norbert: Anmerkung zu EuGH Urt. v. 20.1.2005, Rs. C-464/01 (Gruber/BayWa AG), EuZW 2005, S. 244–245.

Renner, Moritz: Kollisionsrecht und Konzernwirklichkeit in der transnationalen Unternehmensgruppe, ZGR 2014, S. 452–486.

Rescigno, Pietro: Codice Civile, Tomo I (Artt. 1–1741), 10. Auflage, Mailand 2018.

Reuß, Philipp: Europäisches Insolvenzrecht 3.0 oder doch nur Version 1.1?, der Vorschlag der Kommission vom 12.12.2012 zur Reform der Europäischen Insolvenzverordnung, EuZW 2013, S. 165–169.

Röhricht, Volker: Die GmbH im Spannungsfeld zwischen wirtschaftlicher Dispositionsfreiheit ihrer Gesellschafter und Gläubigerschutz, in: *Geiß, Karlmann/Nehm, Kay/Brandner, Erich/Hagen, Horst* (Hrsg.), Festschrift aus Anlaß des fünfzigjährigen Bestehens von Bundesgerichtshof, Bundesanwaltschaft und Rechtsanwaltschaft beim Bundesgerichtshof, Köln 2000, S. 83–122; zitiert als: *Röhricht*, FS 50 Jahre BGH.

Rosenberg, Leo/Schwab, Karl Heinz/Gottwald, Peter: Zivilprozessrecht, 18. Auflage, München 2018; zitiert als: *Rosenberg/Schwab/Gottwald*.

Roth, Günter/Altmeppen, Holger (Hrsg.): Gesetz betreffend die Gesellschaften mit beschränkter Haftung, Kommentar, 8. Auflage, München 2015; zitiert als: Roth/Altmeppen/*Bearbeiter*.

Roth, Wulf-Henning: Internationale Zuständigkeit bei Kartelldeliktsklagen, IPRax 2016, S. 318–326.

Rotstegge, Jochen: Konzerninsolvenz, Baden-Baden 2007.

Rowedder, Heinz (Begr.)/*Schmidt-Leithoff, Christian* (Hrsg.): Gesetz betreffend die Gesellschaften mit beschränkter Haftung, Kommentar, 6. Auflage, München 2017; zitiert als: Rowedder/Schmidt-Leithoff/*Bearbeiter*.

Rühl, Giesela: Die rechtsaktübergreifende Auslegung im europäischen Internationalen Privatrecht: Art. 6 der Rom I-VO und die Rechtsprechung des EuGH zu Art. 15 Brüssel I-VO, GPR 2013, S. 122–133.

Saenger, Ingo (Hrsg.): Zivilprozessordnung, 7. Auflage, Baden-Baden 2017; zitiert als: Saenger/*Bearbeiter*.

Samtleben, Jürgen: Europäische Gerichtsstandsvereinbarungen und Drittstaaten – viel Lärm um nichts? Zum räumlichen Anwendungsbereich des Art. 17 I EuGVÜ / LugÜ, (Hein Kötz zum 60. Geburtstag), RabelsZ 59 (1995), S. 670–712.

Schack, Haimo: Der prozessuale Durchgriff im internationalen Konzern, in: *von Jickeli, Joachim/Kreutz, Peter/Reuter, Dieter* (Hrsg.), Gedächtnisschrift für Jürgen Sonnenschein, Berlin 2003, S. 705–718; zitiert als: *Schack*, GS Sonnenschein.

Schack, Haimo: Internationales Zivilverfahrensrecht, 7. Auflage, München 2017.

Schinkels, Boris: Ansprüche auf Unterlassung nachteiliger Maßnahmen gegen beherrschende und beherrschte Aktiengesellschaft im europäisch-grenzüberschreitenden faktischen AG-Konzern, IPRax 2008, S. 412–417.

Schlosser, Peter: Bindung von Gesamtschuldnern des Hauptschuldners an Gerichtsstandsvereinbarungen?, IPRax 2018, S. 22–23.

Schlosser, Peter/Hess, Burkhard (Hrsg.): EU-Zivilprozessrecht, 4. Auflage, München 2015; zitiert: Schlosser/Hess/*Bearbeiter*.

Schmidt, Karsten: Konzern-Insolvenzrecht – Entwicklungsstand und Perspektiven, KTS 2010, S. 1–37.

Schmidt, Karsten (Hrsg.): Insolvenzordnung, InsO mit EuInsVO, 19 Auflage, München 2016; zitiert als: Schmidt/*Bearbeiter*.

Schneider, Jörg: Die Haftung der Muttergesellschaft als Organ der Tochtergesellschaft nach deutschem und englischem Recht, ZVglRWiss. 102 (2003), S. 387–424.

Schneider, Uwe: Konzernleitung als Rechtsproblem, BB 1981, S. 249–159.

Servatius, Wolfgang: Insolvenznahe Geschäftsleiterhaftung bei EU-Auslandsgesellschaften, DB 2015, S. 1087–1094.

Simons, Thomas/Hausmann, Rainer (Hrsg.): Brüssel I-Verordnung – Kommentar zur VO (EG) 44/2001 und zum Übereinkommen von Lugano, München 2012; zitiert als: Simons/Hausmann/*Bearbeiter*.

Sørensen, Karsten Engsig: Groups of Companies in the Case Law of the Court of Justice of the European Union, EBLR 27 (2016), S. 393–420.

Spahlinger, Andreas/Wegen, Gerhard: Internationales Gesellschaftsrecht in der Praxis, München 2005.

Spindler, Gerald/Stilz, Eberhard (Hrsg.): Kommentar zum Aktiengesetz, Band 1: §§ 1–149, 3. Auflage, München 2015; Band 2: §§ 150–410 AktG, 3. Auflage, München 2015; zitiert als: Spindler/Eberhard/*Bearbeiter*.

Stadler, Astrid: Der deliktische Erfolgsort als internationaler Gerichtsstand bei reinen Vermögensdelikten, in: *Schütze, Rolf* (Hrsg.), Fairness justice equity, Festschrift für Reinhold Geimer zum 80. Geburtstag, München 2017; zitiert als: *Stadler*, FS Geimer.

Stadler, Astrid: Die Einheitlichkeit des Verbrauchervertragsbegriffs im Europäischen Zivil- und Zivilverfahrensrecht – Zu den Grenzen rechtsaktübergreifender Auslegung, IPRax 2015, S. 203–207.

Staub, Hermann (Begr.)/*Canaris, Claus-Wilhelm/Habersack, Mathias/Schäfer, Carsten/Kindler, Peter* (Hrsg.): Handelsgesetzbuch, Großkommentar, Band 6 §§ 290 – 315a HGB, Anhang IFRS, 5. Auflage, Berlin 2011; zitiert als: Staub/*Bearbeiter*.

Stein, Friedrich/Jonas, Martin (Hrsg.): Kommentar zur Zivilprozessordnung, Band 10: EuGVVO, GVG, 22. Auflage, Tübingen 2013; zitiert als: Stein/Jonas/*Bearbeiter*.

Stein, Ursula: Das italienische Konzernrecht: Ein Leerstück der Gesetzgebung, in: *Erle, Bernd/Goette, Wulf/Kleindiek, Detlef/Krieger, Gerd/Priester, Hans-Joachim/Schubel, Christian/Schwab, Martin/Teichmann, Christoph/Witt, Carl-Heinz* (Hrsg.), Festschrift für Peter Hommelhoff zum 70. Geburtstag, Köln 2012; zitiert als: *Stein*, FS Hommelhoff.

Streinz, Rudolf (Hrsg.): EUV/AEUV – Vertrag über die Europäische Union und Vertrag über die Arbeitsweise der Europäischen Union, 3. Auflage, München 2018; zitiert als: Streinz/*Bearbeiter*.

Strnad, Oliver: Neue Konzernhaftung in Italien, RIW 2004, S. 255–258.

Teichmann, Christoph: Konzernrecht und Niederlassungsfreiheit, ZGR 2014, S. 45–75.

Teichmann, Christoph: Towards a European Framework for Cross-Border Group Management, EUCL 13 (2016), S. 150–157.

Teichmann, Christoph: Konzern und Niederlassungsfreiheit, ZGR 2014, S. 45–75.

Thole, Christoph: Die internationale Zuständigkeit deutscher Gerichte bei Scheinauslandsgesellschaften, IPRax 2007, S. 519–524.

Thomale, Chris: Kapital als Verantwortung, AcP 218 (2018), S. 685–688.

Thomale, Chris: Kapital als Verantwortung, in Vorbereitung, Tübingen; zitiert als: *Thomale*, Kapital als Verantwortung (in Vorbereitung).

Thomas, Heinz/Putzo, Hans (Begr.)/*Reichold, Klaus/Hüßtege, Rainer/Seiler, Christian* (Hrsg.): Zivilprozessordnung, 39. Auflage, München 2018; zitiert als: Thomas/Putzo/*Bearbeiter*.

Uhlenbruck, Wilhelm/Hirte, Heribert/Vallender, Heinz (Hrsg.): Insolvenzordnung, Kommentar, 14. Auflage, München 2015; zitiert als: Uhlenbruck/*Bearbeiter*.

Verse, Dirk/Wiersch, Rachid René: Die Entwicklung des europäischen Gesellschaftsrechts 2014–2015, EuZW 2016, S. 330–338.

Villata, Francesca: Determinazione del „COMI" e libertà di stabilimento delle società nell'unione europea, in: *Leandro, Antonio/Meo, Giorgio/Nuzzo, Antonio* (Hrsg.), Crisi transfrontaliera di impresa: orizzonti internazionali ed europei, Bari 2018, S. 83–101.

Virgós, Miguel/Schmit, Etienne: Report on the Convention of Insolvency Proceedings, Brüssel 3.5.1996, European Council document no. 6500/96 LIMITE DRS 8 (CFC) Annex.

Völter, Heike: Der Lückenschluß im Statut der Europäischen Privatgemeinschaft, Köln 2000.

Von der Groeben, Hans/Schwarze, Jürgen/Hatje, Armin (Hrsg.): Europäisches Unionsrecht – Vertrag über die Europäische Union, Vertrag über die Arbeitsweise der Europäischen Union, Charta der Grundrechte der Europäischen Union, Band 4: Art. 174 bis 358 AEUV, 7. Auflage, Baden-Baden 2015; zitiert als: Von der Groeben/Schwarze/Hatje/*Bearbeiter*.

Von Hein, Jan: Europäisches Internationales Deliktsrecht nach der Rom II-Verordnung, ZEuP 2009, 6–33.

Von Hersberg, Moritz: Das Bestehen ordnungswidrigkeitsrechtlicher Aufsichtspflichten im Konzernverbund aus dem Blickwinkel von § 130 OWiG, Baden-Baden 2016.

Von Hoffmann, Bernd/Thorn, Karsten: Internationales Privatrecht, 9. Auflage, München 2007; zitiert als: *von Hoffmann/Thorn*.

Von Savigny, Friedrich Carl: System des heutigen Römischen Rechts, Band 1, Berlin 1940.

Von Staudinger, Julius (Begr.)/*Magnus, Ulrich* (Hrsg.): Kommentar zum Bürgerlichen Gesetzbuch mit Einführungsgesetz und Nebengesetzen, EGBGB/IPR Einleitung zur Rom I-VO; Art 1-10 Rom I-VO (Internationales Vertragsrecht 1), Berlin 2016; zitiert als: von Staudinger/*Bearbeiter*.

Vorwerk, Volker/Wolf, Christian (Hrsg.): Beck'scher Online-Kommentar ZPO, 29. Edition Stand 1.7.2018, München 2017; zitiert als: Vorwerk/Wolf/*Bearbeiter*.

Wais, Hannes: Internationale Zuständigkeit bei gesellschaftsrechtlichen Ansprüchen aus Geschäftsführerhaftung gemäß § 64 Abs. 2 Satz 1 GmbHG a.F./§ 64 Satz 1 GmbHG n.F., IPRax 2011, S. 138–142.

Weber, Johannes: Gesellschaftsrecht und Gläubigerschutz im Internationalen Zivilverfahrensrecht, Tübingen 2011.

Weck, Thomas: Das gesellschaftsrechtliche Trennungsprinzip – Verabschiedung einer Illusion im Kartellrecht, NZG 2016, S. 1374–1377.

Wedemann, Frauke: EuGVVO oder EuInsVO bei gesellschaftsrechtlichen Haftungsklagen?, IPRax 2015, S. 505–509.

Wedemann, Frauke: Die internationale Zuständigkeit für Haftungsklagen gegen Gesellschafter und Geschäftsleiter, ZEuP 2014, S. 861–882.

Weller, Marc-Philippe: Internationale Zuständigkeit für mitgliedschaftsbezogene Klagen nach der Brüssel I-VO, ZGR 2012, S. 606–630.

Weller, Marc-Philippe/Harms, Charlotte: Die Vorbelastungshaftung in der GmbH zwischen EuGVVO und EuInsVO, IPRax 2016, S. 119–122.

Wendenburg, Albrecht/Schneider, Maximilian: Vertraglicher Gerichtsstand bei Ansprüchen aus Delikt?, NJW 2014, S. 1633–1636.

Wiebusch, Arnd: Internationales Konzerninsolvenzrecht, Jena 2014.

Wiedemann, Herbert: Internationales Gesellschaftsrecht, in: *Lüderitz, Alexander/Jochen, Schröder* (Hrsg.), Internationales Privatrecht und Rechtsvergleichung im Ausgang des 20. Jahrhunderts, Festschrift für Gerhard Kegel, Frankfurt am Main 1977, S. 187–211; zitiert als: *Wiedemann*, FS Kegel.

Wiesenack, Tobias/Klein, Nico: Rechtspraktische Entwicklungen bei der Strukturierung und Organisation von Unternehmensverbünden, in: *Eisele, Jörg/Koch, Jens/Theile, Hans* (Hrsg.), Der Sanktionsdurchgriff im Unternehmensverbund, Tübingen 2014, S. 5–68.

Wilke, Elena: Internationale Zuständigkeit bei Geschäftsführerhaftung, ArbRAktuell 2015, S. 536.

Windbichler, Christine: Arbeitsrecht im Konzern, München 1989; zitiert als: *Windbichler*, Arbeitsrecht im Konzern.

Windbichler, Christine: Gesellschaftsrecht, 24. Auflage, München 2017; zitiert als: *Windbichler*, Gesellschaftsrecht.

Würdinger, Markus: Das Prinzip der Einheit der Schuldrechtsverordnungen im Europäischen Internationalen Privat- und Verfahrensrecht, RabelsZ 75 (2011), S. 102–126.

Ziemons, Hildegard/Jaeger, Carsten (Hrsg.): Beck'scher Online-Kommentar GmbHG, 35. Edition Stand: 1.5.2018, München; zitiert als: Ziemons/Jaeger/*Bearbeiter*.

Zimmer, Daniel: Ende der Konzernhaftung in „internationalen" Fällen?, IPRax 1998, 187–192.

Zöller, Richard (Begr.): Zivilprozessordnung, 32. Auflage, Köln 2018; zitiert als: Zöller/*Bearbeiter*.

STUDIEN ZUM VERGLEICHENDEN UND INTERNATIONALEN RECHT

Herausgeber: Bernd von Hoffmann (†), Erik Jayme, Heinz-Peter Mansel, Christine Budzikiewicz, Michael Stürner, Karsten Thorn und Marc-Philippe Weller

Band 1 Ferdinand Henke: Die Datenschutzkonvention des Europarates. 1986.

Band 2 Peter Czermak: Der express trust im internationalen Privatrecht. 1986.

Band 3 Peter Kindler: Der Ausgleichsanspruch des Handelsvertreters im deutsch-italienischen Warenverkehr. Eine rechtsvergleichende und kollisionsrechtliche Untersuchung. 1987.

Band 4 Wilhelm Denzer: Stellung und Bedeutung des Engineers in den FIDIC-Bauvertragsbedingungen. 1988.

Band 5 Marijan-Maximilian Lederer: Die internationale Enteignung von Mitgliedschaftsrechten unter besonderer Berücksichtigung der französischen Enteignungen 1982. 1989.

Band 6 Rainer Esser: Klagen gegen ausländische Staaten. 1990.

Band 7 Chang Jae-Ok: Auf dem Weg zu einer Materialisierung des Immateriellen? Personen-, Persönlichkeitsschutz und Geldersatz des immateriellen Schadens in rechtsvergleichender Hinsicht am Beispiel des koreanischen und japanischen Zivilrechts unter besonderer Berücksichtigung des deutschen Rechts. 1990.

Band 8 Paul-Frank Weise: Lex mercatoria. Materielles Recht vor der internationalen Handelsschiedsgerichtbarkeit.1990.

Band 9 Werner Born: Der Auftrittsvertrag für Musikgruppen im Bereich der Rock- und Popmusik. 1990.

Band 10 Ralf Erich Jürgens: IPR und Verfassung in Italien und in der Bundesrepublik Deutschland. 1990.

Band 11 Rainer Gildeggen: Internationale Schieds- und Schiedsverfahrensvereinbarungen in Allgemeinen Geschäftsbedingungen vor deutschen Gerichten. 1991.

Band 12 Klaus Grabinski: Die kollisionsrechtliche Behandlung des Durchgriffs bei rechtlich verselbständigten Unternehmen in privater oder öffentlicher Hand. 1991.

Band 13 Dieter Stummel: Konkurs und Integration. Konventionsrechtliche Wege zur Bewältigung grenzüberschreitender Insolvenzverfahren. 1991.

Band 14 Joachim Güntzer: Die Rechtsstellung des Geschäftsführers im spanischen Aktienrecht. Die Neuregelung des spanischen Aktienrechts nach dem Beitritt Spaniens zur EG. 1991.

Band 15 Sabine Isenburg-Epple: Die Berücksichtigung ausländischer Rechtshängigkeit nach dem Europäischen Gerichtsstands- und Vollstreckungsübereinkommen vom 27.9.1968. Untersuchungen zum Anwendungsbereich von Art. 21 EuGVÜ unter schwerpunktmäßiger Behandlung der Frage nach der Bestimmung eines europäischen Streitgegenstandsbegriffs. 1992.

Band 16 Ulrich Nickl: Die Qualifikation der culpa in contrahendo im Internationalen Privatrecht. 1992.

Band 17 Theo Rauh: Leistungserschwerungen im Schuldvertrag. Eine rechtsvergleichende Untersuchung des englischen, US-amerikanischen, französischen und deutschen Rechts unter besonderer Berücksichtigung der gerichtlichen Praxis. 1992.

Band 18 Bernadette Chaussade-Klein: Vorvertragliche "obligation de renseignements" im französischen Recht. 1992.

Band 19 Josef Sievers: Verbraucherschutz gegen unlautere Vertragsbedingungen im französischen Recht. Vom Code civil zum "Code de la consommation" – die Entstehung eines Sonderprivatrechts für Verbraucher. 1993.

Band 20 Achim Schäfer: Grenzüberschreitende Kreditsicherung an Grundstücken, unter besonderer Berücksichtigung des deutschen und italienischen Rechts. 1993.

Band 21 Eugenio Hernández-Breton: Internationale Gerichtsstandsklauseln in Allgemeinen Geschäftsbedingungen. Unter besonderer Berücksichtigung des deutsch-südamerikanischen Rechtsverkehrs (dargestellt am Beispiel Argentinien, Brasilien und Venezuela). 1993.

Band 22 Ingo Reng: Unterhaltsansprüche aufgrund nichtehelicher Lebensgemeinschaft – Internationales Privatrecht und ausländisches materielles Recht. 1994.

Band 23 Stefanie Roloff: Die Geltendmachung ausländischer öffentlicher Ansprüche im Inland. 1994.

Band 24 Katharina Ludwig: Der Vertragsschluß nach UN-Kaufrecht im Spannungsverhältnis von Common Law und Civil Law. Dargestellt auf der Grundlage der Rechtsordnungen Englands und Deutschlands. 1994.

Band 25 Malte Diesselhorst: Mehrparteienschiedsverfahren. Internationale Schiedsverfahren unter Beteiligung von mehr als zwei Parteien. 1994.

Band 26 Manfred Kost: Konsensprobleme im internationalen Schuldvertragsrecht. 1995.

Band 27 Wolff-Heinrich Fleischer: Das italienische Wettbewerbsrecht und die Probleme des selektiven Parfümvertriebs unter Berücksichtigung der Rechtslage in Frankreich und Deutschland. 1995.

Band 28 Angelika Fuchs: Lateinamerikanische Devisenkontrollen in der internationalen Schuldenkrise und Art. VIII Abschn. 2 b) IWF-Abkommen. 1995.

Band 29 Jacques Matthias Aull: Der Geltungsanspruch des EuGVÜ: "Binnensachverhalte" und Internationales Zivilverfahrensrecht in der Europäischen Union. Zur Auslegung von Art. 17 Abs. 1 S. 1 EuGVÜ. 1996.

Band 30 Hartmut Ost: EVÜ und fact doctrine. Konflikte zwischen europäischer IPR-Vereinheitlichung und der Stellung ausländischen Rechts im angelsächsischen Zivilprozeß. 1996.

Band 31 Stefan Wagner: Die Testierfähigkeit im Internationalen Privatrecht. 1996.

Band 32 Wolfgang Jakob Hau: Positive Kompetenzkonflikte im Internationalen Zivilprozeßrecht. Überlegungen zur Bewältigung von *multi-fora disputes*. 1996.

Band 33 Markus Schütz: UN-Kaufrecht und *Culpa in contrahendo*. 1996.

Band 34 Volker Geyrhalter: Das Lösungsrecht des gutgläubigen Erwerbers. Ein "vergessener" Kompromiß und die Auswirkungen auf das heutige deutsche Recht unter besonderer Berücksichtigung des internationalen Sachenrechts. 1996.

Band 35 Andreas Kramer: Abwicklungsstörungen bei Kaufverträgen. Die Lieferung vertragswidriger Sachen im deutschen und italienischen Recht. 1996.

Band 36 Petra Krings: Erfüllungsmodalitäten im internationalen Schuldvertragsrecht. 1997.

Band 37 Tonja Gaibler: Der rechtsgeschäftliche Irrtum im französischen Recht. 1997.

Band 38 Dirk Otto: Rechtsspaltung im indischen Erbrecht. Bedeutung und Auswirkungen auf deutsch-indische Nachlaßfälle. 1997.

Band 39 Gregor W. Decku: Zwischen Vertrag und Delikt. Grenzfälle vertraglicher und deliktischer Haftung dargestellt am Beispiel der Berufs- und Expertenhaftung zum Schutze des Vermögens Dritter im deutschen und englischen Recht. 1997.

Band 40 Gregor W. Decku: Zwischen Vertrag und Delikt. Grenzfälle vertraglicher und deliktischer Haftung dargestellt am Beispiel der Berufs- und Expertenhaftung zum Schutze des Vermögens Dritter im deutschen und englischen Recht. 1997.

Band 41 Ulrike Höpping: Auswirkungen der Warenverkehrsfreiheit auf das IPR unter besonderer Berücksichtigung des Internationalen Produkthaftungsrechts und des Internationalen Vertragsrechts. 1997.

Band 42 Helene Boriths Müller: Die Umsetzung der europäischen Übereinkommen von Rom und Brüssel in das Recht der Mitgliedstaaten. Dargestellt am Beispiel Deutschlands und Dänemarks. 1997.

Band 43 Bernd von Hoffmann / Myong-Chang Hwang (eds.): The Public Concept of Land Ownership. Reports and Discussions of a German-Korean Symposium held in Seoul on October 7-9, 1996. 1997.

Band 44 Oliver Heeder: Fraus legis. Eine rechtsvergleichende Untersuchung über den Vorbehalt der Gesetzesumgehung in Deutschland, Österreich, der Schweiz, Frankreich und Belgien unter besonderer Berücksichtigung des Internationalen Privatrechts. 1998.

Band 45 Heinrich Schütt: Deliktstyp und Internationales Privatrecht. Dargestellt an grenzüberschreitenden Problemen der Arzthaftung. 1998.

Band 46 Axel Steiner: Die stillschweigende Rechtswahl im Prozeß im System der subjektiven Anknüpfungen im deutschen Internationalen Privatrecht. 1998.

Band 47 Martina Schulz: Der Eigentumsvorbehalt in europäischen Rechtsordnungen. Rechtsvergleichende Untersuchung des deutschen, englischen und französischen Rechts unter besonderer Berücksichtigung von Erweiterungen und Verlängerungen. 1998.

Band 48 Karin Dreher: Die Rechtswahl im internationalen Erbrecht. Unter besonderer Berücksichtigung des italienischen IPR-Reformgesetzes N. 218 vom 31. Mai 1995. 1999.

Band 49 Giuliano Gabrielli: Das Verhältnis zwischen der Anfechtung wegen Eigenschaftsirrtums und den Gewährleistungsansprüchen im deutschen, österreichischen und italienischen Recht. 1999.

Band 50 Bernd von Hoffmann / Myong-Chan Hwang (eds.): Developments in Land Law. Reports and Discussions of a German-Korean Symposium held in Berlin and Trier on July 21-24, 1997. 1999.

Band 51 Volker Heidbüchel: Das UNCITRAL-Übereinkommen über unabhängige Garantien und Standby Letters of Credit. Vergleiche mit den Richtlinien der Internationalen Handelskammer, dem deutschen, englischen und US-amerikanischen Recht. 1999.

Band 52 Jan Christoph Nordmeyer: Pflichtteilsansprüche und Wiedervereinigung. Eine systematische Analyse der Ausgleichsansprüche nach BGB-Pflichtteilsrecht unter besonderer Berücksichtigung der durch den Wiedervereinigungsprozeß eingetretenen Wertveränderungen. 1999.

Band 53 Bettina Linder: Vertragsabschluß beim grenzüberschreitenden Verbraucherleasing. 1999.

Band 54 Almontasser Fetih: Die zivilrechtliche Haftung bei Vertragsverhandlungen. Eine rechtsvergleichende Studie zum deutschen, französischen, ägyptischen und islamischen Recht. 2000.

Band 55 Sona Rajani: Die Geltung und Anwendung des Gemeinschaftsrechts im Vereinigten Königreich von Großbritannien und Nordirland. Der Grundsatz der Parlamentssouveränität im Wandel. 2000.

Band 56 Joachim Kayser: Gegenmaßnahmen im Außenwirtschaftsrecht und das System des europäischen Kollisionsrechts. Eine Analyse der EU-Abwehrverordnung gegen die Auswirkungen extraterritorialer Rechtserstreckung eines Drittlandes. 2001.

Band 57 Albrecht Conrad: Qualifikationsfragen des Trust im Europäischen Zivilprozeßrecht. 2001.

Band 58 Bernd Borgmann: Die Entsendung von Arbeitnehmern in der Europäischen Gemeinschaft. Wechselwirkungen zwischen Kollisionsrecht, Grundfreiheiten und Spezialgesetzen. 2001.

Band 59 Aleksandar Jaksic: Arbitration and Human Rights. 2002.

Band 60 Islamisches und arabisches Recht als Problem der Rechtsanwendung. Symposium zu Ehren von Professor Emeritus Dr. iur. Omaia Elwan. Veranstaltet vom Institut für ausländisches und internationales Privat- und Wirtschaftsrecht der Universität Heidelberg und der Gesellschaft für Arabisches und Islamisches Recht e.V. Herausgegeben von Herbert Kronke, Gert Reinhart und Nika Witteborg. 2001.

Band 61 Patrick Fiedler: Stabilisierungsklauseln und materielle Verweisung im internationalen Vertragsrecht. 2001.

Band 62 Werner Mangold: Die Abtretung im Europäischen Kollisionsrecht. Unter besonderer Berücksichtigung des spanischen Rechts. 2001.

Band 63 Eike Dirk Eschenfelder: Beweiserhebung im Ausland und ihre Verwertung im inländischen Zivilprozess. Zur Bedeutung des US-amerikanischen discovery-Verfahrens für das deutsche Erkenntnisverfahren. 2002.

Band 64 Bernd Ehle: Wege zu einer Kohärenz der Rechtsquellen im Europäischen Kollisionsrecht der Verbraucherverträge. 2002.

Band 65 Heiko Lehmkuhl: Das Nacherfüllungsrecht des Verkäufers im UN-Kaufrecht. 2002.

Band 66 Jochen Nikolaus Schlotter: Erbrechtliche Probleme in der Société Privée Européenne. IPR-Harmonisierung im einheitlichen Europäischen Rechtsraum. 2002.

Band 67 Konrad Ost: Doppelrelevante Tatsachen im Internationalen Zivilverfahrensrecht. Zur Prüfung der internationalen Zuständigkeit bei den Gerichtsständen des Erfüllungsortes und der unerlaubten Handlung. 2002.

Band 68 Tobias Bosch: Die Durchbrechungen des Gesamtstatuts im internationalen Ehegüterrecht. Unter besonderer Berücksichtigung deutsch-französischer Rechtsfälle. 2002.

Band 69 Ursula Philipp: Form im amerikanischen Erbrecht. Zwischen Formalismus und harmless error. 2002.

Band 70 Christian Stefan Wolf: Der Begriff der wesentlich engeren Verbindung im Internationalen Sachenrecht. 2002.

Band 71 André Fomferek: Der Schutz des Vermögens Minderjähriger. Ein Vergleich des deutschen und des englischen Rechts unter Berücksichtigung des schottischen und irischen Rechts. 2002.

Band 72 nicht erschienen

Band 73 Markus Dreißigacker: Sprachenfreiheit im Verbrauchervertragsrecht. Der Verbraucher im Spannungsfeld zwischen kultureller Identität und Privatautonomie. 2002.

Band 74 Vassiliki Myller-Igknay: Auskunftsansprüche im griechischen Zivilrecht. Auswirkungen im deutsch-griechischen Rechtsverkehr sowie im deutschen internationalen Privat- und Verfahrensrecht. 2003.

Band 75 Stefan Bruinier: Der Einfluss der Grundfreiheiten auf das Internationale Privatrecht. 2003.

Band 76 Nika Witteborg: Das gemeinsame Sorgerecht nichtverheirateter Eltern. Eine Untersuchung im soziologischen, rechtsgeschichtlichen, verfassungsrechtlichen, rechtsvergleichenden und internationalen Kontext. 2003.

Band 77 Peter Stankewitsch: Entscheidungsnormen im IPR als Wirksamkeitsvoraussetzungen der Rechtswahl. 2003.

Band 78 Jan Wilhelm Ritter: Euro-Einführung und IPR unter besonderer Berücksichtigung nachehelicher Unterhaltsverträge. Eine Untersuchung mit Blick auf das deutsche, französische und schweizerische Recht. 2003.

Band 79 Wolf Richard Herkner: Die Grenzen der Rechtswahl im internationalen Deliktsrecht. 2003.

Band 80 Ira Ditandy: Internationale Zuständigkeit. Neuregelung durch die LOPJ 1985. Vergleich mit dem europäischen Vorbild und Auswirkungen auf das spanische internationale Zivilverfahrensrecht. 2003.

Band 81 Andrea Verena Schefold: Werbung im Internet und das deutsche Internationale Privatrecht. 2004.

Band 82 Klaus Herkenrath: Die Umsetzung der Richtlinie 93/13/EWG über missbräuliche Klauseln in Verbraucherverträgen in Deutschland, dem Vereinigten Königreich, Frankreich und Italien. Auswirkungen nationaler Umsetzungstechniken auf dem Harmonisierungserfolg. 2003.

Band 83 Alexander Thünken: Das kollisionsrechtliche Herkunftslandprinzip. 2003.

Band 84 Barbara v. Daumiller: Die Rechtswahl im italienischen internationalen Erbrecht: und ihre Auswirkungen im deutsch-italienischen Rechtsverkehr. 2003.

Band 85 Robert Mödl: Macht, Verantwortlichkeit und Zurechnung im Konzern. Eine rechtsvergleichende Untersuchung auf der Grundlage des deutschen, spanischen und US-amerikanischen Rechts. 2003.

Band 86 Ursula Kerpen: Das Internationale Privatrecht der Persönlichkeitsrechtsverletzungen. Eine Untersuchung auf rechtsvergleichender Grundlage. 2003.

Band 87 Barbara Ploeckl: Umgangsrechtsstreitigkeiten im deutsch-französischen Rechtsverkehr. Bestehende internationale und nationale Regelungen und der geplante *europäische Besuchstitel*. 2003.

Band 88 Katrin Wannemacher: Die Außenkompetenzen der EG im Bereich des Internationalen Zivilverfahrensrechts. Der räumliche Anwendungsbereich des Art. 65 EGV am Beispiel der EuGVO und der EheVO. 2003.

Band 89 Maren B. Eilinghoff: Das Kollisionsrecht der ungerechtfertigten Bereicherung nach dem IPR-Reformgesetz von 1999. 2004.

Band 90 Patrick Niehr: Die zivilprozessuale Dokumentenvorlegung im deutsch-englischen Rechtshilfeverkehr nach der deutschen und der englischen Prozessrechtsreform. 2004.

Band 91 Anna Christina Gördes: Internationale Zuständigkeit, Anerkennung und Vollstreckung von Entscheidungen über die elterliche Verantwortung. Die VO(EG) Nr. 1347/2000, ihre geplanten Änderungen und das Verhältnis beider zum Minderjährigen- und Kinderschutzabkommen. 2004.

Band 92 Martin Rädler: Rechtsbehelfe des Käufers eines Unternehmens oder einer unternehmerischen Beteiligung gegen den Verkäufer im deutschen und französischen Recht. 2004.

Band 93 Marc-Yngve Dietrich: Rechtsstellung und Beteiligung der Gläubiger im französischen Insolvenzverfahren. 2004.

Band 94 Katia Niemann: Die rechtsgeschäftliche und organschaftliche Stellvertretung und deren kollisionsrechtliche Einordnung. Deutschland und England im Vergleich. 2004.

Band 95 Daniel Ludwig: Neuregelungen des deutschen Internationalen Insolvenzverfahrensrechts. Eine Untersuchung unter vergleichender Heranziehung der Europäischen Insolvenzverordnung. 2004.

Band 96 Cordelia Faulenbach: Der gemeinschaftsrechtliche Vorbehalt im europäischen Wettbewerbsrecht. Die Herkunftslandanknüpfung der E-Commerce-Richtlinie unter dem Einfluss der Grundfreiheiten. 2004.

Band 97 Ulf Dörner: Der Vertragsgerichtsstand nach dem Protokoll von Buenos Aires. 2004.

Band 98 Martin Schmidhuber: Verhaltenskodizes im nationalen und grenzüberschreitenden elektronischen Geschäftsverkehr. Zur Frage der Integration der Selbstregulierung durch Private in die staatliche Rechtsordnung. 2004.

Band 99 Florian Kienle: Die fehlerhafte Banküberweisung im internationalen Rechtsverkehr. Unter besonderer Berücksichtigung des Artikels 4A US Uniform Commercial Code. 2004.

Band 100 Thomas Alexander Brandt: Die Adoption durch eingetragene Lebenspartner im internationalen Privat- und Verfahrensrecht. 2004.

Band 101 Florian Pulkowski: Subunternehmer und Internationales Privatrecht. Der Subunternehmer als Quasi-Verbraucher im Europäischen Kollisionsrecht. 2004.

Band 102 Ulrich Becker: Grundrechtsschutz bei der Anerkennung und Vollstreckbarerklärung im europäischen Zivilverfahrensrecht. Bestimmung der Grenzen für die Einführung eines europäischen Vollstreckungstitels. 2004.

Band 103 Thomas Badelt: Aufrechnung und internationale Zuständigkeit unter besonderer Berücksichtigung des deutsch-spanischen Rechtsverkehrs. 2005.

Band 104 Florian D. Wagner: Vorvertragliche Aufklärungspflichten im internationalen Franchising. Zur Harmonisierung von Delikts- und Vertragsstatut im internationalen Privatrecht unter besonderer Berücksichtigung der Franchise-Gesetzgebung des US-Bundesstaates Kalifornien. 2005.

Band 105 Vera Heine: Die Umsetzung der *EG-Richtlinie über missbräuchliche Klauseln in Verbraucherverträgen* im englischen und deutschen Recht. 2005.

Band 106 Alexander Franz: Überregionale Effektentransaktionen und anwendbares Recht. Eine kollisionsrechtliche Untersuchung unter besonderer Berücksichtigung der Vorschrift des § 17 a DepotG. 2005.

Band 107 Hanna-Maria Uhlenbrock: Gesetzliche Regelungen für nichteheliche Lebensgemeinschaften in Deutschland und Frankreich. Ein Vergleich des Unterhaltsrechts bei der eingetragenen Lebenspartnerschaft und beim Pacte civil de Solidarité. 2005.

Band 108 Katrin Stieß: Anknüpfungen im internationalen Urheberrecht unter Berücksichtigung der neuen Informationstechnologien. 2005.

Band 109 Hendrik Otto: Der gesetzliche Abschlussprüfer im italienischen Recht. Eine rechtsvergleichende Untersuchung unter besonderer Berücksichtigung der zivilrechtlichen Haftung. 2005.

Band 110 Frauke Stuphorn: Bankhaftung für Kreditauskünfte im deutschen und französischen Recht. 2005.

Band 111 Nina Fürer: Die zivilrechtliche Haftung für Raucherschäden. 2005.

Band 112 Giovanni B. Barillà: *Contratto autonomo di garanzia* e *Garantievertrag*. Categorie civilistiche e prassi del commercio. 2005.

Band 113 Timo Torz: Gerichtsstände im Internationalen Insolvenzrecht zur Eröffnung von Partikularinsolvenzverfahren. 2005.

Band 114 Martina Schmid: Die Grenzen der Auslegungskompetenz des EuGH im Vorabentscheidungsverfahren nach Art. 234 EG. Dargestellt am Beispiel der überschießenden Richtlinienumsetzung. 2005.

Band 115 Stephan Lesage-Mathieu: Dispositives Kollisionsrecht im prozessualen Kontext. 2005.

Band 116 Jürgen Görtz: Die subjektiven Grenzen der Rechtskraft US-amerikanischer Urteile. 2005.

Band 117 Vera Hoppe: Die Einbeziehung ausländischer Beteiligter in US-amerikanische class actions. Unter Berücksichtigung des Class Action Fairness Act 2005. 2005.

Band 118 Silke Pütz: Parteiautonomie im internationalen Urhebervertragsrecht – Eine rechtsdogmatische und rechtspolitische Betrachtung der Grenzen freier Rechtswahl im internationalen Urhebervertragsrecht unter besonderer Berücksichtigung des neuen deutschen Urhebervertragsrechts. 2005.

Band 119 Alice Nieroba: Die europäische Rechtshängigkeit nach der EuGVVO (Verordnung (EG) Nr. 44/2001) an der Schnittstelle zum nationalen Zivilprozessrecht. 2006.

Band 120 Jan Kayser: Alternative Formen gerichtlicher und außergerichtlicher Streitbeilegung im deutschen und französischen Zivilprozess. Les modes alternatifs judiciaires et extrajudiciaires de résolution des conflits en procédure civile allemande et française. 2006.

Band 121 Mirko Ehrich: Der internationale Anwendungsbereich des deutschen und französischen Rechts gegen irreführende Werbung. Freie Wahl von Form und Mittel, Rom II und Herkunftslandprinzip. 2006.

Band 122 Daniel Thelen: Die Haftung des Sekundärschädigers für Gewalttaten anderer im US-amerikanischen Deliktsrecht ausgehend von dem Problem rechtsextremistisch motivierter Gewalttaten. 2006.

Band 123 Anne Winterling: Die Entscheidungszuständigkeit in Arbeitssachen im europäischen Zivilverfahrensrecht. 2006.

Band 124 Sarah Gerling: Die Gleichstellung ausländischer mit inländischen Vollstreckungstiteln durch die Verordnung zur Einführung eines Europäischen Vollstreckungstitels für unbestrittene Forderungen. Im Vergleich zum bisherigen Recht und zur Rechtslage in den USA. 2006.

Band 125 Christian Bank: Präventivmaßnahmen börsennotierter Gesellschaften zur Abwehr feindlicher Übernahmeversuche in Deutschland und Großbritannien. Eine rechtsvergleichende Untersuchung des deutschen und britischen Rechts unter Berücksichtigung der Europäischen Übernahmerichtlinie. 2006.

Band 126 Christian Weis: Kaufrechtliche Gewährleistung und Garantievergabe in Deutschland und Spanien. Unter besonderer Berücksichtigung des Unternehmenskaufs. 2006.

Band 127 Emilio Maus Ratz: Der Nacherfüllungsanspruch nach UN-Kaufrecht. Im Lichte der deutschen, spanisch-mexikanischen und US-amerikanischen Rechtswissenschaft. 2006.

Band 128 Constanze Jacobs: Die Sachmängelgewähr im deutschen und belgischen Kaufrecht nach Umsetzung der Verbrauchsgüterkauf-Richtlinie. 2006.

Band 129 Ulrike Teichert: Lückenfüllung im CISG mittels UNIDROIT-Prinzipien – Zugleich ein Beitrag zur Wählbarkeit nichtstaatlichen Rechts. 2007.

Band 130 Sascha Reichardt: Internationale Zuständigkeit im Gerichtsstand der unerlaubten Handlung bei Verletzung europäischer Patente. 2006.

Band 131 Bilgehan Cetiner: Die Sachmängelhaftung des Verkäufers im UN-Kaufrecht und im neuen deutschen Schuldrecht. Eine rechtsvergleichende Studie. 2006.

Band 132 Jan Streer: Die Umsetzung der Verbrauchsgüterkaufrichtlinie im englischen Recht durch die Sale and Supply of Goods to Consumer Regulations 2002. 2007.

Band 133 Kathrin Wannenmacher: Einstweilige Maßnahmen im Anwendungsbereich von Art. 31 EuGVVO in Frankreich und Deutschland: Eine Betrachtung ausgesuchter Verfahren des einstweiligen Rechtsschutzes im internationalen Zivilverfahrensrecht – gerichtliche Zuständigkeit, Anerkennung und Vollstreckung. 2007.

Band 134 Wim Kreytenberg: Die individuelle Schwerpunktbestimmung internationaler Schuldverträge nach der Ausweichklausel des Artikel 4 Absatz 5 Satz 2 EVÜ. Ein Beitrag zur Förderung von Rechtssicherheit und Einzelfallgerechtigkeit im europäischen Kollisionsrecht der Schuldverträge. 2007.

Band 135 Nikolaus Geiben: Der Vorvertrag im Internationalen Privatrecht. Unter besonderer Berücksichtigung des Immobilienerwerbs im portugiesischen und brasilianischen Recht. 2007.

Band 136 Predrag Maksimovic: Der Kapitalschutz im europäischen, serbischen und deutschen Recht der Gesellschaft mit beschränkter Haftung. 2007.

Band 137 Alexander Rathenau: Die Anwendung des EuGVÜ durch portugiesische Gerichte unter Berücksichtigung des autonomen internationalen Zivilverfahrensrechts. 2007.

Band 138 Matthias Creydt: Die Besicherung von Weltraumvermögenswerten. Ein neues einheitliches internationales Sicherungsrecht und dessen Vergleich zum US-amerikanischen Mobiliarsicherungsrecht. 2007.

Band 139 Oliver Borkhardt: Registerpublizität und Kollisionsrecht besitzloser Mobiliarsicherheiten nach dem neuen Art. 9 UCC. 2007.

Band 140 Jens Engelmann-Pilger: Deliktische Haftung für das Fehlverhalten Dritter im Common Law. 2007.

Band 141 Bastian Rotmann: Der Schutz des Dritten in der europäischen Mobiliarzwangsvollstreckung. Eine rechtsvergleichende Untersuchung vor dem Hintergrund der Verordnung (EG) Nr. 805/2004 zur Einführung eines Europäischen Vollstreckungstitels für unbestrittene Forderungen. 2007.

Band 142 Oliver Ratzel: Die Präklusion isolierter Unterhaltsverfahren durch den ausländischen Scheidungsverbund. Zugleich ein Beitrag zur internationalen Verbundszuständigkeit im Lichte der Quellenveränderung. 2007.

Band 143 Bettina Maria Stade: Die Konstitutionalisierung des Zivilprozessrechts in Spanien und Deutschland vor dem Hintergrund der Europäisierung des Zivilprozessrechts. 2007.

Band 144 Julia El-Bitar: Der deutsche und der französische Kulturgüterschutz nach der Umsetzung der Kulturgüterrückgaberichtlinie. Eine materiellrechtliche und kollisionsrechtliche Untersuchung. 2007.

Band 145 Aris Kaschefi: Sachmängelhaftung im französischen Kaufrecht vor und nach Umsetzung der Verbrauchsgüterkaufrichtlinie. Mit rechtsvergleichenden Hinweisen zum deutschen Recht unter besonderer Berücksichtigung von Weiterfressersachverhalten. 2007.

Band 146 Isabel Roth: Die internationale Zuständigkeit deutscher Gerichte bei Persönlichkeitsrechtsverletzungen im Internet. 2007.

Band 147 Theresa Wilhelmi: Das Weltrechtsprinzip im internationalen Privat- und Strafrecht. Zugleich eine Untersuchung zu Parallelitäten, Divergenzen und Interdependenzen von internationalem Privatrecht und internationalem Strafrecht. 2007.

Band 148 Alice Halsdorfer: Privat- und kollisionsrechtliche Folgen der Verletzung von Kulturgüterschutznormen auf der Grundlage des UNESCO-Kulturgutübereinkommens 1970. 2008.

Band 149 Thomas Müller-Froelich: Der Gerichtsstand der Niederlassung im deutsch-amerikanischen Rechtsverkehr. Eine Untersuchung zu Fragen der Entscheidungs- und Anerkennungszuständigkeit. 2008.

Band 150 Christopher Luhn: Privatautonomie und Inhaltskontrolle von Eheverträgen. Ein kritischer Vergleich des deutschen und des australischen Rechts mit Bezügen zum Internationalen Privatrecht. 2008.

Band 151 Kristin Kohler: Die grenzüberschreitende Verbraucherverbandsklage nach dem Unterlassungsklagengesetz im Binnenmarkt. 2008.

Band 152 Dorothee Maria Kaulen: Die Anerkennung von Gesellschaften unter Artikel XXV Abs. 5 S. 2 des deutsch-US-amerikanischen Freundschafts-, Handels- und Schifffahrtsvertrags von 1954. 2008.

Band 153 Birka Vanessa Stroschein: Parteizustellung im Ausland. Eine systemvergleichende Untersuchung des Gemeinschafts- und Staatsvertragsrechts unter Einbeziehung des deutschen, französischen, englischen und US-amerikanischen Zustellungsrechts. 2008.

Band 154 Nancy Gruschinkse: Das europäische Kollisionsrecht der Aufrechnung unter besonderer Beachtung des Insolvenzfalles. 2008.

Band 155 Hans-Christian Frick: Sprachrisiko im Zeitalter des Ethnomarketings. US-amerikanische Erfahrungen und europäische Rechtsentwicklung. 2009.

Band 156 Stephan Mangold: Verbraucherschutz und Kunstkauf im deutschen und europäischen Recht. 2009.

Band 157 Robert Beier: Die gesetzlichen Rechte des überlebenden Ehegatten nach dem deutschen und spanischen Kollisionsrecht. Unter besonderer Berücksichtigung der *viudedad aragonesa*. 2009.

Band 158 Julia-Marie Oppermann: Internationale Handelsschiedsgerichtsbarkeit und Verjährung. 2009.

Band 159 Stephan Boese: Strukturprinzipien im Gläubigerschutz. Eine rechtsvergleichende Untersuchung zur GmbH und zur englischen Limited Company. 2009.

Band 160 Thomas Rosa: Das Kaufrecht nach dem Zivilgesetzbuch der Tschechischen und Slowakischen Republik. Eine rechtsvergleichende Darstellung im Lichte des deutschen Bürgerlichen Gesetzbuches. 2009.

Band 161 Roland Weis: Rechnungslegungspflichten von EU-Scheinauslandsgesellschaften im Land ihrer tatsächlichen wirtschaftlichen Betätigung. Insbesondere im Hinblick auf in Deutschland tätige englische Limiteds. 2009.

Band 162 Henning Frase: "Leoninische Vereinbarungen" und Ergebnisbeteiligungspflicht im deutschen und italienischen Gesellschaftsrecht. Zum *patto leonino* des italienischen Rechts und möglichen Entsprechungen im deutschen Recht. 2010.

Band 163 Christiane Tödter: Europäisches Kindschaftsrecht. Nach der Verordnung (EG) Nr. 2201/ 2003. 2010.

Band 164 Edda Gampp: *Perpetuatio fori internationalis* im Zivilprozeß und im Verfahren der freiwilligen Gerichtsbarkeit. 2010.

Band 165 Mei Wu: Die Reform des chinesischen Beweisrechts vor dem Hintergrund deutscher und US-amerikanischer Regelungsmodelle. 2010.

Band 166 Corina Leimert: Stand und Entwicklung des italienischen Rechts der Unternehmenszusammenschlüsse (gruppi di società / gruppi di imprese). 2010.

Band 167 Kasim Özen: Die Scheidungsgründe im türkischen Zivilgesetzbuch. 2010.

Band 168 Helena Isabel Maier: Marktortanknüpfung im internationalen Kartelldeliktsrecht. Eine internationalzuständigkeits- und kollisionsrechtliche Untersuchung unter Einbeziehung rechts-vergleichender Überlegungen zum englischen Recht. 2011.

Band 169 Thomas Spernat: Die gleichgeschlechtliche Ehe im Internationalen Privatrecht. Unter besonderer Berücksichtigung des Einflusses des EG-Vertrags. 2011.

Band 170 Max Johann Lipsky: Statutenwechsel im italienischen Sachenrecht – Auswirkungen auf den Im- und Export von Mobiliarsicherheiten. Eine Untersuchung der rechtlichen Beständigkeit dinglicher Kreditsicherheiten im deutsch-italienischen Rechtsverkehr. 2011.

Band 171 Silvia Karolina Seilstorfer: Die Umsetzung der Verbrauchsgüterkaufrichtlinie in Portugal mit rechtsvergleichenden Hinweisen zum deutschen Recht. 2011.

Band 172 Stephan Georg Knöchel: Anerkennung französischer Urteile mit Drittbeteiligung. Eine Untersuchung der Anerkennung von Drittbindungswirkungen nach der EuGVVO und autonomem deutschem Recht. 2011.

Band 173 Kristina Menzel: Vollstreckungsschutz zugunsten privater Altersvorsorge. Eine rechtsvergleichende Untersuchung zum deutschen und schweizerischen Recht. 2011.

Band 174 Manuela Krach: Scheidung auf Mexikanisch. Das materielle Recht der Scheidung im Mehrrechtsstaat Mexiko unter Berücksichtigung von Eheschließung und Ehewirkungen. 2011.

Band 175 Vanessa Sofia Wagner: Verkehrsschutz beim redlichen Erwerb von GmbH-Geschäfts-anteilen. Ein Vergleich des Rechts für Gesellschaften mit beschränkter Haftung in Deutschland, England und Italien. 2011.

Band 176 Alexander Swienty: Der Statutenwechsel im deutschen und englischen internationalen Sachenrecht unter besonderer Betrachtung der Kreditsicherungsrechte. 2011.

Band 177 Kathrin Süß: Streitbeilegungsmechanismen im Verbraucherrecht. Unter besonderer Berücksichtigung der australischen Rechtsordnung. 2011.

Band 178 Efe Direnisa: Die materielle Rechtskraft im deutschen und türkischen Zivilverfahrensrecht. 2012.

Band 179 Julia Faenger: Leistungsunabhängige Nebenpflichten zum Schutz des Integritätsinteresses im deutschen und französischen Recht. Eine rechtsvergleichende Betrachtung ausgehend von den Rücksichtspflichten des § 241 Abs. 2 BGB. 2012.

Band 180 Dorothea Heine: Das Kollisionsrecht der Forderungsabtretung. UNCITRAL-Abtretungs-konvention und Rom I-Verordnung. 2012.

Band 181 Lisa B. Möll: Kollidierende Rechtswahlklauseln in Allgemeinen Geschäftsbedingungen im internationalen Vertragsrecht. 2012.

Band 182 Jutta Jasmin Uusitalo: Einbeziehung von AGB im unternehmerischen Geschäftsverkehr zwischen Deutschland und Finnland. 2012.

Band 183 Darya Alikhani Chamgardani: Der Allgemeine Teil des iranischen Schuldvertragsrechts. Im Spannungsverhältnis zwischen rezipiertem französischen und traditionellem islamischen Recht. 2013.

Band 184 Volker Anton: Aktuelle Entwicklungen des Bankgeheimnisses im Rechtsvergleich unter besonderer Berücksichtigung seiner exterritorialen Wirkungen. Deutschland, Luxemburg, Österreich, Schweiz und Liechtenstein. 2013.

Band 185 Charlotte Wilhelm: Die Regelung der Geld- und Warenkreditsicherheiten nach dem deutschen Recht im Vergleich zum Draft Common Frame of Reference (DCFR). 2013.

Band 186 Michael Nehmer: Erbunwürdigkeit und Elternunterhalt im Internationalen Privatrecht. Eine historisch-rechtspolitische Betrachtung. 2013.

Band 187 Pınar Şamiloğlu-Riegermann: Türkisches und deutsches Vertragshändlerrecht im Rechtsvergleich. 2014.

Band 188 Elvan Er: Realsicherheiten des türkischen Mobiliarsachenrechts. Eine Darstellung des geltenden türkischen Rechts unter vergleichender Berücksichtigung des deutschen und schweizerischen Kreditsicherungsrechts. 2014.

Band 189 Maya Mandery: Party Autonomy in Contractual and Non-Contractual Obligations. A European and Anglo-Common Law perspective on the freedom of choice of law in the Rome I Regulation on the law applicable to contractual obligations and the Rome II Regulation on the law applicable to non-contractual obligations. 2014.

Band 190 Gregor Nikolas Rutow: Rechtsvergleich über die Zulässigkeit von Haftungsausschlüssen, Haftungsbeschränkungen und pauschaliertem Schadensersatz in einzelnen arabischen Rechtsordnungen. 2014.

Band 191 Christoph Rödter: Das Gesellschaftskollisionsrecht im Spannungsverhältnis zur Rom I- und II-VO. Eine Untersuchung zur Reichweite des Gesellschaftsstatuts in Abgrenzung zu den Kolligionsregeln der Rom I- und II-VO. 2014.

Band 192 Melanie Kaspers: Die gemischten und verbundenen Verträge im Internationalen Privatrecht. 2015.

Band 193 Tong Xue: Parteiautonomie im chinesischen Internationalen Privatrecht. Am Beispiel der Rechtswahl im Internationalen Vertrags-, Delikts-, und Sachenrecht. 2016.

Band 194 Martin Metz: US-Menschenrechtsklagen und Neoterritorialismus. 2017.

Band 195 Matthias A. Sauter: Mitveräußerungspflichten im deutschen und italienischen Recht. 2018.

Band 196 Daniel Brauner: Die Anwendungsbereiche von CISG und PR CESL im Vergleich. 2018.

Band 197 Christina Bohländer. MAC-Klauseln in Unternehmenskaufverträgen nach US-amerikanischem und deutschem Recht. 2018.

Band 198 Steven Leunert. Die Verteidigungsmechanismen des Haftenden im Internationalen Produkthaftungsrecht der Rom II-Verordnung. 2018.

Band 199 Niki Nozari: Applicable Law in International Arbitration – The Experience of ICSID and Iran-United States Claims Tribunal. 2019.

Band 200 Bahar Tuna Kurtoglu: Die unbezifferte Forderungsklage. Analyse, Problemstellungen und Lösungsansätze, bezogen auf das türkische, schweizerische und deutsche Recht. 2019.

Band 201 Valesca Tabea Profehsner: Disposition im Internationalen Erbrecht. Rechtswahl und parteiautonome Zuständigkeitsbestimmung nach der Europäischen Erbrechtsverordnung unter besonderer Berücksichtigung der beteiligten Interessen. 2019.

Band 202 Panagiotis Kabolis: Das griechische Immobilienrecht. Eine rechtsvergleichende Darstellung in Bezug auf das deutsche Recht. 2019

Band 203 Natalia Chor: Deliktische Gehilfenhaftung und Haftung wegen Organisationsverschuldens nach russischem und deutschem Recht im Rechtsvergleich. 2019

Band 204 Samy Sakka: Der Konzern im Kompetenzrecht der EuGVVO. Unternehmensgruppe und internationale Zuständigkeit. 2019

www.peterlang.com

www.ingramcontent.com/pod-product-compliance
Ingram Content Group UK Ltd.
Pitfield, Milton Keynes, MK11 3LW, UK
UKHW021853290926
8980IPUK00005B/806

9 783631 789049